KB142020

돈은 잠들지 않는다

중국 기업과 자본의 흐름을 한눈에 꿴다
돈은 잠들지 않는다
탕야 지음 | 김락준 옮김 | 안유화 감수

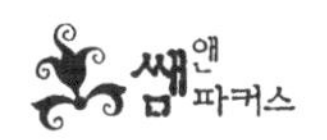
쌤앤파커스

중국경제와 금융의 흐름을 한눈에 읽는 재미있고 명쾌한 책

안유화
성균관대학교 중국대학원 교수

중국의 경제와 금융개혁의 역사는 우리 인류에게 주는 시사점이 크다. 이 책의 저자 탕야唐涯 교수가 표현한 것처럼 "보통사람의 일상이 곧 도道"이듯이 중국의 개혁 또한 현실의 한계를 인식하고 인정하는 것에서 출발하여 이루어낸 세속적인 이성의 성과이다. 기원전 307년 조나라의 무령왕이 국력 강화를 위해 한족의 전통적인 복장인 긴 치마 대신 오랑캐의 짧은 상의와 긴 바지를 입게 하고 말 타기와 활쏘기를 배우라고 명령했듯(호복기사胡服騎射) 중국인의 가장 큰 경쟁력은 실천을 중시하는 실용적인 철학관이다.

이런 의미에서 중국의 미래, 특히 금융의 미래는 밝다고 할 수 있다. 미래의 금융학, 인터넷 금융의 시초 이론은 중국에서 시작됐을 확률이 높다. 독자는 이 책을 통해 중국기업, 중국시장, 중국 기업가, 중국 경제와 개혁개방 정책의 흐름 전반에 대해 큰 그림을 그리고 최신 중국 금융 현장을 온몸으로 느낄 수 있는 동시에 저자가 쉽게 녹여낸 금융 이론들을 마음껏 흡수할 수 있다.

저자 탕야는 베이징대학교 광화관리학원의 젊은 부교수이지만 웨이보에서 '향수의 금융 강호香帅的金融江湖'라는 닉네임으로 더 유명한 금융학자이다. 이 책은 탕야 교수가 2013년 8월부터 《제일재경일보First Financial Daily》 등 언론매체에 발표했던 중국 경제와 금융 관련 칼럼을 정리한 것으로, 크게 3개 부분으로 구성되어 있다.

1장은 역사라는 거울에 비친 금융사 사례들을 재밌게 풀이하고 있다. 개인적으로 마윈이 중국 역대 왕조 중 어느 시대에서 가장 대우받을까를 가정한 글과 한국의 위기 극복 사례를 다룬 글이 굉장히 인상 깊었다. 전자는 현재 전 세계적으로 관심을 받고 있는 마윈, 어쩌면 중국 청소년들의 성공의 아이콘으로 떠오른 마윈을 과거 왕조 시대에 대입함으로써 큰 호기심을 불러일으킨다. 이와 동시에 과거 왕조의 비즈니스 환경에 대해서도 쉽게 이해할 수 있게 한다.

1997년 한국에 닥친 위기의 배경과 극복 비결에 대한 글에서는 현재 과잉 부채 문제로 골치를 앓고 있는 중국 정부에게 중국 개혁의 거울로 삼을 것을 부드럽게, 그러나 따끔하게 주의를 주고 있다. 이 밖에도 1장에서는 '민생 제일주의'를 추구했던 청나라 말기의 관료 출신 실업가 장젠, 58세에 감옥에서 풀려난 이후 사회주의 중국의 첫 주식회사 자오상은행과 핑안보험을 만들고 서코우공업개발지구를 선전에 최초로 건설하여 중국 개혁개방의 선구자가 된 위엔경을 만나게 된다. 이들은 정치사상이 확고하여 가혹한 탄압에도 자신의 의지를 꺾지 않았지만 비즈니스 세계에서는 실무를 중시하고 상황에 따라 유연함을 보여주는 지혜를 발휘한, 시대의 전설적 인물들이다.

2장에 모인 글들은 이 책의 핵심을 이룬다. 우선 중국 금융관리감독

제도의 미흡함을 보여주는 글들이 이목을 끈다. 예를 들어 'A증시 폭락'에 관한 3개의 글은 2016년 초부터 중국 증권시장에 도입된 서킷브레이커 제도가 미국에서는 성공한 제도로 자리매김했음에도 중국에서는 왜 제대로 소화하지 못한 탱자가 되었는지를 실제 자료를 활용하여 완벽하게 분석하고 있다. 또한 부록으로 실린 "그 공장과 그 도시 이야기"는 그동안 진행되어왔던 중국의 구조조정 개혁이 수많은 중국인과 그 가정의 운명을 어떻게 바꿔놓았는지 보여준다.

"저장성 경제의 추락과 부활"에서는 오늘날 중국의 '대중창업 만중창신(大衆創業 萬衆創新, 수많은 사람이 창업을 하고 창조와 혁신에 임하자)' 경제가 어떻게 중국의 산업구조를 변화시켜가고 있는지를 생생하게 적고 있으며, 미래 중국 성장의 엔진이 어디에 있는지를 체험하게 한다. 마지막으로, "창업과 혁신에서 화려한 장식을 떼어낸다면", "중국 인터넷 산업의 웅대한 포부" 등의 글에서는 중국 국내시장이 2015년을 기점으로 이미 강자만이 살아남는 시장이 되었으며 경쟁력 강화를 위해 해외시장으로 진출을 꾀하는 중국기업들의 모습이 그려지지만, "싼이그룹, 오바마를 고소하다"에서는 미국을 중심으로 하는 서방세계의 저지로 중국기업의 해외진출이 결코 꽃길만이 아님을 보여주고 있다.

이 책에서 가장 '금융 강호'를 연상케 하는 글들은 완커와 바오넝의 인수·합병을 다룬 3개의 연작이다(2장의 마지막 3개 글). 바오넝그룹 야오전화姚振華 회장의 '완커 습격 사건'은 교과서에 나올 법한 가장 좋은 인수·합병 전략 수업자료이며, 중국 금융업, 중국기업, 중국 기업가에게 기업지배 구조의 중요성을 일깨우는 대표적 사례이다. 무협의 세계처럼 치열한 인수·합병 시대는 이미 시작되었다. 분명한 사실은 이 명제에서 벗어나고 싶어 하는 기업은 앞으로 자본시장에서 살아남을 수 없다는 점이다. 독자들은 이런 사례를 통해 중국기업의 미래 성장 모습과 중국 자본시장의 경쟁이 날로 치열해질 것임을 쉽게 짐작할 수 있다. 좋든 싫든 중국은 자본이 왕인 시대가 되었다. 시장이 존재하는 한 인류는 늘 자본이 왕인 시대를 맞이할 테고 그 속에서 자본과 함께 발전할 것이다. 앞으로 중국은 치열한 자본의 강호 시대를 열어갈 것이며, 이런 의미에서 완커와 바오넝의 사례는 그러한 미래를 미리 체험할 수 있게 한다.

3장은 전문 금융 이론들을 다루지만 저자의 손끝에서는 어려운 것도 쉽게 풀린다. 날로 복잡해지는 금융 강호에서 칼에 맞지 않으려면 복잡함 속에서 간단함을 읽을 수 있는 금융 소양이 있어야 한다. "자산 증권화라는 금융상품의 융성과 쇠퇴는 지난 반세기 동안의 월가를 응축해 놓은 그림과 같다"라는 표현으로 미국 금융의 역사를 한마디로 정리한 저자는 우리에게도 익숙한 알리바바의 마이화베이와 징둥닷컴의 징둥바이탸오를 사례로 들어 자산증권화에 대해 쉽게 설명하고 있다.

좋은 책은 가독성이 높아야 한다. 이 책은 재미도 재미지만 재료도 충분하고 가독성과 깊이까지 두루 갖추고 있다. 금융의 과거와 현재 및 미래를 조명할 수 있는 훌륭한 금융 교양서다. 금융과 역사에 대한 저자의 해박한 지식과 무협지를 읽는 듯 속도감 있는 글들을 하나씩 읽다 보면 중국 자본 시장에서 일어나는 '잠들지 않는 자본'의 암류 속에서 어느 순간 자신이 금융 세계를 자유자재로 거닐고 있음을 놀랍게 발견할 것이다. 이것이 바로 이 책의 가장 큰 매력이다.

차례

서문

중국 금융경제의 길을 깨우치다

사실 사당과 강호는 게임을 위한 두 개의 '접속구'에 불과하다. 연구에는 추위를 마다하지 않고 10년째 혼자 낭떠러지에서 벽을 뚫어지게 쳐다보는 것처럼 조금은 자학적인 쾌감이 있다. 칼럼에는 자본시장과 경제 개혁 추세, 금융 역사 등 시끌벅적한 인간세상이 담긴다. 연구와 달리 칼럼을 쓸 때는 꽃 피는 봄날에 산과 강과 바다를 가슴에 담는 기분이다. 금융 강호는 원래 편히 앉아 시장의 도道를 논하기 좋은 곳이다. 한가할 때 편히 앉아 금융에 관한 수다를 떠는 것도 재미있지 않을까?

이 글은 변화의 시대를 살아가는 어느 소시민의 무협소설이자 성장, 독서, 그리고 금융 강호에 관한 이야기다.

열 살 때 나는 담임선생님에게 미움을 받아 거의 주말마다 교실에 남아 반성문을 썼다. 수업시간에 떠들고 졸고 숙제를 해오지 않은 게 이유였다. 그때마다 나는 비통한 심정으로 반성문을 쓰며 몰래 무협지 《소오강호笑傲江湖》를 읽었는데, 얼마나 자주 반성문을 썼는지 그 두꺼운 책을 1권부터 5권까지 교실에서 다 읽었다.

대범하고 자유로운 영호충이 쓰러졌을 때 나는 호기롭게 교실을 나만의 사과애(영호충이 수련한 동굴-옮긴이)로 삼기로 결정했다. 그리고 반성문을 쓸 때마다 여러 문체를 시도해보고 각종 소설의 문장을 베껴 조금씩 손질했다. 비록 교실에 남아 반성문을 썼지만 선생님을 '놀리는' 쾌감이 있어 전혀 상처받지 않았다. 그렇게 강호에 입문해 나는 지금까지 빠져나오지 못하고 있다.

어느덧 시간이 훌쩍 지나 나는 성인이 되었고 그동안 여러 번 취향이 바뀌었다. 그사이 읽은 각종 고전 명작은 이미 오래전에 내용을 깡그리 잊었다. 하지만 내 아이패드에는 여전히 구룽古龍, 진융金庸이 집필한 무협소설과 저우싱츠의 영화가 담겨 있다. 저우싱츠의 영화에는 진융의 강호관을 철저히 해석한 작품이 많다. 설산부터 여춘원(기녀원)까지, 거물부터 변변찮은 인물까지, 기풍과 위엄이 넘치는 분위기부터 유유자적하는 분위기까지 그의 영화에는 강호의 모든 모습이 나온다. 각색한 〈녹정기〉에서 위소보는 원래 호랑이 모자를 쓰고 여춘원에서 공연하는 보잘것없는 인물이지만 나중에는 스승을 구하기 위해 관직을 포기한다. 또한 끝까지 능글맞고 속물스러운 품성을 고치지 못하다가 마지막에 협객 정신에 귀의한다.

사실 사당과 강호는 게임을 위한 두 개의 '접속구'에 불과하다.

10여 년 뒤 나는 북미에 가서 금융학 박사 과정을 공부했다. 졸업을 앞두고 구직 활동을 하던 중 베이징대학교 광화관리학원에서 면접을 봤는데 마지막에는 관례대로 원장을 만났다. 당시 원장이던 장웨이잉張維迎 교수는 산동山東철강과 르자오日照강철의 합병 안을 대화 주제로 삼았고, 그때 나는 기업의 '국진민퇴(國進民退, 어느 영역에 국유자산이 진출하면 민영자본이 쫓기듯 철수하는 것-옮긴이)' 현상을 걱정했다. 그러자 원장은 가만히 벽시계를 응시하더니 말했다.

"역사는 시계추입니다. 역사를 직접 경험하고 싶으면 중국으로 돌아와요. 외국에서 중국을 보는 건 뿌연 안개 속에서 꽃을 구경하는 것과 같습니다."

'역사를 직접 경험하고 싶으면'이라는 말에 전율을 느낀 나는 결국

2010년 7월 베이징대학교로 돌아왔고 지금 학생들을 잘못(?) 가르치며 살고 있다.

박사 과정 때부터 몇 년 동안 상아탑에서 학문만 연구하던 나는 2년 전부터 《제일재경일보》에 경제·금융 칼럼을 쓰기 시작했다. 솔직히 칼럼과 학술논문을 쓰는 것은 많은 면에서 비슷하지만 그 느낌은 상당히 다르다. 학술논문(특히 학술 발표)은 정해진 형식과 목표 대중이 있는 극도로 세분화된 시장이라 가혹할 정도로 학문을 수직적으로 파고든다. 처녀자리에 약간 변태 같은 구석이 없는 사람은 학술 발표 과정에서 문헌을 읽고 모형을 추리하고 데이터를 분석하는 것이 무미건조하고 고독하게 느껴질 수 있다. 그러나 그렇지 않은 사람에겐 설산의 낭떠러지에서 면벽수행을 하는 것 같은 고귀함과 약간의 자학적 쾌감이 느껴진다.

좋은 칼럼을 쓰려면 일단 시야가 넓어야 한다. 학문을 횡적으로 확장하는 동시에 논리의 미적 감각도 고려해야 하기 때문이다. 여기에다 칼럼의 목표 대중이 매우 광범위해서 반드시 쉽고 재미있는 말로 문제를 명확히 설명해야 한다. 이를 위해서는 연구 내용을 횡적으로 분석하거나 재해석할 필요가 있다. 이 과정은 마치 수련을 마치고 세상에 나가 경험을 쌓는 것과 같다. 사람들에게 칭찬도 듣고 욕도 먹으면서 시끌벅적한 속세를 실컷 경험할 수 있으니 말이다.

물론 이것도 오래하면 논문을 쓰나 칼럼을 쓰나 탁상공론의 틀을 벗어나지 못한다는 느낌이 든다. 강호는 넓고 인생은 짧다. 그렇다면 더 신나게 놀아야 하지 않을까? 내가 시장의 형세를 관찰하고 오랜 역사를 뒤돌아보며 마음이 가는 대로 글을 쓰는 이유가 여기에 있다.

가끔 '가장 좋은 삶의 자세는 뭘까' 하는 생각을 한다. 그것은 지혜, 강인함, 호학好學 정신을 기르고 여기에 약간의 열정과 장난기를 보탠

삶이 아닐까 싶다. 이를 무공 연마에 비유하면 지혜와 강인함과 호학 정신을 기르는 것은 검을 자유자재로 다루는 것과 같고, 약간의 열정과 장난기는 검을 쓰는 단계를 넘어 정신으로 상대를 제압하는 수준과 같다. 설령 재능이 있어도 있는 듯 없는 듯 자유롭게 경지를 넘나드는 최고 수준은 흥미를 느껴야 발휘할 수 있다. 《소오강호》에서 단청생의 투루판 포도주는 100년을 묵은 것 같기도 하고 10년을 묵은 것 같기도 했다. 맛을 보면 기묘하게도 오래된 맛에서 새로운 맛이 나기도 하고 새로운 맛에서 오래된 맛이 나기도 했다. 우리는 명징한 듯하면서도 혼란스러운 이 세상에서 맑게 깨어 있어야 한다.

"봄바람 불 때 복사꽃, 오얏꽃 보며 함께 술 한 잔 했건만 강과 호수에 밤비 내릴 때 홀로 등불 밝힌 지 벌써 10년이 되었구나."(북송 시인 황정견黃庭堅의 〈기황기복寄黃幾復〉 중에서 – 옮긴이)

한가할 때 편히 앉아 금융에 관한 수다를 떠는 것도 재미있지 않을까?

1장

축의 대이동, ‘차이나 드림’을 열다

1. 뉴욕, 그리고 월스트리트의 기원

16세기 중엽까지 동서양의 금융 의식은 도토리 키 재기 수준이었다. 그런데 만력萬曆제에서 순치順治제를 거치는 동안 중국은 역사의 갈림길에서 서양과 다른 길을 선택했다. 중국이 사농공상士農工商의 계층구조를 공고히 유지할 때, 네덜란드는 현대적인 금융 시스템을 구축하기 시작했다. 이때부터 현대적인 금융시장에서 멀어진 중국은 결국 역사 무대에서 좌절을 맛보고 몰락했다.

어느 주말 오후, 카페에서 수업을 준비하며 쇼핑몰 안의 북적이는 인파를 보고 있자니 문득 이상한 생각이 들었다. 현대인 중에서 자신이 금융이나 금융시장에 단단히 발목이 잡혀 있고 서로 떼려야 뗄 수 없는 관계에 있음을 아는 사람은 몇 명이나 될까? 스스로 원하든 원치 않든 말이다. 소소하게 몇 위안을 지불하는 것부터 거액의 부동산과 자동차 대출, 주식투자, 각종 재테크 상품에 이르기까지 우리의 일상은 거의 다 금융과 밀접하게 연결되어 있다. 어떤 의미에서 현대사회는 금융자본이 굴리는 세계라고 할 수 있다.

금융이란 무얼까? 쉽게 말하면 자금을 융통하는 것이다. 돈을 빌려주고 이자를 받는 것은 인류의 오래된 경제활동 중 하나다. 오늘날 많은 중국인에게 금융은 마치 수입품처럼 낯선 존재다. 그러나 중국의 자금 융통 업무는 그 역사가 기원전 1,000년 전까지 거슬러 올라간다.

중국 최초의 대출 기록은 서주시대의 《주례周禮》에서 찾아볼 수 있다. 당시 '천부泉府'라는 기구(오늘날 기획재정부와 중앙은행의 혼합체—옮긴이)에서 이자가 없는 '사賒'와 이자가 있는 '대貸'를 맡아서 관리했다. 전국시대 들어 민간대출은 더욱 활발하게 이뤄졌다. 그 시절 천하의 인재들을 모아 후하게 대접한 사람으로 유명한 맹상군孟嘗君도 수시로 고리대를 이용해 구멍 난 주머니 사정을 해결했다. 《사기·맹상군열전史記·孟嘗君列傳》에 보면 "봉읍의 조세수입만으론 빈객을 보살피기에 부족했다. 그래서 사람을 시켜 설 땅 사람들에게 돈놀이를 했다"라는 대목이 나온다. 남북조시대에는 다시 담보대출이 유행했고 전당포[당시 질고質庫 또는 해고解庫라고 불렀다]가 정식 업종으로 부상했다. 역사적 자료를 보면 당·송·원나라 때도 민간과 관부에서 각종 유형의 자금융통이 심심찮게 일어났음을 알 수 있다.

셰익스피어의 작품 《베니스의 상인》이 보여주는 베니스의 민간대출 활동을 보면 16세기 중엽, 그러니까 중국 명나라 후기까지 동서양의 금융 의식 사이에는 아직 중대한 변화가 일어나지 않았다. 그러나 만력제에서 순치제까지 60년 동안 중국은 현대적인 의미의 금융시장에서 서서히 멀어졌다.

그럼 언제 전환점을 맞이했을까? 그 대답은 전문가마다 조금씩 다르다. 제한적이고 얕은 내 역사 지식으로 미뤄볼 때 황런위(黃仁宇, 미국 화교 역사학자—옮긴이) 교수의 저서 《만력 15년》에 나오는 내용이 모호하게나마 그 전환점을 보여준다.

> 1587년[만력 15년] (…) 국가에 인구는 많았지만 개인행동은 고정된 원칙이 아니라 유교 가르침에 따라 주먹구구식으로 제한을 받았고 법률도

창조적이지 못했다. 이런 사회는 반드시 발전에 한계가 있게 마련이다.

대명大明이라는 방대한 제국에 좀이 슬어가던 1588년, 유럽 북해에 인접한 비좁은 땅에서 인류 역사상 처음으로 부유한 상인 계층이 주축인 국가가 세워졌다. 바로 네덜란드(네덜란드연방공화국)다. 인구 150만 명의 그 연방제 소국은 생존을 위해 배를 멀리 띄워 무역항로를 개척해야 했고 여기에는 대량의 자금이 필요했다. 즉, 자금을 모으고 투자자와 선박회사의 관계를 원만히 처리하는 것은 이 신생국가가 가장 시급하게 해결해야 할 문제였다.

1602년은 명신종明神宗이 조정회의에 참석하지 않은 지 15년이 되는 해다. 언관들은 늘 날카로운 말로 정치를 비판하고 황제와 재상을 책망했지만 동방의 오래된 전당에서는 어떠한 변화도 일어나지 않았다. 그 모습은 마치 흐르지 않고 고여 있는 물 같았다. 반면 유럽의 한 모퉁이에 있는 네덜란드는 같은 해에 기묘하고도 환상적인 여행을 시작했다. 네덜란드 동인도회사에서 주식을 발행한 것이다. 네덜란드 동인도회사는 사람들에게 자사의 원양무역에 투자하면 무역으로 얻은 이익을 나눠주겠다고 약속했다. 인류 최초의 이 주식회사에서 모든 투자자는 곧 회사 소유주가 되었고 보유한 주식비율에 따라 회사의 성장 가치를 나눠가졌다. 그러자 네덜란드 사회는 정부와 민간 할 것 없이 전례를 찾아볼 수 없는 주식회사 열풍에 휩싸였다.

흥미롭게도 네덜란드 동인도회사는 설립 이후 처음 10년 동안 한 번도 투자자에게 배당을 해주지 않았다. 모든 이윤을 극동지역에서 세력을 확장하는 데 썼기 때문이다. 그러면 투자자가 자금을 수시로 주식에 넣었다 빼는 문제를 어떻게 해결했을까? 영리한 네덜란드인은 누구나 언제든 동인도회사의 주식을 현금으로 사고팔 수 있도록 투자자와 회사 사이에서 유동성을 공급해주는 기구를 만들었다.

1609년 세계 최초의 증권거래소가 암스테르담에 탄생했다. 증권거래소 출현으로 공적 자금을 대규모로 마련할 길이 열리자 자본 운용은 자산 운용과 별개로 부를 축적하는 새로운 엔진으로 작용했다. 또한 대규모 자금흐름은 은행업 발전을 촉진했다. 명나라의 광활한 영토에 고작 전장과 전당포 같은 원시적인 형태의 금융기구가 흩어져 있을 때, 네덜란드는 암스테르담은행에 현대적 개념의 '신용'을 도입했다. 은행의 신용은 정치기구, 나아가 국가기구보다 더 신뢰를 받았다. 일례로 스페인이 해상에서 네덜란드와 격렬하게 싸울 때도 스페인 왕실과 귀족은 암스테르담은행에 자금을 안전하게 보관했고 자유롭게 입출금하기도 했다.

신용, 증권거래소, 주식회사는 현대 금융시장의 모든 것이라고 해도 과언이 아니다. 당시에 이미 금융자본은 상업과 무역업의 돈줄을 빠르게 장악해 나갔다. 역사의 시곗바늘이 1648년을 가리킬 때 네덜란드 상선은 대서양을 건너 전 세계 거의 모든 바다에서 무역을 독점했다.

잠시 1648년에 주목해보자. 이는 중국 역사에서 '순치順治 5년'이라 부르는 해다.

그해는 오삼계吳三桂가 애첩 때문에 청나라군을 도와 산해관 문을 활짝 열어준 지 4년이 지난 해이자(명나라 말기의 장군 오삼계는 요동에서 중원으로 진입하는 길목에 있는 요새 산해관에서 청나라군을 막았다. 그런데 이자성이 농민반란을 일으켜 명나라를 무너뜨리고 베이징을 차지한 뒤 그의 부하가 오삼계의 애첩 진원원을 탐했다는 소식이 들려오자 산해관의 문을 열어 청나라의 베이징 함락을 도왔다 – 옮긴이) 청나라군이 중원을 장악하면서 도르곤多爾袞이 '황부 섭정왕'이 된 해다. 그해에 청나라 조정은 세금을 편리하게 걷고 반청 세력을 통제하고자 호적 관리를 강화했다. 이 정책으로 청나라의 인구 유동성은 급격히 떨어졌다. 여기에다 민간 자금이 반청 무장 세력에게 흘러들어가 무기와 말 등의 구매에 쓰이는 것을 막기 위해 상인 무역을 대대적으로 단속했다. 이처럼 청나라가 강보에 싸인 채 질서를 앞세우며 영원한 제국[만대기업万代基业]의 꿈을 향해 나아가면서 민생 안정과 경제발전 가능성은 허수아비 혹은 장식품으로 전락했다.

같은 해 네덜란드 동인도회사는 1만 5,000여 개의 지사에다 전 세계 무역액의 절반 정도를 차지하는 커다란 집단으로 발전했다. 오세아니아에서는 네덜란드의 일개 성의 이름을 따서 국가 이름을 지었는데 그것이 뉴질랜드다. 더 중요한 도시는 북미 대륙 허드슨강 하구에 생긴 뉴암스테르담이다. 100여 년이 흐른 뒤 네덜란드 후예들은 이 도시에 대장간을 차리거나 작은 점포를 열어 가죽제품 등을 사고팔았다. 나아가 신생 미합중국 채권을 수탁 판매하는 행렬에 속속 동참해 세계 최초로 채권시장을 만들었다. 이 도시의 또 다른 이름은 '뉴욕'이고, 네덜란드 이민자가 금융 중개업을 하던 좁고 기다란 길은 훗날 '월스트리트'라고 불렸다.

만력제에서 순치제까지 60년 동안 중국은 현대적 의미의 금융시장에서 서서히 멀어졌다. 공고히 굳어진 사농공상의 사회구조는 방대한 제국을 오만하게 만들고 발전 속도를 늦추었다. 반면 네덜란드는 현대 금융 시스템을 창조했고 이것은 신세계를 여는 핵심 열쇠 역할을 했다.

이 시기 역사의 갈림길을 생각할 때마다 나는 '조지프의 미스터리'[1] 같은 물음을 던진다. 왜 중국은 현대금융과 이별했을까? 어째서 바다에 인접한 작고 연약한 소국[네덜란드]이 현대금융의 싹을 틔웠을까?

현대금융과 전통적인 대출을 구분하는 기준 중 하나는 유동성을 핵심으로 하는 신용 창조 여부이다. 〔금융〕증권을 발행해 거래하면 홑실의 대출관계가 그물망〔또는 이보다 더 복잡한〕의 금융관계로 발전해 거대한 유동성을 창조하고 나아가 신용을 재생, 전파한다. 모든 금융거래와 이에 따른 창조적인 부산물은 이 네트워크에 기반을 두고 있다. 한데 이 네트워크가 안정적 생태계를 이루려면 두 가지 기본 조건을 충족해야 한다. 하나는 재산권을 명확히 하는 동시에 안전하게 보호해야 한다는 것이고, 다른 하나는 재산권 보호 법률을 원활히 집행해야 한다는 것이다.

만력 16년에 건국한 네덜란드연방공화국은 온갖 역사적 요인과 우연한 기회가 더해져 이 두 가지 조건을 충족했다. 지리적 환경이 열악한〔국토의 3분의 2 이상이 해수면보다 낮다〕 그 땅에서 처음부터 생활해온 주민들은 일찌감치 해상무역에 종사하며 상인의 전통을 깊이 뿌리내렸다. 건국 초기부터 상인은 주요 지위를 차지했고 법 제정이나 정책을 시행할 때 가장 기본적으로 재산권을 보호받았다.

또한 네덜란드연방공화국은 각 소도시가 서로 독립적이고 평등했으며 정치 시스템이 극도로 느슨했다. 이에 따라 귀족 같은 특권세력이 권력의 균형을 멋대로 깨뜨린 다른 유럽국가와 달리 권력을 견제할 입법 시스템을 쉽게 구축했다. 여기에다 지리, 역사, 인문 그리고 일부 우연한 요소가 네덜란드를 현대금융의 근원지로 만들었다.

같은 시기 중국은 또 다른 역사적 요인과 우연한 기회로 인해 모든 권력을 중앙에 집중하고 왕권을 최고로 강화하는 방향으로 나아갔다. 하늘 아래 모든 땅은 왕의 것이고 그 땅에서 생활하는 백성은 모두 왕의 신하였다(普天之下 莫非王土 率土之濱 莫非王臣 보천지하 막비왕토 솔토지빈 막비왕신, 《시경·소아詩經·小雅》에 나오는 말이다–옮긴이). 다시 말해 재산권 보호를 논하기는커녕 재산권에 관한 개념조차 없었다. 당시 중국의 경제력과 인구밀도는 금융시장을 형성할 만큼 방대했지만 재산권을 보호받지 못하는 상황에서 교역과 신용은 사치품에 불과했다.

그렇다고 중국이 완전한 금융 불모지였던 것은 아니다. 청나라 중·후기에 일시적으로 전장이 크게 발전했으나 금융이 발달할 토양과 유전자가 부족한 탓에 끝내 이것은 현대적인 금융기구로 환골탈태하지 못한 채 역사의 모진 비바람을 맞고 쇠락하고 말았다.

역사는 너무 복잡해서 한마디로 설명할 수 없다. 또한 우연히 일어난 단발성 사건이 많아 되풀이하기가 불가능하고 미리 테스트할 수도 없다. 그래도 필연적 실마리를 일부라도 찾을 수 있기에 사람들이 역사를 돌이켜보는 것이리라.

2. 단숨에 읽는 기승전결 홍콩 경제사

중국인에게 홍콩은 청춘을 추억하는 집단 기억이다. 그렇지만 홍콩인에게 홍콩은 역사이자 현실이며 미래다. 홍콩 경제사를 거슬러 올라가기에 앞서 하나만 생각해보자. 홍콩은 무엇을 버리고 무엇을 따라야 할까? 홍콩의 시계는 밤낮없이 바쁘게 흘러갈 뿐 아무 대답이 없다. 개인도 도시도 시대도 결국 모두 역사의 지나가는 나그네다. 한 많은 나그네의 길. 어쩌면 이것은 홍콩의 숙명에 딱 들어맞는 말인지도 모른다.

내 또래 중국인에게 '홍콩'은 향수를 불러일으키는 단어다. 저우룬파, 저우싱츠, 비욘드(Beyond, 1983년 황가구, 황가강, 황관중, 엽세영이 결성한 홍콩의 전설적인 록밴드-옮긴이), 〈제이드 솔리드 골드Jade Solid Gold〉(홍콩 TVB에서 1981년 10월 10일 첫 방송한 중화권 최장수 음악 프로그램-옮긴이), 템플스트리트, 〈고혹자〉(홍콩 암흑가의 조직폭력을 소재로 한 영화 시리즈-옮긴이), 구룽과 진융의 무협소설, 이순 밀크 컴퍼니의 우유 푸딩, 상싱의 소라 요리, 루위 찻집의 돼지허파 아몬드 수프는 지금도 중국인에게 큰 사랑을 받는다. 최근 몇 년 동안 중국과 홍콩 사이에 서로 감정이 상하는 일이 많이 일어났지만, 사실 내 또래 중국인은 여전히 저우싱츠를 그리워하고 우리와 함께 아동기와 청소년기를 보낸 인물들의 스토리를 사랑한다.

금융과 무역에 최적화된 유전자

어찌 보면 홍콩은 신기한 존재다. 이곳은 1,104km²의 땅에 약 700만 명이 상주하는 길쭉한 반도로 전 세계에서 셋째 안에 드는 금융 중심지이자 아시아의 무역, 해운, 서비스업 중심지다. 내게 홍콩은 서민적 분위기가 물씬 풍기는 도시, 상인문화와 전통이 강한 도시다. 멋지게 차려입은 금융인이 근무하는 홍콩 센트럴에서 골목을 돌면 다닥다닥 붙어 있는 작고 허름한 찻집과 식당이 나오는데 그 모습이 묘하게도 서로 조화를 이룬다. 개인적으로 나는 서민 정신과 상인 전통은 지역 및 국가의 금융·무역이 발전하는 데 필요한 유전자라고 생각한다.

돌이켜 생각해보면 역사적인 금융 중심지에는 언제나 서민 중심의 전통이 있었다. 네덜란드에서 현대 금융업이 최초로 출현하고 뉴욕이 세계 금융의 중심이 된 밑바탕에도 서민적 분위기가 깔려 있다. 혈통을 가장 중요시하는 영국 런던도 실은 14세기에 자유주의가 태동한 중심지다.

기원전 214년 홍콩은 진秦나라가 월족(고대 중국의 화이난 이남지역과 베트남 북부지역에 거주한 민족-옮긴이) 땅을 정복한 뒤 진나라 남해군에 편입되었다. 홍콩은 역대 왕조 내내 중국의 관할구역에 속했는데 1662년(강희 원년이지만 아직 오배鰲拜가 권력을 장악한 기간) 청나라군이 신계에 주둔하면서 홍콩인은 변발(황비홍처럼 앞머리와 옆머리를 깎고 뒷머리를 길게 땋은 헤어스타일-옮긴이)을 하고 청나라 백성이 되었다. 1842년 중국과 영국 사이에 아편전쟁이 일어나기 전까지 홍콩은 어민과 촌부가 곳곳에 흩어져 사는 황폐한 섬이었다. 그러다가 청나라가 아편전쟁에서 패한 뒤 1842~1898년에 걸쳐 홍콩의 모든 지역(홍콩섬, 주룽, 신계)은 속속 영국의 조차지로 바뀌었고 이후 100년에 걸친 영국 식민지시대가 열렸다.

19세기는 대영제국의 황금기였다. 더구나 홍콩은 영국이 '해가 지지 않는 나라'라는 세계적인 꿈을 이루는 데 꼭 필요한 극동지역 허브였다. 특히 규모가 크고 수심이 깊은 빅토리아항은 사시사철 얼지 않아 극동지역 무역발전에 최고였다. 홍콩섬을 조차하고 3년째 되던 해(1845년) 영국은 홍콩에 첫 번째 은행(진바오金寶은행)을 개설했다. 1853년에는 영국의 스탠더드차타드은행Standard Chartered Bank이 홍콩에서 화폐발행 권한을 취득하고 1859년 홍콩에 분점을 개설했다(부분적으로 중앙은행의 권한을 대행했다). 1865년에는 영국, 미국, 독일 등의 국가가 홍콩에 HSBC 은행[2]을 공동 창립했다. 이와 함께 영국계 자본인 자딘매디슨그룹Jardine Matheson Ltd. 怡和, 바오순宝顺과 미국계 자본인 치창양행Russell & Co. 旗昌 등의 무역회사도 홍콩에 속속 진출해 대성황을 이뤘다. 이처럼 개항 초기 홍콩이라는 작은 섬에는 좋은 친구 사이인 금융과 무역의 씨앗이 뿌려졌다.

개항 이후 중국 본토인과 구분하는 홍콩인 개념이 등장했는데 홍콩 경제가 발전하면서 상주인구와 유동인구는 계속 늘어났다. 개항 초기 홍콩에 유입된 사람은 대부분 글을 깨치지 못한 떠돌이 어부와 주변의 시골 사람이라 사농공상의 유교 관념이 희박했다. 단지 배불리 먹고살기 위해 홍콩으로 온 이들에게는 서양의 무역회사에서 일하는 것이 최고의 꿈이었고, 서양 무역회사 관련 서비스업(요식업, 여가산업 부류)에 종사하는 것을 영광스럽게 여겼다. 결국 홍콩의 시민성은 그 역사적·경제적 뿌리가 깊다고 할 수 있다.

홍콩이 역사의 추월차선에 오르다

홍콩을 얘기하자면 상하이를 빼놓을 수 없다. 상하이와 홍콩 사이에는 암묵적 애증의 기류가 흐른다. 1891년 홍콩 역사상 최초로 증권거래소[홍콩 증권거래소]가 설립되었다. 하지만 발전 속도가 매우 더뎌 같은 시기에 설립한 상하이보다 크게 뒤처졌다.[3] 이 시기 상하이는 양무운동(1861~1894년 공친왕, 이홍장, 증국번, 좌종당 등을 중심으로 서양 문물과 기술을 받아들여 군사·경제·교육 등을 개혁하려 한 중국의 근대화 운동–옮긴이)과 양쯔강 삼각주라는 천혜의 조건에 힘입어 19세기 중·후기에 이미 전국에 영향을 미칠 만한 규모의 금융시장을 구축했다. 홍콩 증권거래소가 탄생하던 해 상하이에도 상하이고빈공소[上海股份公所, 1904년 상하이중업공소上海眾業公所로 명칭이 바뀜]가 들어섰다.

서양 상인들이 만든 이 거래소는 이후 극동 최대 규모의 금융거래소로 성장했다. 신해혁명(청나라에서 외세를 몰아내려 한 의화단운동이 실패한 뒤 열강의 꼭두각시가 된 청나라 조정이 철도를 담보로 외국에서 돈을 빌리려 하자 1911년 전국적으로 반대운동이 일어났다. 같은 해 10월 10일 우창에서 봉기를 일으킨 혁명파는 중화민국 군정부를 설립했는데 이를 신해혁명이라 한다. 이듬해 1월 1일 쑨원孫文을 임시총통으로 하는 난징 정부가 수립되었다–옮긴이) 이후 국민정부는 극동지역에서 금융의 중심이던 상하이의 지위를 강조해 상하이에 중앙은행을 설립하고, 중국의 양대 은행인 중국은행中國銀行과 교통은행交通銀行의 본점을 베이핑(베이징의 옛 명칭–옮긴이)에서 상하이로 옮겼다.

1949년까지 홍콩의 경제와 금융업 발달 수준은 규모, 실력, 영향력 면에서 상하이에 크게 뒤처졌다. 그런데 1937년 일본군이 상하이를 점령한 뒤 상하이의 은행가와 상인이 대거 홍콩으로 이주하면서 홍콩의 민간 자본이 급격히 증가했다. 동시에 상하이의 문화가 홍콩의 뿌리 깊은 시민문화, 차오저우문화(광둥성 동부의 차오저우를 중심으로 한 고대 남월의 토착문화, 중원문화, 해외문화의 정수가 조화를 이뤄 발전한 중국의 지역문화-옮긴이)와 융합하면서 우아하면서도 통속적이고 조화로우면서도 이질적인 홍콩문화를 형성하기 시작했다. 상하이와 홍콩의 교류는 이때부터 빈번하게 이뤄졌다.

1940년대 말 난징에 수립된 국민정부가 무너지자 상하이 자본은 대거 홍콩으로 흘러들었다. 비공식 통계에 따르면 1948년부터 1950년대 초까지 양쯔강 삼각주를 포함한 상하이 출신 이민자와 함께 홍콩으로 유입된 자산은 당시 홍콩사회 총자산의 절반 이상을 차지했다. 바오강(寶剛, 바오스틸 창업자-옮긴이), 둥젠화(董建華, 전 홍콩 행정장관-옮긴이)도 모두 상하이 이민자의 후예다. 홍콩에 급속히 유입된 그 인파와 부는 홍콩의 사회구조를 바꿔놓았다. 급격히 늘어난 화교 자본은 점점 외국 자본과 힘이 대등해졌고 형태가 완전해진 화교문화와 전통은 식민통치에 따른 분열을 봉합했다.

냉전시대 중국 본토에 새로 들어선 정권은 국가 안팎의 압박을 이기지 못하고 국가의 문호를 닫아버렸다. 그 바람에 중국은 급격히 변화하는 외부세계와 단절되었고 '대大상하이'는 그대로 침묵에 잠겼다. 이 침묵은 장장 반세기 동안 이어졌다.

그런데 역사가 변덕을 부린 이 시점은 공교롭게도 홍콩 번영의 출발점이었다. 전쟁의 잿더미는 홍콩에 자금, 설비, 인재, 대량의 인구를 안겨주었다[1949년 이전 홍콩 인구는 약 50만 명이었다. 1949년 이후 100만 명 정도의 난민이 들어왔고 1949~78년 또다시 약 100만 명이 불법 이주했다]. 1950년대 말 홍콩은 고속 발전의 궤도에 올랐다. 영화 〈여락Lee Rock〉은 그 시대 홍콩의 '야만적인' 성장 모습, 이를테면 매춘·도박·마약에 기대 돈을 버는 중소상인, 인구 팽창으로 활기를 띠는 부동산시장, 도박·투기·사기가 판치는 주식시장, 서양 자본과 중국 자본의 암투 등 욕망으로 가득한 홍콩의 적나라한 모습을 생생하고도 아슬아슬하게 묘사했다.

그 번영의 시기에 〔옛〕 상하이의 기둥산업이던 방직업은 홍콩의 으뜸가는 노다지였다. 1953년 미국은 홍콩산 방직물 수입을 허가했고 이후 홍콩은 방직물의 최대 수출시장으로 떠올랐다. 홍콩에서는 약 60만 명이 방직업에 종사했으며 방직물과 기성복이 수출액의 50% 이상을 차지했다. 또한 홍콩 전역에는 중소 기성복업체와 무역상이 숱하게 많았다. 이 호황은 1970년대 말 중국 본토가 개혁개방을 시작하기 전까지 이어졌다. 그 시기 홍콩의 모습은 이슈亦舒[4]의 여러 작품에 등장하는데 《류금세월流金歲月》의 진취적이고 독립적인 주인공 장난순도, 《탄식교歎息橋》에 나오는 일확천금을 꿈꾸는 미녀 리핑도 모두 산더미처럼 쌓인 옷감과 샘플 사이에서 방황하고 성장했다〔두 작품의 여주인공은 모두 상하이 출신이다. 저자 이슈도 상하이에서 태어났지만 다섯 살 때 가족과 함께 홍콩으로 이주했다. 그녀의 오빠 니쾅倪匡은 SF소설 《웨슬리》 시리즈를 집필한 홍콩의 수재다〕.

1960년대에 홍콩 경제는 12.7% 성장했다. 1인당 국내총생산GDP은 1961년 412달러에서 1969년 말 829달러로 높아졌다. 이것은 1992년 417달러, 1999년 865달러였던 중국 본토 GDP에 해당하는 수준이다. 모든 국가와 지역 발전사가 그러하듯 홍콩 경제발전의 원동력은 부를 향한 끝없는 갈망이었다. 이 시기 홍콩인의 근면함과 철저한 직업의식은 다른 도시의 본보기가 되었다.

경제 번영은 홍콩의 문화와 오락 산업 발전을 촉진했다. 당시 홍콩에 큰 영향을 준 상하이문화와 차오저우의 시민문화, 남쪽지역 특유의 정교함과 냉소, 작가의 예민함과 섬세함, 혼란스러운 시국을 살아가는 기층민의 고단함, 상업적 식민지의 냉담함과 황금만능주의, 자신의 뿌리를 찾고 싶어 하는 한 맺힌 사명감 등 급변하는 시대에 어울리지 않는 온갖 요소가 기괴한 방식으로 해체되고 재조직되면서 홍콩 특유의 문화와 언어 시스템이 만들어졌다. 사회적으로 변변찮은 인물들의 내적 싸움, 자기 조롱, 자기 구제는 1960년대부터 1990년대까지 홍콩 문학작품과 영화의 영혼이었다. 동남아와 중국 본토의 목표 달성을 위해 몸부림치는 힘겨운 심리 여정은 1960년대부터 21세기 초까지 이어졌다.

곰곰 생각하면 홍콩의 문학가는 장사꾼에 가깝다. 이들에게 문자는 가족을 위한 밥벌이 상품이다. 실제로 홍콩인은 문학작품마저 값싸고 양이 많으며 보기 좋은 것을 찾는다. 진융이 신문에 작품을 연재할 수 있었던 것도 독자들이 좋아하는 재미있는 글을 썼기 때문이다. 이슈, 니쾅, 황잔(黃霑, 홍콩의 작곡가, 작가, 배우 - 옮긴이), 린시(林夕, 홍콩의 유명 작사가 - 옮긴이) 등도 하나같이 홍콩인의 입맛에 맞는 작품을 창작하는 '영업'의 고수다.

의심의 여지가 없는 아시아의 대세

1960년대 말 홍콩은 중계무역항에서 수출, 가공, 제조, 무역, 해운의 중심으로 변모하는 데 성공했다. 하지만 금융[서비스]업은 여전히 주변 산업에 머물렀고 증권시장도 불모지나 다름없었다. 증권시장에서 거래하는 주식은 몇 십 종목이 전부였고[주로 영국계 자본인 HSBC은행, 홍콩랜드Hongkong Land Holdings Ltd., 置地, 지우창The Warf Holdings Ltd., 九倉, 타이구그룹Swire Group, 太古集團 등) 중개인도 수십 명에 불과했으며 극심한 유동성 가뭄에 시달렸다.

1961년 홍콩의 주식거래액은 한때 10억 위안(약 14억 1,400만 홍콩달러)대를 돌파했는데, 이 역사적 신기록에 기여한 것은 자딘매디슨의 상장이다. 자딘매디슨은 한 주에 16위안씩 총 90만 주를 발행했으나 56배가 넘는 매수세로 상장 첫날 시가가 31.25위안까지 올랐다. 그러나 이듬해에 홍콩의 주식거래액은 8억 위안 아래로 떨어졌고 베트남전쟁, 중동전쟁 발발로 파운드 가치가 하락한 데다 뱅크런(Bank Run, 금융시장이 불안할 때 은행에 맡긴 돈을 찾지 못할 수도 있다는 불안감에 예금주들이 예금을 대규모로 인출하는 현상-옮긴이) 사태까지 발생해 주식거래액은 다시 4억 홍콩달러까지 곤두박질쳤다.

홍콩 주식시장의 취약성은 사소한 부분에서도 드러났다. 당시 주식중개인은 주식시장에서 독점적 지위를 누렸고 거래액의 0.75~1%를 중개수수료로 받았다. 고객이 주식시장에 참여하려면 먼저 주식중개인의 '심부름꾼'에게 주문서를 넣고 기다렸다가 심부름꾼이 자기 자산으로 보증을 서준 뒤에야 주식중개인을 통해 주식을 매매할 수 있었다.

물론 문제해결의 기미가 없었던 것은 아니다. 1960년대 홍콩의 혼란스러운 사회질서, 특히 1967년에 일어난 시민폭동으로 홍콩과 영국 정부는 몇 가지 정책을 조정했다. 먼저 무관용 원칙으로 부패를 척결하고 경찰조직의 기강을 바로 세우기로 결정했다(홍콩 TVB 드라마에 등장하는 반부패 수사기구 염정공서廉政公署, ICAC는 1974년 정식으로 설립되었다. 그해에 염정공서는 대학졸업자를 채용해 매달 6,000홍콩달러의 임금을 지급했는데, 이는 일반 화이트칼라보다 10~20배 많은 액수다). 염정공서 폭풍우가 지난 뒤 홍콩

정부는 서서히 현대화, 투명화, 고효율 정부의 모범을 보였고 법치사회의 초기 형태를 갖춰 나갔다. 나아가 금융무역자유화를 위한 제도의 기틀을 튼튼히 닦았다. 그다음으로 민간경제를 살리기 위해 기초설비 투자를 확대하고 화교의 정치 참여를 강화했다. 이 일련의 정책은 큰 효과를 발휘해 홍콩 경제의 발전 속도를 한층 높이고 화교 자본을 신속히 늘려 부동산업과 금융업 발전을 촉진했다.

1969년 12월 17일은 홍콩 금융사에 길이 남을 날이다. 이날 화교 상인 리푸자오李福兆가 앞장서서 준비한 원동遠東, Far Eastern거래소가 정식 개장했다. 화교를 위한 홍콩 최초의 증권거래소인 원동거래소는 외국 자본이 독차지한 홍콩의 주식시장 판도를 깨트렸다. 이때부터 홍콩 주식시장은 원동거래소[원동회], 금은증권교역유한공사[금은회, 1971년 설립], 구룡증권거래소[구룡회, 1972년 설립] 그리고 홍콩 최초의 증권거래소인 홍콩증권거래소[홍콩회]가 천하를 다투는 '사회四會시대'로 접어들었다. 사회는 상장 조건을 완화해 많은 기업이 주식시장에 상장하게 했고 주식중개업계의 경쟁을 강화하는 한편 수수료를 낮췄으며 증거금Margin 업무를 제공했다.

다른 한편으로 주택공급 10개년 계획[1972년]과 내 집 마련 계획[1976년]을 실시하면서 홍콩은 토지가격이 상승하고 부동산업이 활성화되었다. 은행의 신용공여(금융거래에서 상환할 의사와 능력이 있는 상대에게 일정 금액을 빌려줘 일시적으로 이용하게 하는 것 – 옮긴이) 외에 담보대출서비스는 금융업의 신성장 동력으로 떠올랐고, 주택가격 상승은 다시 투자수요를 자극하는 효과를 불러일으켰다. 금융업과 부동산업 사이에 형성된 이 강력한 나선형 선순환은 홍콩을 제조업 중심지에서 금융업 중심지로 재빠르게 재편했다.

1970년대 전 세계 금융규제에 '자유화' 바람이 불면서 자본시장 세계화와 일체화는 거스를 수 없는 추세로 부상했다. 홍콩은 1973년 외환 규제를 폐지했고 1974년 금시장을 개방했다. 1977년에는 상품선물시장을 설립했으며 1978년에는 외국은행이 홍콩에 지점을 개설하는 조건과 허가를 완화했다. 1978~1982년에는 자본 진출입 자유를 철저히 보장함으로써 홍콩은 명실상부한 자유항구로 거듭났다. 철벽같던 정책 철폐와 천혜의 지리적 우세, 20년 동안 닦아온 공업 및 무역의 토대는 홍콩을 세계적인 도시의 반열에 올려놓았다.

1970~1980년대는 거의 홍콩을 위한 맞춤형 시대였다. 홍콩은 변화의 격랑이 몰아칠 때마다 늘 선두에 서서 파도를 안정적으로 탔다. 1978년 중국 내륙은 정식으로 경제 개혁을 실시하고 전 세계를 상대로 무역을 시작했다. 10억 명이 넘는 인구에다 경제 환경이 폐쇄적이던 중국은 황금알을 찾는 사람들에게 더할 수 없이 매력적인 시장이었다. 그러나 의식 차이로 외국인은 감히 중국시장에 진입하지 못하고 중국인은 감히 외국시장에 진출하지 못하는 등 중국인과 외국인 모두 극히 조심스러워할 때 홍콩과 홍콩인은 최고의 테스터이자 윤활유였다. 타고난 혈연, 지연 관계 덕분에 홍콩인은 중국 내륙의 정치체제와 언어를 낯설어하지 않았고 중국 내륙인은 홍콩 자본을 덜 경계했다.

개혁개방 초기 대對중국 해외직접투자FDI에서 홍콩 자본은 줄곧 압도적인 차이로 선두를 지켰다. 이것은 절대적인 파레토 개선(Pareto Improvement, 하나의 재화를 배분할 때 다른 사람에게 손해를 끼치지 않으면서 최소한 한 사람 이상에게 이득을 주는 것-옮긴이)이었다. 홍콩 시스템을 빠르게 복제한 중국 내륙은 주장 삼각주(주장, 광저우, 홍콩, 마카오를 연결하는 삼각지대-옮긴이)에서 광활한 내륙지역으로 수출가공업 무대를 넓혀갔고 결국 '메이드인차이나' 시대를 열었다. 엄청난 생산량과 시장을 보유한 중국은 세계무역기구WTO에 가입하기 전까지 홍콩의 지위를 매우 특수하게 만들었다. 유리한 형세에 놓인 홍콩은 산업 업그레이드와 세대교체를 순조롭게 완성했고, 세계 굴지의 기업과 금융그룹은 국제 자본이 중국 내륙에 진입할 때 다리 역할을 해줄 홍콩에 아시아태평양지역 본부를 속속 세웠다. 홍콩은 의심할 것도 없이 아태지역 금융·무역·해운의 중심이자 대세였다.

1986년 홍콩 주식시장 거래액은 1969년의 25억 4,600만 홍콩달러에서 1,231억 2,800만 홍콩달러로 커졌다. 이와 함께 4대 거래소의 춘추전국시대는 끝을 향해 달려갔다. 1986년 4월 2일 홍콩 주식시장은 '사회시대'를 마감하고 홍콩연합거래소[이하 홍콩증권거래소]로 합병했다. 나아가 홍콩증권거래소는 컴퓨터 시스템으로 주식을 매매해 거래의 투명성을 높이는 한편 감독의 사각지대를 좁혔다. 거래 질서 공개는 홍콩 금융 시스템의 국제화를 이끌었고 같은 해 9월 22일 홍콩증권거래소는 국제증권거래소연합의 정식회원이 되었다. 이때부터 나일론콩(Nylonkong, 뉴욕, 런던, 홍콩–옮긴이)의 초기 형태가 수면으로 떠오르면서 금융업과 관련 서비스업은 홍콩의 기둥산업으로 부상했다.

1970년부터 1994년까지 홍콩의 1인당 평균 GDP는 925달러에서 2만 1,421달러로 증가했다. 또한 1985년을 제외한 나머지 기간 내내 두 자릿수 이상의 성장률을 유지했는데 특히 1979년, 1980년, 1981년, 1984년 각각의 성장률은 31.3%, 27.4%, 20.6%, 20.5%에 달했다. 황금기를 맞은 홍콩인은 말을 타고 사교춤을 추고 늦은 오후에 차를 마시고 영국식 영어를 쓰고 해외여행을 하며 호화롭고 사치스러운 생활을 즐겼다.

1992년 중국에서는 다음과 같은 가사가 담긴 〈나의 1997〉이라는 노래가 유행했다.

"홍콩, 홍콩, 어찌 그리 향기로울까? 향락의 도시로 날 데려가줘. 나도 붉은 도장을 찍어줘!"

마이너스, 마이너스, 마이너스

홍콩의 시곗바늘은 1996년부터 서서히 느려지기 시작했다.

통계 수치는 거짓말하지 않는다. 1997년부터 2010년까지 14년 동안 홍콩인의 1인당 평균 GDP는 2만 7,170달러에서 3만 1,758달러로 21.4% 증가했다. 이것은 비교적 완만한 상승이다. 그사이 몇 차례나 감당하기 어려운 외부 충격도 받았다. 예를 들면 1997년 아시아 금융위기를 겪은 뒤 홍콩은 1998년과 1999년에 2년 연속 마이너스 성장[각각 -5.3%, -2%]을 기록했고 1인당 평균 GDP는 2만 4,716달러로 떨어졌다. 2003년에는 사스의 습격으로 마이너스 3.3% 성장을 기록했다. 이는 같은 시기 '아시아의 네 마리 용' 중 하나인 싱가포르에 비하면 절로 탄식이 나오는 수준이다.

전형적인 항만경제 지역에 속하는 홍콩과 싱가포르는 서로 비교할 점이 많다. 2014년 현재 홍콩은 1,104km² 면적에 700만 명 가까운 인구가 살고, 싱가포르는 707km² 면적에 약 500만 명의 인구가 산다. 단순 가공무역에서 금융업 서비스로 전환했다는 점에서 두 도시의 발전 경로는 유사하다. 1997년 싱가포르의 1인당 GDP는 홍콩의 2만 7,170달러보다 조금 낮은 2만 6,158달러였다. 하지만 2014년 말 두 숫자는 각각 5만 4,776달러와 3만 7,777달러로 격차가 크게 벌어졌는데 싱가포르의 1인당 GDP가 홍콩보다 무려 83%나 높았다! 물론 환율의 영향도 적지 않았다[2004~2014년 미국달러 대비 싱가포르달러의 가치는 약 30% 상승했다. 홍콩은 미국달러와 연동해서 움직이는 환율 시스템에다 1달러를 늘 7.8홍콩달러로 환전하도록 환율을 고정했다. 이 때문에 미국달러로 환산하면 싱가포르의 GDP가 더 높아진다]. 한데 환율 프리미엄을 차치해도 이 기간에 싱가포르의 경제성장률이 홍콩을 추월한 것은 의심할 여지없는 사실이다.

다시 상하이의 상황을 살펴보자.

1992년 푸둥을 개방한 뒤 상하이는 우수한 문화유산, 양쯔강 삼각주의 빠른 발전, 정부의 정책적 지원에 힘입어 예상보다 빠르게 부활했다. 실제로 지난 20년 동안 전 세계 500대 기업이 상하이[푸둥]에 속속 둥지를 틀었다. 그 결과 2010년 상하이의 GDP 총량은 홍콩을 훌쩍 넘어섰고 이후 격차는 더 벌어졌는데, 두 도시의 1인당 평균 GDP 격차는 서서히 좁혀지는 추세다. 이와 동시에 인민폐의 강세는 상대적으로 홍콩달러 대비 인민폐의 구매력을 높였다. 해가 뜨는 곳이 있으면 지는 곳도 있게 마련인데 줄곧 우위를 유지해온 홍콩은 졸지에 망연자실해 어쩔 줄 모르는 신세가 되었다.

자료에 따르면 2001년부터 2014년까지 홍콩의 가구당 소득[중앙값]은 25만 2,000홍콩달러에서 27만 4,800홍콩달러로 9% 정도 상승했다. 2001년 홍콩 대졸자 월평균 임금은 1만 홍콩달러였는데 이 숫자는 2014년에도 거의 변하지 않았다. 같은 기간 홍콩에서 50m² 규모(약 15평 –옮긴이)의 아파트가격은 195만 홍콩달러에서 650만 홍콩달러로 200% 이상 뛰었다[같은 면적의 주룽지역 아파트가격은 약 140만 홍콩달러에서 540만 홍콩달러로 상승했다]. 또한 같은 기간 인민폐·홍콩달러 환율이

1.06에서 0.8로 떨어져 상대적 구매력이 25% 정도 하락했다.

홍콩의 젊은이는 오직 영화, 소설, 부모의 추억 속에서나 춤추고 노래하던 시절의 홍콩을 만날 수 있다. 홍콩의 황금기가 저물 무렵 태어나 맥덜(홍콩 애니메이션 캐릭터 - 옮긴이)을 보고 자란 이들은 성인이 된 뒤 절대다수의 서민처럼 자산이 마이너스 상태였다. 숨이 턱 막히는 비둘기장만 한 집에서 생활하고 온갖 스트레스를 견디며 분주히 일한 결과가 고작 그것이다. 중국 내륙과 싱가포르가 눈부시게 성장하는 동안 홍콩은 임금은 오르지 않은 채 집값만 올랐고 경제에 장막이 드리워진 것처럼 힘이 쭉 빠졌다. 열심히 노력해도 나아질 기미가 보이지 않자 홍콩사회의 중산층과 서민층 사이에는 답답함과 절망감이 전염병처럼 퍼졌다.

이러한 정서 변화는 문화에도 적나라하게 드러났다. 가령 열심히 노력하면 출세할 수 있다는 농담 섞인 이야기는 과거를 그리워하는 퇴폐적인 조롱으로 바뀌었다. 특히 최근 10여 년 동안 중국 내륙과 문화·제도·언어 차이에서 생긴 거리감, 관계와 지위의 미묘한 변화에 따른 발언권 이동은 홍콩에 강한 압박으로 작용했다. 드라마 〈사자산하獅子山下〉(홍콩라디오텔레비전RTHK이 제작한 1970년대부터 1990년대까지 홍콩사회 변화를 그린 드라마 - 옮긴이)에서 "두려운 것은 없어. 꿈을 좇을 거야"라고 노래한 홍콩인은 결국 "과거에 심은 꽃은 잊어버려. 꿈도 잊어버려"라고 노래하는 처지에 놓였다.

장막 뒤로 숨은 미래

이 주제는 매우 복잡하고 무게감이 느껴져서 말하기가 조심스럽다.

곰곰 생각해보면 세계적인 도시의 흥망성쇠는 언제나 역사와 관련돼 있다. 홍콩도 예외는 아니다. 역사적으로 홍콩의 첫 번째 도약은 중국 내륙의 정권 교체와 무관하게 1940~1960년대에 수출가공업을 기반으로 이뤄졌다. 이 시기 홍콩은 유럽이 전후 충격에서 벗어나 경제를 회복하고 미국이 시장을 개방하는 역사적인 기회를 잡았다. 홍콩의 두 번째 도약, 즉 1970~1980년대에 황금기를 맞이한 것도 몇 가지 우연한 역사의 결과다.

내적 요인은 홍콩과 중국 내륙의 모든 도시에 근본적으로 차이가 있다. 지형이 험하고 자원이 부족한 반도인 홍콩은 늘 고관과 귀인의 눈에 들지 못하고 주변에서 성장하며 강인한 서민정신과 상인문화를 키웠다. 현대 법치사회의 계약 정신에 들어맞는 홍콩의 서민정신과 상인문화는 홍콩에서 현대 금융업이 싹트는 데 밑거름으로 작용했다. 또한 홍콩은 영국 식민지 문화의 영향으로 제도와 문화의 어려움 없이 경제 세계화에 순조롭게 적응했다.

외적 요인은 비교적 복잡하다. 먼저 1970년대부터 불기 시작한 금융 자유화 바람과 개발도상국(지역)의 상승세가 1980년대에 더욱 거세졌다. 여기에 발 빠르게 대처한 홍콩·영국 정부는 모든 정책 장벽을 허물고 지리적 우세를 이용해 홍콩을 금융과 무역 자유항으로 바꿔놓았다. 그러나 홍콩의 경제 규모로는 세계적인 자유항이 될 수 없었기에 반드시 방대한 시장을 흡수할 필요가 있었다. 때마침 일어난 중국 내륙의 개혁개방은 홍콩이 아태지역에서 중심 지위를 확립하는 계기가 되었다. 동시에 1978년부터 시작된 중국 내륙의 고속성장은 홍콩 자본에 최고의 투자수익을 안겨주었다. 이 같은 역사적인 기회, 이를테면 수십억 명의 인구가 있는 폐쇄된 시장이 외국에 문호를 여는 일은 두 번 다시 만나기 어려운 기회다.

어떤 의미에서 빅토리아항이 동방의 진주(홍콩 – 옮긴이)를 낳고 키운 것은 내적 요인과 외적 요인 그리고 필연적 요소와 우연적 요소가 서로 충돌한 결과다.

여하튼 시대가 변하는 것은 사람의 의지로 막을 수 없는 자연계의 법칙이다. 1997년 중국 내륙의 GDP 총량은 2,659억 2,600만 달러였고 홍콩은 1,773억 5,300만 달러였다. 이때까지 홍콩과 내륙의 경제 규모는 여전히 자릿수가 같았다. 1998년부터 중국 내륙은 장장 15년 동안 두 자릿수 성장 시대를 맞았고 2014년 말 중국 내륙의 GDP 총량은 홍콩 경제 규모[2,736억 6,700달러]의 38배인 10조 3,600억 달러로 커졌다. 단순히 도시만 따로 비교해도 상하이, 베이징의 경제 총량은 잇달아 홍콩을 초과했다. 물론 1인당 부유한 정도만 놓고 비교하면 홍콩은 여전히 중국 내륙을 크게 앞선다. 하지만 경제 총량과 영향력의 관점에서 두 경제체의 공생관계는 더 이상 존재하지 않는다.

사람들이 가장 많이 관심을 보이는 주식시장으로 예를 들어보자. 홍콩은 아태지역 금융 중심으로 홍콩 금융시장의 세계화, 전문화는 의심할 여지가 없다. 한데 금융시장의 파도는 홍콩의 경제 상황과 취업률에 직접적으로 영향을 주고, 중국 내륙 자본은 이 세계적인 시장에서 중요한 영향력을 행사한다. 2015년 2월까지 홍콩증권거래소에 상장된 레드칩[5] 종목은 총 347개다. 이들 종목이 홍콩 증시에서 차지하는 시가총액 비중은 43.24%고 거래량은 55.15%며 상하이지수와 항셍지수(홍콩 항셍은행이 홍콩증권거래소에 상장한 상위 50개 종목을 대상으로 발표하는 주가지수 – 옮긴이)의 상관지수는[2003년부터 2015년 2월까지] 0.78에 달한다. 20년 전만 해도 홍콩 증시에서 중국기업은 신경 쓸 필요가 없는 보잘것

없는 존재였다. 1993년 우량 중국기업 주식이 홍콩 증시에서 차지하는 비율은 6%에 불과했다. "홍콩 주식시장에 A주(상하이와 선전 증시에 상장한 주식 중 중국 내국인과 중국 정부의 허가를 받은 외국투자기관만 거래할 수 있는 주식-옮긴이) 바람이 분다"라는 말은 다소 거창하고 과장하는 듯 들린다. 그러나 중·장기적으로, 특히 중국 내륙이 자본 규제를 완화한 이상[2015년 중국 증권업감독관리위원회(이하 증감회)와 보험감독관리위원회(이하 보감회)는 각각 공모펀드의 홍콩 증시 투자와 보험기금의 홍콩 증시 GEM(성장기업시장) 투자를 허가했다] 외부 요인의 방해가 심하지 않으면 홍콩 자본시장의 중국 자본화는 피할 수 없을 것이다.

이게 바로 역사가 만든 현실이다. 1996년 중국 내륙이 수출입권을 완화하고 수출할당제(수출 상품의 무분별한 수출을 막거나 국제가격을 높이기 위해 국가가 수출 수량을 규제하는 것-옮긴이)를 손본 뒤 홍콩의 성장 속도는 하향 일로를 걸었다. 더구나 2003년이라는 역사의 전환점도 있었다. 중국이 세계와 거리두기를 그만두고 WTO에 가입한 것은 홍콩이 특수한 지위를 이용해 이익을 보는 시대가 끝났고 중계무역이 하향세에 접어들 것이며, 금융기구와 국제 자본이 중국 내륙에 직접 유입되는 것은 거스를 수 없는 추세임을 의미한다.

이 밖에 금융, 해운, 무역 등 그동안 우위를 유지해온 홍콩의 전통산업은 대'내'적으로 상하이·톈진 등의 항구도시와 경쟁을 피할 수 없게 되었다. 이들 도시는 인구가 거대한 데다 광활한 경제구역[양쯔강 삼각주, 화베이 경제지대]에 위치해 있다. 홍콩이 위치한 주장 삼각주 경제구역과 선전, 광저우[특히 선전]의 경쟁도 나날이 치열해지고 있다. 대'외'적으로 싱가포르는 지리적 위치 외에 훌륭한 법치 환경, 효율적이고 투명한 관리감독 시스템, 성숙한 투자자 구성 등 소프트 파워 면에서 결코 홍콩에 뒤지지 않는다.

홍콩은 여전히 그대로지만 세계는 더 이상 어제의 모습이 아니다.

2015년 겨울 홍콩의 거리를 거닐다가 잠시 쉬기 위해 랜드마크 1층에 있는 카페에 들어갔다. 놀랍게도 옆 테이블에 우쥔루(홍콩의 여배우, 가수, MC - 옮긴이)가 앉아 있었다. 짧은 머리에 곱게 화장한 그녀는 매우 세련돼 보였다. 테이블 너머로 그녀를 한동안 쳐다보는데 불현듯 웨이춘화[홍콩 영화 〈녹정기〉에서 우쥔루가 맡은 역할]가 생각났다. 그녀가 머리에 옥과 비취 장신구를 한 채 의기양양하게 걸어오다 꽈당 하고 넘어진 곳은 다름 아닌 중국인이 울고 웃으며 흘려보낸 세월 속이었다. 그 순간 나는 홍콩은 중국인에게 청춘 시절을 추억하게 하는 집단 기억임을 알아차렸다. 물론 홍콩인에게 홍콩은 역사이자 현실이며 미래다.

역사발전은 계속해서 길이 이어지는 과정이다. 홍콩의 지리적 위치[삼면이 바다로 둘러싸임]와 역사적 요인은 홍콩과 중국 내륙 사이에 경제적인 의존관계를 만들었다. 1970년대부터 활기를 띠기 시작한 홍콩의 부동산업은 금융 서비스업 발달 모델에 긍정적 영향을 줬지만 한편으론 700만 명이 사는 항구도시 경제체에 농단의 불씨를 남겼다. 특히 경기가 하향 국면에 접어들었음에도 비정상적으로 높은 주택가격은 홍콩 서민의 머리 위에 매달려 그들의 목숨을 위협하는 다모클레스의 검(수시로 나타날 수 있는 재난을 의미함 - 옮긴이)이었다. 영국 주간지 《이코노미스트》의 2015년 통계에 따르면 홍콩은 전 세계에서 정실자본주의(정경유착 또는 패거리 자본주의 - 옮긴이)가 가장 심각한 지역이다. 부의 집중도는 해마다 높아져 이미 80%를 넘어섰고 사회계층 간 이동 가능성은 급격히 낮아졌다. 생존을 위해 중하층이 견뎌야 하는 압박이 나날이 커지자 홍콩 곳곳에서 중국 내륙을 향한 대립과 불만의 목소리가 터져 나왔다. 그러자 이 문제는 오히려 정치 과제로 포장되어 시스템이 유연한 홍콩이 중국 내륙과 세계의 윤활제 역할을 하는 것을 가로막았다. 윤활제 역할은 홍콩을 '동방의 진주'로 만들어준 가장 큰 장점이었다.

"만약 내일에 대한 아무 바람이 없다면 여행하는 것처럼 손을 꼭 잡을 거예요"라는 노랫말처럼 나는 내일을 전혀 기대하지 않는다면 그 도시에 작별인사를 하고 떠날 것이다. 그렇지만 그곳에서 나고 자란 홍콩 젊은이에게 700만 명이 모여 사는 약 1,000km²의 그 작은 섬은 버리고 떠날 수 없는 고향이다.

홍콩은 무엇을 버리고 무엇을 따라야 할까? 홍콩의 시계는 밤낮없이 바쁘게 흘러갈 뿐 여전히 아무 대답이 없다.

홍콩의 운명 또한 역사의 일부다

내가 처음 들은 〈한 많은 나그네의 길客途秋恨〉은 장궈룽이 부른 광둥어 곡이다. 청나라 서생 묘선과 기녀 맥추연의 사랑 이야기를 담은 이 노래를 장궈룽은 "찬바람은 서늘히 불고 가을의 밝은 달은 가없어라 (…) 한 많은 나그네의 길을 누구에게 말하리오"라고 감동적으로 불렀으나 내게는 그것이 '추구'와 '상실'에 관한 독백으로 들렸다. 1990년 쉬안화(許鞍華, 홍콩의 영화감독－옮긴이) 감독은 '객도추한'이라는 제목으로 타국에서 나그네처럼 살며 고국을 그리워하는 어느 어머니와 그 어머니를 이해하지 못하는 딸의 화해 과정을 그렸다. 1999년 스수칭(施淑青, 타이완 작가－옮긴이)은 '홍콩 3부작香港三部曲'[6]에서 주인공이 부른 〈객도추한〉을 통해 자신의 생애와 홍콩의 운명을 서술했다. 어쩌면 '객도추한'은 홍콩의 여정과 숙명을 잘 설명하는 말인지도 모른다.

막 땅거미가 내려앉은 창 너머로 멀리 서쪽 산이 어렴풋이 보인다. 뤄다여우(羅大佑, 타이완 가수－옮긴이)의 구슬픈 노래를 듣다 보니 문득 개인도 도시도 시대도 결국은 역사의 지나가는 나그네라는 생각이 든다.

"냇물아, 남쪽의 홍콩에 졸졸 흘러들어 동방의 진주, 내 사랑을 보자꾸나. (…) 방울방울 맺힌 눈물은 네 존엄성을 말해주는구나. 밀려갔다 밀려들어오는 바닷물을 타고 내가 널 지켜주리라. 영원히 변치 않을 내 노란빛 얼굴을 기억하렴."

3. 중국의 개혁개방에서 얻어갈 교훈

1978년 덩샤오핑의 "실천은 진리를 검증하는 유일한 잣대"라는 실사구시 정신은 중국 역사에 웅장한 1막을 열었다. 지난 30여 년 동안 위대한 족적을 남긴 중국 역사는 어떤 정책회의나 프로젝트의 결과물이 아니다. 오히려 역사의 위대함이 정책회의를 뜻 깊게 만들었다.

'개혁'은 역사의 정취를 물씬 풍기는 단어다. 기원전 307년 조나라의 무령왕武靈王은 국력 강화를 위해 온 백성에게 전통적인 한족 복장인 긴 치마 대신 오랑캐의 복장인 짧은 상의와 긴 바지를 입고 말 타기와 활쏘기를 배우라고 명령했다. 이것이 그 유명한 '호복기사'다. 오랑캐 옷이 대부분 짐승의 털과 가죽으로 만들어진 것에서 유래한 '개혁改革'은 조정에서 쓰인 뒤 변혁과 혁신의 대명사로 자리 잡았다.

1978년부터 중국은 물살이 거세지고 성난 파도가 몰아치는 급변의 시대에 접어들었다. 구체적으로 수십 년 동안 두 자릿수의 높은 경제성장률을 기록했고 전 세계 GDP에서 차지하는 비중이 1.8%에서 12%로 높아졌으며, 논밭길이 어지럽던 시골의 작은 마을은 고층빌딩이 우뚝 솟은 현대적인 도시로 변모했다. 30여 년간 이어진 풍운의 역사 속에서 개혁은 가장 설레는 이야깃거리였다.

개혁: 가장 설레는 이야깃거리

역사는 뭇사람의 기대를 저버리지 않았다. 개혁개방이라는 커다란 배경 아래 중국사회 전체가 뿜어낸 거대한 창조력과 열정은 놀랍게도 사회주의 틀 안에서 시장경제를 실현했고, 세계 인구의 5분의 1을 차지하는 대국을 빈곤 상태에서 부유하고 활기찬 시장 경제체 중 한 곳으로 만들었다.

샤오강촌(小崗村, 중국 농촌 개혁 발원지-옮긴이), 모간산(莫干山, 1984년 모간산에서 개혁을 주제로 전국 청년 경제학자들의 토론회가 최초로 열렸다-옮긴이), 바산룬(巴山輪, 1985년 수십 명의 국내외 경제 전문가가 호화 유람선 바산호를 타고 엿새 동안 '거시경제관리 국제토론회'를 열었다-옮긴이), 선전 경제특구, 1992년의 남방 시찰(1992년 1월 18일~2월 21일 덩샤오핑은 우창, 선전, 주하이, 상하이 등지를 시찰하며 지난 10여 년 동안 개혁개방으로 얻은 경험과 교훈을 정리하고 철저한 개혁 및 경제발전 가속화의 필요성과 중요성을 거듭 표명했다-옮긴이) 등 역사적인 지역과 사건을 떠올리면 저절로 뜨거운 피가 끓어오른다. 1978년의 '어지러운 세상을 바로잡기 위해 개혁개방을 시작한다'부터 1984년에 정식 제출한 '경제체제 개혁 방침', 1993년의 '사회주의 시장경제' 방향 확정, 2013년의 '시장이 자원 배치를 결정하는 것은 시장경제의 일반적인 규율이다'까지 중국 지도층은 정부 방침을 발표할 때마다 중국인을 번영과 풍요의 길로 안내하는 약속을 지키기 위해 실무적인 태도로 방법을 강구했다.

이 모든 역사적 경험을 함께한 사람들은 회의가 열리고 정책이 나올 때마다 많은 기대를 했다. 특히 경제발전 불균형에 따른 빈부격차 확대, 기득권 고착화, 권력형 부패 만연이 심각한 사회문제로 떠오르자 많은 사람이 강력한 개혁 드라이브를 걸었던 과거를 그리워했다. 그렇다면 인류가 얼마나 쉽게 그럴듯한 논리에 사로잡히는지 생각해보자. 지난 30여 년 동안 위대한 족적을 남긴 중국 역사는 어떤 정책회의나 프로젝트의 결과물이 아니다. 오히려 역사의 위대함이 정책회의를 뜻깊게 만들었다. 중국인이 마땅히 캐물어야 하는 질문은 이것이다. 도대체 무엇이 지난 30여 년의 중국 역사를 위대하게 만들었는가?

쥐를 잘 잡는 고양이가 좋은 고양이다

역사에서 교훈을 얻으려면 반드시 사건의 근원을 파고들고 역사의 흐름에 묻힌 사실을 추궁해야 한다. 잠시 역사와 영웅의 태생적 미련을 버리고 지난 몇 십 년 동안 일어난 일을 살펴보자. 그러면 1978년에 시작된 개혁 역정은 위대한 서사가 아니라 아래로부터 위로, 다시 위로부터 아래로 진행된 점진적 학습 과정임을 발견할 것이다. 그 과정에서 국민 모두가 따르긴 해도 명확히 설명할 수 없는 어떤 원칙이 있으면 국가 전체는 경제생활 분야에서 다시 세속적 이성에 집중한다.

세속적 이성을 간단히 설명하면 '세속'적인 일상 경험을 '지적'인 방식으로 해석하는 것이다. 이는 근본적으로 현세, 즉 살아 있는 세상에 기반을 둔 실용주의다. 일찍이 문명이 성숙한 중국은 예로부터 통속문화의 고향이었고, 엘리트 계층인 사대부는 실용적 이성을 철저히 실행한 집행자였다. 세속적 이성을 가장 솔직하고 날카롭게 표현하면 명·청시대 이학자들이 제시한 '백성일용즉도(百姓日用卽道, 보통사람의 일상이 곧 도다)'다. 이러한 실용주의적 태도는 근현대에 일련의 급진주의 혁명으로 맥이 끊기기 전까지 몇 천 년 동안 중국 역사를 관통했다.

중국 공산당의 시정 방침은 초기 단계, 특히 옌안시기(국공합작 결렬 이후 마오쩌둥이 이끄는 공산당이 혁명에서 승리할 때까지 옌안에서 국민당과 싸우며 생활한 13년을 가리킨다-옮긴이)에 가장 세속적 이성이 강했다. '군중 속에서 찾고 군중 속으로 들어가자', '지방 호족을 타도하고 토지를 분배하자'는 모두 실용주의를 보여주는 멋진 표현이다. 이 전통은 건국 초기까지 이어지다가 1950년대 말 대약진(1958년부터 1960년대 초까지 마오쩌둥이 일으킨 농공업 생산 증진 운동. 도시인구 증가와 그에 따른 필수품 부족 사태, 농촌인구 이탈에 따른 농산물 생산 감소, 흉년, 구소련의 경제원조 중단 등의 요인으로 약 2,000만 명의 아사자를 낳고 실패로 끝났다-옮긴이) 시기에 끊겼다. 1960년대 중국사회는 가난하고 쇠약한 구시대에서 벗어나기 위해 자신들의 문화와 전통을 철저히 거부하고 그 빈자리를 급진적 이상주의로 채웠다. 또한 실용적이고 이성적인 이념을 농업협동조합, 대약진 운동, 문화유산을 때려 부수는 정치 폭력 등 폭풍우 같은 혁명 이념으로 대체했다. 당시 유행한 '인간의 지혜와 노력은 대자연을 이긴다'라는 말은 '보통사람의 일상이 곧 도다'라는 전통 사상과 극명한 대비를 이룬다.

그러나 1970년대 말에 시작된 개혁은 다시 세속적 이성으로 회귀했다. 첫 실마리가 보인 건 1978년 초에 있었던 '실천은 진리를 검증하는 유일한 잣대'라는 토론이었다. 새롭게 해석한 마오쩌둥(중국의 주권을 회복한 점은 긍정적 평가를 받지만 대약진 운동, 문화대혁명으로 중국 경제와 문화 수준을 20년 이상 후퇴시켰다는 부정적 평가도 있다-옮긴이) 사상의 정수는 실사구시實事求是였고 실제와 실용은 광적이고 극단적인 이상주의를 몰아내는 한편 사실을 평가하는 가치판단 기준이었다. 이 가치판단 방향은 뒤이은 〈중국 공산당 제11기 중앙위원회 제3차 전체회의 성명〉에서 자세히 드러났다. 많은 사람이 생각하는 것과 달리 중국 역사의 전환점으로 알려진 이 중요한 문건에는 개혁 노선 설계와 거시 전략이 없다. 오직 "생산력 발전에 적합하지 않은 생산관계와 상부구조를 바꾸고 적합하지 않은 모든 관리방식, 활동방식, 사고방식을 바꾼다"라고 밝혔을 뿐이다.

지도층은 자신들이 역사상 유례없는 상황에 직면했음을 알았다. 그들은 섣불리 한계를 긋지 않고 모든 것을 실험하면서 검토하려 했는데 이처럼 신중하게 대처하는 정치 지혜에는 중국의 세속적 이성이 생생하게 살아 있다. 이 시기 수년 만에 중앙정치 무대에 복귀한 덩샤오핑은 그야말로 세속적 지혜의 대부였다. 널리 알려진 그의 명언 예컨대 "노란 고양이든 검은 고양이든 쥐를 잘 잡는 고양이가 좋은 고양이다"[7], "1국가 2체제", "돌을 더듬어가며 강을 건너라"에는 모두 실용주의의 정수가 담겨 있다.

개혁 초기 20년 동안 지도층이 정책적 융통성과 적응력을 발휘하고, 중국 인민이 비교적 편안한 환경에서 일상적으로 창조성을 발휘한 것은 사실 세속적 이성을 최고로 발현한 셈이다.

가장 전형적인 예는 토지제도 변화다. 1980년까지 도시의 토지는 여전히 인민 모두의 것이라고 명확히 규정했고 매매나 양도는 허용하지 않았다. 그런데 중국에 공장을 짓고 싶어 하는 외국인 투자자가 우르르 몰려들자 문제가 발생했다. 공장을 짓고 싶은데 상담할 사람도 없고 토지를 매입할 방법도 없었던 것이다. 지도층은 침착하게 참고 사례를 찾았고 결국 선전 경제특구의 경험을 따라 토지 소유권과 사용권을 엄격히 분리한 뒤 사용권 명의로 부동산 투자자에게 땅을 빌려줬다. 그 소식이 전 세계로 빠르게 퍼져 나가면서 외국인 투자자의 중국행이 쇄도했다. 토지사용권 관련 입법은 1987년 통과되었다.

1990년 초 기업 주식제 개혁도 같은 경로를 밟았다. 정부와 경제학자들이 소유권 문제로 갑론을박할 때 산둥성의 작은 도시 주청은 이미 288개 국유기업 중 272개를 주주합작제로 전환했다. 이후 일부 중소도시, 예를 들면 광둥성의 순더, 쓰촨성의 이빈, 저장성의 난통 등도 비슷하게 조치했다. 같은 시기 대형 국유기업이 무수히 많았던 상하이는 다른 길을 걸었다. 상하이는 정부 대리기구인 '국유자산감독관리위원회'를 만들어 정치적 구속력이 있는 정부 출자자 신분으로 국유기업을 직접 관리해 번잡한 심사 비준 수속을 줄이고 관리 효율을 높였다. 여기에다 적은 정치 자본으로 국유기업의 일시적인 '소유자 공석' 문제를 해결했다. 주청과 상하이의 성공 경험은 1998년 주룽지朱镕基 당시 총리가 국유기업 개혁의 일환으로 대형 국유기업 관리를 집중 강화하고 중소기업 관리를 느슨하게 한 발상의 근원이었다. 이들 조치는 정부의 강령 없이 풀뿌리 층에서 시행착오를 겪으며 서서히 퍼져갔다. 누군가는 개혁이 철저하지 않고 너무 타협적이라고 지적할지도 모른다. 하지만 제도와 의식의 마찰이 심한 세계에서 조치가 유연하거나 실용적이지 않으면 개혁은 중도에 실패할 확률이 높다.

치명적 오만: 중국의 잃어버린 10년

세속적 이성의 근원은 지식의 한계를 인정하고 선입견을 함부로 보편적 진리로 삼지 않는 데 있다. 역사를 시간의 흐름대로 살펴보면 놀랍도록 유사한 점을 발견할 수 있다. 도가의 시조 노자는 "진실로 아는 자는 함부로 말하지 않는다. 함부로 말하는 자는 아는 게 없다"라고 말했다. 양명학의 창시자 왕양명은 "〔사람들이 말하는 도는〕 보통사람의 일상생활을 벗어나지 않고 그들의 타고난 행동 습관에 있다"라고 했다. 마오쩌둥은 "실사구시"를 제시했고 덩샤오핑은 "실천은 진리를 검증하는 유일한 잣대다"라고 말했다.

해외에서도 흥미로운 우연의 일치를 발견할 수 있다. 《국부론》을 쓴 애덤 스미스Adam Smith는 '보이지 않는 손'이 시장에서 사회자원을 배치한다고 주장했고, 영국 경제학자 앨프리드 마셜Alfred Marshall은 시장에서 자원을 분배하는 근본은 시장가격이고 이것은 공급과 수요의 관계가 결정한다고 생각했다. 오스트리아 경제학자 프리드리히 하이에크Friedrich Hayek는 계획경제를 제대로 실현하려면 '전지전능한 가격 시스템'이 경제 운용을 설계해야 하며, 시장가격은 수집한 각종 정보로 경제 자원을 최고로 배치한다고 서술했다. 시공간을 뛰어넘어 동양의 고대 정치철학 사상과 서양의 현대경제학 기본원리가 이상한 방식으로 서로 통한다는 점에서 인류 공통의 지혜에 절로 감탄사가 나온다.

인지의 한계를 인정하는 것은 결코 쉬운 일이 아니다. 특히 권력구조의 높은 층에 있는 지도자에게 이는 더욱더 쉽지 않다. 이 점에서 개혁 초기와 중기에 시장경제를 건설한 경험이 부족하다고 솔직히 인정한 지도층은 큰 용기를 낸 셈이다. 사회주의 틀 안에서 시장경제 개혁을 추진하는 13억 인구대국을 어떻게 이끌고 나아가야 할까? 인류 역사에 당시의 중국이 따르거나 참고할 모델은 없었다. 그때 지도층은 기층 조직의 실천을 제도 변화의 법칙으로 삼았다. 영토가 광활한 인구대국의 가장 큰 특징은 다양성이다. 지역마다 기후, 언어, 풍속, 경제 환경이 다르고 얻는 정보의 양과 질도 다르다. 미시적인 개체[가정, 기업, 지역 등]는 본능적으로 생활을 개선하고 싶어 하므로 반드시 각 지역의 실정에 맞는 적정한 방법을 생각해내게 마련이다. 주어진 조건에서 최대 이익을 추구하는 경제학 이론은 현실에 이렇게 나타난다. 국가 입장에서 최고의 선택은 개혁 분위기를 보호하는 동시에 자발적인 개선 조치를 환영하고 보다 보편적 의의가 있는 정책을 만드는 일이다. 이러한 발상은 중국의 전통문화 중에서 세속적 이성과 일맥상통한다.

그런데 2003년 이후 중국의 개혁이 10년 동안 교착 상태에 빠졌다는 것은 보편적 인식이다. 거창한 목표와 설계는 어디로 가고 어쩌다 '잃어버린 10년'을 겪은 것일까? 그 원인은 개혁성과를 지나치게 자신하고 미래의 발전 노선을 서둘러 계획하느라 실천의 뿌리가 줄곧 기층 조직에 있었음을 잊은 데 있다. 맨 '꼭대기 층'이 상명하복 방식으로 정한 계획은 유토피아처럼 아름답지만 야심찬 시작과 달리 중간에 흐지부지되기 십상이다.

하이에크는 이것을 '치명적 오만'이라고 표현했다. 계획경제가 실패한 근본 원인은 그 중앙 설계자를 전지전능하다고 가정한 데 있다. 시장경제는 궁극적으로 개체, 나아가 단체의 인지에 한계가 있기 때문에 존재한다. 중국이 직면한 위험은 역사상 유례없는 성공을 거둔 뒤 진리로 통하는 유일한 길을 찾았다고 생각한 점이다. 급진적 시장주의자는 이성적인 설계로 현 시장의 결함을 바꾸자고 주장하고, 절대적 현실주의자는 인류 역사상 가장 완벽한 제도를 찾았다고 주장한다. 그렇지만 어떤 관점이든 의미만 다른 치명적 오만이다.

시장경제는 폐쇄적인 정지 상태가 아니라 개방적으로 단체 학습이 이뤄지는 변화의 장이다. 여전히 중국은 완전히 새로운 상황에서 시장

경제를 세우는 것에 관해 모르는 것이 많다. 중국이 아는 이런저런 이론과 관점은 단지 역사와 미래에 대한 중국의 부분적인 이해를 대표할 뿐이다. 그런데 중국은 자신들이 아는 게 별로 없다는 점을 무시한다. 만약 중국이 자국의 무지를 인정한다면 '돌을 더듬어가며 강을 건너자'가 상징하는 세속적 이성이 상명하복 방식으로 정책과 제도를 설계하는 엘리트 이성보다 더 진실하고 믿을 만하다는 사실을 발견할 것이다. 수많은 학자와 전문가가 소기업 대출난 문제를 놓고 토지제도, 호적제도, 금융 시스템 개혁을 통한 온갖 정책 방향을 제시할 때 청두는 이미 토지거래 문턱을 넘어 '지표(토지개발권-옮긴이)'를 개혁했다. 또한 알리페이, 위어바오(알리바바의 머니마켓펀드MMF 상품-옮긴이), 마이샤오다이(개미 소액대출-옮긴이)가 시작한 인터넷 금융은 중국인의 생활 속에 조용히 파고들어 중국 금융업 판도를 바꿨다.

사실 낮은 계층에서 실천하는 사람들은 높은 계층에서 설계하는 사람들보다 늘 한 발 앞서 돌을 더듬으며 강을 건넌다. 만약 지도층이 진실로 그들이 약속한 군중노선과 실사구시를 실천하려 하면 그것이 생각보다 훨씬 더 어렵다는 것을 발견하리라. 현실세계에서 발생하는 모든 문제는 대개 현실세계에서 해답을 찾아야 한다. 지도층이 해야 할 일은 낮은 계층이 실천하는 것 중 쓸모없는 것은 버리고 유용한 것은 취해 합법적 시스템 안으로 도입하는 것이다. 역사는 개혁에 성공하려면 세속적 이성, 요컨대 '보통사람의 일상이 곧 도다'라는 소박한 원칙을 적용해야 한다고 말해준다.

개혁에 꼭 거대한 시스템이 필요한 것은 아니다. 가장 필요한 것은 높은 계층이 낮은 계층의 돌파 정신, 도전적 시도, 탐구 등의 생생한 실천을 포용하고 인정해주는 일이다. 개혁은 아래로부터 위로, 다시 위로부터 아래로 진행되는 점진적 학습 과정이다. 이 개방적 시스템의 학습 과정이 멈추면 거창한 설계도 결국 실현할 수 없는 허황된 꿈으로 남는다.

보통사람의 일상이 곧 도道다

영국 경제학자 로널드 해리 코스Ronald Harry Coase는 자신의 저서 《변혁 중국-시장경제 중국의 길》에서 이렇게 저술했다.

> 독특한 전통문화와 정치체제 때문에 중국의 시장경제는 반드시 중국의 특색을 유지해야 한다. (…) 그렇다고 현행 중국식 시장경제를 무조건 성원하자는 의미는 아니다. 중국식 시장경제에는 여전히 너무 많은 결함과 부족함이 있다. 사람들은 자신과 다른 것을 배척하는 인류의 본성을 거부해야 한다. 개방적인 사회는 다양성과 포용성으로 번영하고 발전한다. 제도의 획일화와 조직의 경직화는 너무 강대해서 막을 수 없을 것 같던 사회주의 열차를 수렁에 빠트렸다. 사회주의 역사에서 배워야 할 교훈은 다원화를 경계하거나 의심하지 않고 격려해야 한다는 것이다.

미래는 정해지지 않았고 겸손하면 더 많은 것을 배울 수 있다. 중화민족이 천세를 지녀온 실용주의 정신으로 무장하고 공산당이 세속적 이성으로 얻은 성공과 실패 경험에서 교훈을 배울 경우 중국의 미래는 낙관적이다. 코스는 중국의 전망을 밝게 봤다. 부디 그의 예측이 맞기를 바란다.

4. 장젠과 위안겅, 역사의 전설들이 남긴 것

우리가 역사를 되돌아보는 것은 과거를 단단히 기억하기 위함이 아니라 앞으로 나아가기 위해서다. 위안겅은 몇 개의 기업, 한 곳의 경제기술개발구역 그 이상의 것을 중국에 남겼다. 역사가 흐를수록 우리는 '위대함'과 '전설'의 진정한 의미를 잘 이해할 수 있다.

2016년 1월 31일 오후, 며칠 전까지 따스한 기운이 감돌던 강남에 갑자기 진눈깨비가 내렸다. 차 지붕으로 후드득후드득 내려앉던 진눈깨비는 이내 굵은 눈송이로 변해 차가운 바람을 타고 어지럽게 흩날렸다. 어둑해진 하늘에선 "밝은 달은 푸른 바다에 가라앉아 돌아오지 못하고, 슬픈 빛에 물든 흰 구름만 창오에 가득하네(이백의 시 〈곡조경형哭晁卿衡〉 중에서－옮긴이)"의 처량함이 느껴졌다.

그날의 모든 머리기사는 '위안겅袁庚'이라는 낯설고도 익숙한 이름이 차지했다(위안겅은 이날 향년 99세로 광둥성 선전에서 사망했다－옮긴이). 가만 보니 관영매체 《런민르바오人民日報》가 '중국 개혁개방의 상징적 선구자이자 탐구자 중 일인'이라고 존칭하는 이 노인의 신분은 어딘가 독특했다.

그는 관료였다. 관료 서열 체계에서 부부급(副部級, 한국의 차관급에 해당-옮긴이)이던 그의 정식 관직명은 교통운수부 산하 홍콩 자오상국招商局 부회장과 자오상국 산하 서코우蛇口공업지구 총책임자다. 엄밀히 말해 부부급 대우를 받은 그는 옛날 관직으로 치면 최고 5품 관직쯤에 해당한다. 또한 그는 상인이었다. 비록 그는 자오상招商은행, 핑안平安보험 등 저명한 주식회사를 창립했지만 주식을 보유하지 않았고 기업을 직접 관리하거나 경영하지도 않았다.

그는 관료인 듯 관료가 아니었고 상인인 듯 상인이 아니었다. 권력이 막강했으면서도 정부와 기업에 영향력을 행사하지 않았으며 그렇다고 재산이 많지도 않았다. 하지만 그는 정치적, 사회적으로 매우 명망이 높다. 이것은 중국의 관본위(官本位, 높은 신분과 막강한 권력을 선호하는 가치관-옮긴이) 문화에서 확실히 이례적인 일이다. 물론 역사를 들춰보면 위안경과 비슷한 그림자를 더 찾을 수 있다.

1926년 8월 24일 광둥에 살던 위안경이 열 살일 때 장젠張謇이라는 하이먼 사람이 양쯔강 삼각주의 난퉁에서 병으로 죽었다. 출상하던 날 난퉁 사람들은 모두 거리로 나와 양쪽으로 서서 슬프게 흐느꼈다. 당시 장젠의 신분은 과거제도 말기의 장원, 위태로운 면직물회사 다성大生방적 소유주, 난퉁의 도시계획자 겸 자본조달자, 양쯔강 삼각주 일대 서양식 학교 창립자였다.

장젠은 1853년 장쑤성 하이먼에서 태어났다. 어려서부터 영특해 아버지의 뜻에 따라 과거시험을 준비했고 스물두 살에 생원에 합격했다. 1882년(광서 8년) 조선에서 임오군란이 일어나자 일본은 기회를 놓치지 않고 조선을 침략했다. 청나라 정부는 조선의 파병 요청에 응했고 스물아홉 살의 장젠은 붓을 꺾고 군대에 들어가 조선의 군란을 진압한 뒤 일본에 강경책을 펴야 한다는 정치 평론을 써서 '청류'인 웡퉁허翁同龢

의 눈에 들었다. 광서제의 스승인 웡퉁허는 조정에서 광서제 편에 서서 서태후의 미움을 샀는데, 그 바람에 장젠도 정치적으로 배척당했다. 장젠은 팔방미인이었으나 운이 닿지 않아 20여 년 동안 과거시험에 줄줄이 떨어졌다.

1894년 장젠은 마흔한 살이라는 '고령'의 나이에 치른 스물여섯 번째 과거시험에서 마침내 장원을 차지해 6품 한림원에 선발되었다. 하지만 과거시험을 준비하며 세월을 덧없이 흘려보내는 동안 그는 생각이 많이 바뀌었다. 더구나 양무운동(1861~1894년 서양 문물을 받아들여 부국강병을 이루려 한 중국의 근대화운동-옮긴이)까지 일어나자 사업을 일으켜 나라를 구해야겠다는 쪽으로 생각이 기울었다. 처음에 그는 성쉬안화이(盛宣懷, 청나라 말기의 관료자본가-옮긴이)를 모방해 정부와 민간 합작으로 다성방적을 창립했지만 몇 차례 위기를 겪고 더 이상 버틸 수 없는 상황에 놓였다. 할 수 없이 상하이에서 난퉁으로 돌아가는 여비를 벌기 위해 장원 출신임을 내세워 상하이의 쓰마루(현 푸저우루-옮긴이)에서 글씨를 써서 팔았는데 사람들이 부패한 지식인이라며 그에게 손가락질을 했다. 다행히 심지가 굳은 장젠은 명예 실추에는 크게 신경 쓰지 않았다. 그는 진부한 팔고문(명·청시대 때 과거시험에 쓰인 문체-옮긴이) 따위는 버리고 굳은 의지로 자기 사업을 하려는 꿈을 키워 나갔다.

1898년 백일유신(변법자강운동. 양무운동의 한계를 느낀 캉유웨이, 량치차오 등이 헌법제정과 서양식 학교 설립 등 전통적인 정치·교육 체제를 개혁해 부국강병을 이루자고 주장한 운동-옮긴이)이 실패로 끝난 뒤 서태후는 웡퉁허를 관직에서 쫓아냈다. 이 일로 벼슬길에 혐오감을 느낀 장젠은 사업을 키워 나라를 부강하게 만들겠다는 생각을 굳히고 다성방적 회생을 위해 자신의 전 재산을 정리하고 고리대까지 빌렸다. 다행히 하늘이 도왔는지 그해에 무명실가격이 급등하면서 다성방적은 가까스로 살아났다.

이후 장젠은 거침없는 창업의 길을 걸었다. 먼저 뤼쓰와 하이먼의 경계지역에 방직공장의 목화솜 기지를 지은 뒤 난퉁의 탕짜에 광성廣生착유공장, 푸신復新제분소, 쯔성資生제련소를 창립해 그곳을 경공업지대로 만들었다. 이어 톈성天生발전소를 건설하고 여러 회사에 투자했다. 여기에다 기업 간의 편리한 운수와 소통을 위해 도로를 건설하고 도시계획을 진행했으며 난퉁南通전구공장, 다충大聰전화공사, [난퉁]기상대, 난퉁겅쑤更俗극장, 난퉁박물관 등을 잇달아 지었다. 난퉁 시민의 일상생활은 빠르게 현대화했다. 1920년 난퉁의 탕짜에는 수많은 가구가 모여 살았고 인구는 거의 5만 명에 가까웠다. 공장이 빽빽이 늘어선 연안에서는 상업이 발달했다. 그해 해외에서 발행한 세계지도에 중국의 무수한 대도시는 이름이 오르지 못했지만 난퉁이 있는 위치에는 '탕지아짜(탕짜의 속칭 - 옮긴이)'가 선명히 적혀 있었다.

19세기 말에서 20세기 초까지 난퉁의 장젠, 롄윈강의 션윈페이沈雲霈, 간위의 쉬딩린許鼎霖은 장쑤성 북부지역 3대 실업가로 불리며 양쯔강 삼각주를 경공업 지대로 일궜다. 당시에는 민간에서 기초 설비에 투자하는 것이 유행이었다[잠깐 주제 밖의 내용을 설명하면 민관합작PPP, Public Private Partnership 형식의 기초설비 투자는 역사적으로 종종 있었다].

공장을 짓고 기업을 운영하는 과정에서 서양 학문[현대 과학기술]의 중요성을 통감한 장젠은 즉시 '학교 세우기' 운동을 추진했다. 그는 몇 년 동안 방직공장에서 벌어들인 돈에 여러 곳에서 모은 자금을 더해 퉁저우자립사범[중국 사범 교육의 발단]을 개교했다. 1905년부터는 마샹보馬相伯와 함께 우쑹[상하이]에 푸단공학[푸단대학 전신], 창젠퉁하이오속공립중학[장쑤성 난퉁중학 전신], 난퉁의학전문학교와 난퉁방직전문학교[훗날 두 학교는 난퉁대학으로 통합되었다], 난퉁허하이공정전문학교[허하이대학 전신], 장쑤성립수산학교와 우쑹수산전과학교[두 학교 모두 상하이해양대학의 전신이다] 등을 세웠다.

지금까지도 양쯔강 삼각주지역에서 이름난 교육기관은 크든 작든 장젠과 역사적 연결고리로 끈끈하게 이어져 있다. 장젠은 혼자 힘으로 양쯔강 삼각주지역에 고등교육의 토대를 닦았던 것이다.

중국의 여느 전통 지식인처럼 장젠은 사업을 키우겠다는 열정보다 국가를 부강하게 만들고 싶은 정치적 포부가 더 컸다. 그의 정치사상은 유연했다. 처음에는 황제체제를 보위하는 보황당을 추종했다가 입헌파(기본적으로 청나라 기조를 유지한 채 서양 제도를 도입하자고 주장한 부류-옮긴이)가 되었고, 나중에는 '위안스카이袁世凱 천하'를 반대하는 민주파가 되었다(스스로 황제체제를 뒤엎은 위안스카이는 민국의 임시 대통령에 선출된 뒤 독재체제를 확립하고 황제가 되려다 실패했다-옮긴이). 장젠의 긴 정치 여정을 한 단어로 요약하면 '민생제일주의'다. 장젠은 중국의 보통사람이 잘살려면 정부 정책이 융통성 있게 변해야 한다고 생각했다.

1904년부터 장젠은 청나라 정부의 [3품] 장쑤자의국의장, 중앙교육회장, 장쑤양회염총리, [쑨원의] 난징정부실업총장, 북양정부농상총장 겸 수리총장 등의 직무를 역임했다. 하지만 위안스카이가 황제를 자칭하자 1914년 분노감에 사직하고 다시 일반인의 신분으로 돌아가 사업과 교육으로 나라를 부강하게 만드는 꿈을 실현하기 위해 노력했다.

관료 출신 실업가 장젠은 현대 경영학의 이른바 대리인 문제(주인이 대리인에게 어떤 일을 맡겼을 때 대리인이 주인의 뜻대로 일을 처리하지 않아 생기는 문제-옮긴이)를 배운 적 없지만 이를 명확히 인식하고 있었다. 농상총장 시절 그는 "국유기업은 국민을 위해 열심히 일하려는 마음이 없고 공금을 낭비하며 비효율적이다. 앞으로는 민간기업을 본받아 대충 일하는 것을 멈추라"라고 말했다.

장젠의 평생 꿈은 온 힘을 다해 쓰러져가는 국가와 민족을 되살리는 것이었다. 종군 생활을 하든 관료 생활을 하든 사업을 하든 그는 이 꿈을 이루기 위해 노력을 아끼지 않았다. 그러나 혼자 힘으로 시대의 수레바퀴를 끌고 가기엔 국운이 크게 기울었고 사업도 곧 벽에 부딪혔다.

무리한 사업 확장에다 크고 작은 사회사업(학교 세우기 운동 같은 공익사업)을 벌이느라 막대한 자금을 쓴 결과 1921년 다성방적은 큰 부채를 떠안았다. 1922년에는 갑자기 무명실가격이 떨어지고 면가격은 오르는 기현상이 일어나면서 채무위기에 빠지고 말았다. 전국을 덮친 방직산업 위기에 중소 방직회사가 맥없이 파산해도 중국 정부는 민족기업에 아무런 도움을 주지 않았다. 바다 건너 일본의 방직회사는 20세기 초 비슷한 어려움을 겪었으나 일본 정부의 신속한 자금 지원으로 위기를 무사히 넘기고 사업 규모를 확대했다. 위기를 기회로 바꾼 일본 방직회사는 중국시장을 주도하며 중국산 방직물을 속속 쓰러뜨렸고 다성방적도 무사하지 못했다. 1923년 가동을 멈춘 다성방적은 1924~1925년 채무조정에 들어간 끝에 결국 은행, 전장 등의 채권자 손에 넘어갔다.

안팎으로 우환이 끊이지 않아 몸과 마음이 다 지쳐버린 장젠은 생명의 끈을 아슬아슬하게 이어가던 중 1926년 8월 난퉁에서 병사했다. 민족 공업의 개척자이자 입헌운동의 선구자인 그는 조용히 세상을 떠났다. 최근 100년 동안 많은 권력자가 한 줌 흙이 되었지만 역사에 영원히 이름을 남긴 사람은 권력의 꼭대기에 오른 적도 없고 중국에서 손꼽힐 정도로 부를 쌓은 적도 없는 장젠이다.

장젠에 비하면 위안겅의 벼슬길은 초라하다. 일흔 살 넘어 5품(부부급] 관직을 얻었지만 체제의 금자탑에서는 주목을 받지 못했다. 장젠과 비슷한 점은 정치사상이 확고했으나 상황에 따라 유연했다는 것이다. 위안경은 청년 시절에 군사 업무를 보고 중년에는 외교와 첩보 관련 일을 하며 신중국에 공헌했지만 문화대혁명 기간에 친청교도소에 투옥되었다가 쉰여덟 살에 풀려났다. 그는 자신의 신념을 굽히지 않았고 예순 살 이후 다시 분발해 오랜 공산당원 신분으로 '최악'의 일을 저질렀다. 그것은 바로 공산주의 의식의 한계를 뚫고 황량한 진흙탕에 전설적인 개혁 작품인 선전 셔코우공업지구를 건설한 일이다. 위안경은 자신의 정치 생명을 걸고 주주제를 실시해 자오상은행과 핑안보험을 중국에서 가장 활기찬 기업으로 만들었다. 1990년대 이후 역사의 큰 무대 뒤로 조용히 자취를 감추고 나서야 그는 역사의 평가를 받았다.

장젠에서 위안경까지 당대의 큰 인물은 실무를 중시하는 동시에 변화를 추구했다. 그렇지만 세월이 흘러도 나라를 사랑하는 마음은 변치 않았다. 이들은 국가를 위해 뜻을 세우고, 민생을 위해 목숨을 바치고, 성현의 가르침을 계속 공부하고, 후대를 위해 위대한 사업을 일으키는 것을 숭고한 사명으로 받아들였다. 1980년대와 1990년대의 개혁은 남쪽지역에서 태동해 서서히 북쪽지역으로 퍼졌는데 이 시기의 핵심은 선전, 셔코우가 상징하는 실무·용기·개척 정신이다. 이들 정신은 전 세계 인구의 5분의 1을 차지하는 대국을 빈곤 상태에서 부유하고 활력 넘치는 시장경제체 중 한 곳으로 만드는 기적을 이뤘다. 이른바 '중국의 기적'이다.

우리가 역사를 되돌아보는 것은 과거를 단단히 기억하기 위함이 아니라 앞으로 나아가기 위해서다. 위안경은 몇 개의 기업, 한 곳의 경제기술개발구역 그 이상의 것을 중국에 남겼다. 역사가 흐를수록 우리는 '위대함'과 '전설'의 진정한 의미를 잘 이해할 수 있다.

5. 마윈에게 타임머신을 태운다면

춘추전국시대부터 수천 년 동안 중국의 비즈니스 환경, 정책, 상인의 지위는 한 번도 만족스러운 적이 없었다. 언제쯤이면 중국은 마윈을 제대로 대우할까?

어느 주말 집에 콕 틀어박혀 심심풀이로 역사책을 읽다가 덮었을 때 문득 재미있는 생각이 떠올랐다. 만약 마윈馬雲이 시대를 초월해 고대로 돌아간다면 어떻게 살아갈까? 겨우 잠깐 생각했을 뿐인데 등에 식은땀이 흐르고 초조해졌다. 만약 실수로 '마 빠바'[8]를 이상한 곳에 데려다놓으면 문제가 이만저만이 아니었다. 그가 사라지면 가장 먼저 타오바오와 톈마오(알리바바그룹이 운영하는 중국 온라인 쇼핑몰–옮긴이)가 영향을 받을 텐데, 제때 쇼핑하지 못한 수억 명 고객의 고함에 만리장성이 무너지면 어쩌겠는가.

마 빠바가 나물과 잡곡을 먹고 흰옷을 입어도 상관없다면 사실 춘추전국시대로 돌아가는 것이 가장 좋다[그 시대에 서민의 주식은 기장과 콩류였고 아직 염색기술이 발달하지 않았다]. 중국 역사를 통틀어 춘추전국시대는 그나마 상인의 지위가 가장 나았다. 《사기·화식열전史記·貨殖列傳》은 당시 성공한 열일곱 명의 저명한 상인 이야기를 기록하고 있다.

먼저 범려范蠡를 보자. 월왕 구천의 복수를 도운 뒤 너무 큰 공을 쌓은 나머지 조용히 제거될까 두려웠던 범려는 이름을 바꾸고 미인 서시와 함께 작은 배를 타고 구름처럼 세상을 떠돌다 산둥의 청도[칭다오, 제나라 도시]에 정착했다. 당시 물자교역이 활발히 이뤄지던 도시 청도에서 범려는 국제무역을 했는데 월나라의 누에와 뽕나무, 진秦나라의 철기, 조나라의 목기를 싸게 사서 비싸게 팔아 차액을 남겼다. 막대한 부를 쌓은 그는 가난한 이들을 도와 '부자' 하면 사람들이 도주공(陶朱公, 범려의 새 이름－옮긴이)을 말할 정도로 후세에 이름을 남겼다.

《사기·화식열전》에 등장하는 인물의 부자 순위에서 범려의 뒤를 잇는 두 번째, 세 번째 부자는 자공子貢과 백규白圭다. 공자의 제자 자공은 중국 역사에서 정치, 상업, 학문에 모두 통달한 보기 드문 인물이다. 그는 도주공만큼 부유했고 정치·외교 능력이 공자보다 낫다고 평가받아 월왕 구천이 자공을 보기 위해 길을 청소하고 교외까지 마중 나갈 정도였다. 자공이 죽은 뒤에도 그의 자손은 대대손손 그의 은혜를 입었다. 뤄양 출신인 백규는 손무(孫武, 《손자병법》을 저술한 군사 모략가－옮긴이)의 제자로 전국시대의 저명한 경제 전략가이자 자본가다. 그는 진정한 상인은 이익만 탐하지 않고 지(智, 시세의 변화를 낙관하는 것－옮긴이), 용(勇, 결단력－옮긴이), 인(仁, 남이 팔 때 사들이고 남이 사들일 때 파는 것－옮긴이), 강(强, 기회를 잡으면 놓치지 않는 것－옮긴이)의 네 가지 천성이 있어야 상인으로 대성한다고 생각했다.

춘추전국시대 부호 삼인방은 모두 부를 나눌 줄 알았고 당대 사람들에게 존경받았다. 《사기·화식열전》의 내용으로 미뤄보건대 당시 상업 환경은 매우 느슨했다. 각국 제후는 백성에게 논밭 개간과 무역을 장려해 국력을 키웠고, 전 시대에 걸쳐 상업 분위기가 짙어 이익이 있는 일에 사람들이 우르르 몰렸다. 상업을 부의 원천 중 하나로 생각하는 등 상업에 관한 인식도 좋았다["농민이 생산하지 않으면 식량이 부족해지고, 장인이 물건을 만들지 않으면 일상생활과 노동이 어려워지고, 상인이 물자를 유통하지 않으면 식량·물건·부가 끊기고, 사냥꾼이 산과 강을 개발하지 않으면 재물이 빈약해진다."《사기·화식열전》 중에서].

만약 마윈이 춘추전국시대에 타고난 말재주와 사업 감각으로 장사를 했다면 역사적인 부호 명단[《사기·화식열전》]에 이름을 올리고 각국 재상을 두루 지냈을 것이다.

마윈이 유일하게 가지 않아야 하는 시대는 상앙商鞅이 개혁을 진두지휘한 진秦나라다. 상앙은 법가를 숭상해 농업을 장려하고 상업을 억압했다. 진나라에서 상인이 먹고살 수 있는 길은 전혀 없었다. 6국을 멸망시킨 뒤의 진나라는 더더욱 가면 안 된다. 진나라가 단명한 것은 군왕의 폭정 때문인데 아마 마윈은 점포 터도 찾기 전에 만리장성을 쌓으러 끌려갔을 터다. 과연 왜소한 체구의 그가 북쪽지역 찬바람을 견딜 수 있을까?

분열된 중국을 하나로 통일한 한漢나라는 제자백가가 물러나고 유학이 독존하는 시대였다. 이때부터 상인이 맨 끄트머리 계층인 사농공상의 서열이 굳어졌다. 특히 한무제가 몇몇 사업을 국유화한 다음 행정권력과 민간상업이 유착된 형태의 관영상업은 2,000년 왕조가 중국이 될 때까지 특이한 풍경으로 이어졌다. 관산해官山海[9]를 할 수 없는 타오바오 같은 민간사업은 한나라 조정의 구미에 맞지 않는다.

혼란스러운 삼국시대는 건너뛰고 위진남북조시대는 어떨까? 아무래도 이 시대 역시 곤란하다. 위진남북조는 어떤 시대였나. 목욕과 담을 쌓은 사람들이 헐렁한 옷 속에 손을 집어넣어 아무렇지 않게 이를 잡았고 단전호흡을 하며 선약을 먹었다. 또 꽃미남에 열광했으며 권문세족이 사회 자원의 대부분을 차지했다. 이런 시대에 평민 출신에다 외모가 좀 독특한 남자에게 장밋빛 미래가 펼쳐질 일은 단연코 없으니 함부로 발을 들이지 않는 게 낫다.

원·명·청나라도 부정적이기는 마찬가지다. 원나라는 신분제 사회였다. 과거 남송의 관할구역이던 화이허 이남지역에 산 한족은 남인이라 불렸고 정치·경제·문화적으로 최하층민에 속했다(1등은 몽골족, 2등은 색목인, 3등은 일찍이 몽골족에게 정복당한 화이허 이북지역에 사는 한족이다). 유독 괴짜가 많은 명나라 황제들은 상업을 극도로 억압했고 나중에는 해금정책(조공무역만 허용하고 기타 해상무역을 금지한 법령-옮긴이)까지 실시했다. 심만삼(沈萬三, 명나라 초기의 강남 거상-옮긴이)의 최후를 생각해보라. 그는 황제를 위해 사재로 난징에 성벽을 쌓았지만 마지막에는 가산을 몰수당했다.

청나라 상황도 크게 다르지 않다. 청나라 조정과 결탁해 부자가 된 호설암(胡雪巖, 청나라 말기 거상-옮긴이)도 요동치는 정세에서 자유롭지 못했다. 산시山西성을 기반으로 왕성하게 활동한 진상晉商도 천하를 사들이고 남을 만큼 큰 부를 쌓았지만 정사에는 이름을 올리지 못했다. 536권에 이르는 《청사고淸史稿》에 등장하는 상인은 범육빈範毓賓이 유일한데 그것도 상업과 무관하게 조정을 대신해 군량을 운반했다는 기록이다. 옹정 15년 청나라 군대는 칭하이에서 일어난 반란을 진압하려 깊은 초원에 들어갔다가 군량 보급에 어려움을 겪었다. 그러자 범육빈이 자진해서 군량 운송 임무를 맡았고 도중에 군량을 약탈당하자 140만 냥어치의 가산을 팔아 부족분을 채웠다. 이 일이 조정에 전해진 뒤 범육빈은 서북쪽지역에 사는 유목민과 무역할 수 있는 특허를 받아 거부가 되었다.

이제 남은 왕조는 당나라와 송나라다. 당나라는 정치·경제 방면에서 특권 세력에게 휘둘리다 망한 전 왕조의 뼈아픈 교훈을 기억하고 귀족을 억압하는 동시에 국가의 전매 조치를 일부 완화해 서민 경제를 살렸다. 또한 당대 시인들의 시에 외국인이 등장할 정도로 국제적이었다. 이백李白은 "일본인 조경형은 장안을 떠나 조각배를 타고 동해의 봉호산을 돌아갔네"라고 노래했고, 두보杜甫는 "개원(開元, 당현종唐玄宗 때의 연호-옮긴이)의 전성기를 회상해보니 작은 고을에 일만여 가구나 있었구나. 쌀은 기름지고 좁쌀은 깨끗하고 나라나 백성이나 곳간에 곡식이 그득했네"라고 유수 같은 세월을 한탄했다.

개원 연간에 최고 부자는 왕원보王元寶였다. 당나라는 유목민의 피가 흘러서인지 이름을 호쾌하게 지었는데 유리를 팔아 가문을 일으킨 왕원보의 본명은 왕이구(王二狗, 狗는 '개'라는 뜻-옮긴이)다. 당시 유리는 귀중한 건축 재료에다 정교한 그릇과 장식품의 재료로 왕이구는 건축상이자 보물상이었다.

타고난 재치를 유감없이 발휘해 거부가 된 왕원보는 그 부유함 덕분에 당현종을 두 번이나 알현했다. 평소 재력을 즐겨 뽐낸 그는 당현종에게 당나라 강산에 있는 온 나무를 뒤덮을 만큼, 아니 뒤덮고도 남을 만큼 돈이 많다고 말했다[본래 "감히 신의 비단縑[10]으로 폐하의 강산에 있는 나무를 일일이 묶을 경우 강산의 나무를 다 묶고도 남습니다"라고 말했다]. 마음이 넓은 당현종은 이 말을 듣고 허허 웃었다.

자선가이기도 한 왕원보는 범려처럼 남을 돕고 착한 일을 많이 해서 사람들에게 존경을 받았다. 지금도 재물에 관한 습관 중에는 왕원보와 관련된 것이 많다. 예를 들어 재물신을 특별히 좋아한 왕원보는 정월 초닷새마다 재물신에게 제를 올렸다. 그러자 왕원보처럼 부자가 되고 싶어 한 사람들이 그를 따라 하기 시작했고, 이것이 널리 퍼져 정월 초닷새에 재물신을 맞이하는 풍습이 생겼다. 왕원보는 유난히 파차이(해초와 비슷한 식물의 일종 – 옮긴이)를 좋아했는데 이것이 소문나 파차이는 '부자 되세요!'의 상징이 되었다(왕원보가 좋아한 파차이發菜는 '큰돈을 벌다'라는 의미의 중국어 '파차이發財'와 발음이 같다 – 옮긴이). 광둥의 차오산 일대와 해외에 거주하는 화교는 새해 식탁에 파차이가 오르지 않으면 한 해 동안 재수가 없다고 생각한다.

송나라의 상업 환경도 매우 느슨했다. 송태조宋太祖는 일련의 친親상업 법령을 공포하고 상인을 관대하게 대했다. 가령 각지 상인이 피해를 보는 일이 없도록 관아에서 멋대로 세금을 올리는 것을 엄격히 금지했는가 하면 상업세 외에 도붓장수의 소규모 거래에 세금을 걷지 않았다. 또한 상인에게 공거(각 지방의 우수한 인재를 추천해 등용하는 제도 – 옮긴이)로 정치에 참여할 길을 열어주고 상업을 장려했다. 이 밖에도 상인이 정치에 참여해 정무를 논의할 수 있었다. 송태종宋太宗 시절 삼사사[중국의 발전개혁위원회 주임과 비슷하다] 진서陳恕는 차 관련법을 제정할 때 차 상인을 초청해 함께 협상했다[별것 아닌 일에 놀라지 말자. 차는 당나라 때 중국에 전해져 송나라 때 유행했다. 차 관련 산업은 소금·철 산업처럼 국가 경제의 중요한 부분이라 전문적인 법률이 필요했다]. 결국 송나라는 차 상인들의 여러 의견을 받아들여 조정과 민간의 이익을 다 같이 돌보는 법률을 만들었다.

춘추전국시대를 제외하고 마윈이 갈 수 있는 왕조는 당나라와 송나라뿐이다. 물론 시간도 고려해야 한다. 당나라는 안사의 난(당현종이 양귀비에 빠져 정사를 돌보지 않는 동안 양귀비의 사촌 양국충이 재상이 되어 권력을 마구 휘두르자 절도사 안록산이 양국충을 제거하기 위해 일으킨 반란–옮긴이) 이후 혼란에 빠져 민간자산이 크게 줄어들었다. 송나라는 정강의 변(송나라 휘종과 흠종이 금나라에 조공을 바치지 않아 포로로 끌려간 사건–옮긴이)이 일어난 뒤 국운을 다시 일으키지 못하고 조그만 영토에 만족해야 하는 신세로 전락했다.

이 두 기간은 장사하기에 좋은 때가 아니다. 당나라와 송나라는 생각이 깨어 있고 문화 수준이 높았지만 어이없게도 상인을 천대해 역사의 명맥을 오래 잇지 못했다. 사실 《사기》 이후 정사에서 상인의 그림자는 거의 사라졌다. 송나라 역사에서는 상인보다 오히려 기녀가 더 많은 이름을 남겼다. 당현종 때 왕원보는 거상으로 활약했으나 그의 뛰어난 사적은 정사의 한 쪽도 차지하지 못했고, 《태평광기太平廣記》와 《독이지獨異志》 같은 패관 야사를 비롯해 민간 전설에서나 드문드문 찾아볼 수 있을 뿐이다.

아무리 생각해도 마윈이 지금처럼 《타임》과 《신원롄보新聞聯播》에 실릴 정도로 유명한 우상, 주류 인물이 되려면 춘추전국시대로 가는 것 외에 달리 방법이 없어 보인다. 타임머신을 타고 시대를 초월하는 것에도 리스크가 있으니 모두 조심하자.

6. IMF 사태와 한국의 개혁 전략

20년 전 아시아 금융위기는 한국까지 번졌다. 한화 가치는 70% 떨어지고 주식시장은 크게 요동쳤으며 은행은 줄줄이 파산하고 '한강의 기적'은 졸지에 알을 층층이 쌓아놓은 것처럼 위태로운 지경에 놓였다. 그로부터 10년 뒤 한국 경제는 시련을 딛고 일어나 경제구조를 바꾸는 데 성공했다. 한국은 어떻게 위기에서 벗어났을까? 역사를 거울로 삼으면 흥망을 알 수 있다.

세계에서 가장 가난한 국가였던 한국은 30년 동안 두 자릿수 경제성장을 지속한 끝에 1993년 '아시아의 네 마리 용' 대열에 들어섰다. 당시 1인당 평균 수입은 82달러에서 8,449달러로 훌쩍 뛰었다.[11] 하지만 다년간 정부의 전폭적인 지원에 가려 보이지 않던 부패, 재벌의 독점, 정부의 투명하지 않은 담보 시스템, 금융제재 등의 환부가 속속 모습을 드러내기 시작했고 1992년과 1993년에는 1981년 이후 처음 최저 경제성장률을 기록했다[각각 5.8%와 6.3%].

그해에 한국인이 직접 뽑은 김영삼 정부는 야심차게 이 같은 '한국병'[12]을 뿌리부터 치료하기로 결정했다. 그의 처방에는 정치, 경제 두 분야가 모두 포함되었다. 먼저 정치적으로 공무원 사회의 기강을 바로잡기 위해 고위 공무원 재산 공개와 금융·부동산실명제를 실시했다. 또한 정부부처를 줄이는 한편 일부 권력을 하위기관에 넘겨 군사독재 사회를 민주정치 사회로 전환했다. 경제적으로는 시장 중심 개혁을 대대적으로 추진하고 금리 시장화, 국유기업 사유화, 재정 및 세무 시스템 개혁, 산업 구조조정, 첨단기술 산업 장려 등을 핵심 내용으로 하는 '신경제 5개년 계획'을 제시했다.

크루그먼의 예측을 비껴간 한국

1994년 미국의 저명한 경제학자 폴 크루그먼Paul Krugman은 〈아시아의 기적이라는 신화The Myth of Asia's Miracle〉라는 글을 발표했다. 그의 관점에서 동아시아 국가의 경제성장은 과학기술 발전이 아니라 소련처럼 투입요소 증가[노동집약형 노동, 높은 저축률, 투자 확대 등]에 따른 결과였다. 그러나 투입할 수 있는 요소는 제한적이고 언젠가 줄어들 수밖에 없다. 크루그먼은 그런 기적은 지속될 수 없다고 판단하고 "아시아에선 기적이 일어나지 않았다"라고 대담하게 평가했다.

1994년 한국 경제는 갑자기 8.8% 성장했고[수출이 17% 성장했는데 그 중 대對중국 수출이 20% 증가했다] 원화 절하폭은 -0.1%까지 떨어졌으며, GDP에서 연구개발비용이 차지하는 비중은 2.32% 상승했다. 이는 나머지 아시아 용을 크게 웃도는 수치다. 1995년 한국은 고성장을 지속해 1인당 평균 수입이 처음 1만 달러를 돌파했고 무역자유화에 속도를 내 같은 해에 설립된 WTO에 가입했다. 1996년 경제협력개발기구OECD에 가입한 한국은 선진국 대열에 합류했다.

당시 아시아의 네 마리 용을 포함해 동아시아 경제는 여전히 순항 중이었고 크루그먼의 예측은 먼 나라 얘기처럼 낯설게 느껴졌다.

통제력 잃은 한국 경제

그렇지만 역사는 방심하는 모두를 비웃었다.

1994년 인민폐 환율 단일화 이후 인민폐의 공정 환율은 5.7에서 8.7로 대폭 절하되었다. 중국은 거대한 시장과 값싼 노동력을 앞세워 외국 자본을 마구 끌어들였고 세계는 서서히 메이드인차이나 시대에 접어들었다. 상대적으로 매력이 떨어진 동남아는 수출이 눈에 띄게 줄어들고 경상수지가 악화되기 시작했지만 번영의 분위기에 취해 아무도 나날이 커지는 위험을 알아차리지 못했다.

처음에는 큰 바람도 들풀 사이에서 시작되고 격랑도 작은 물결에서 비롯된다. 1997년 1월 태국의 미회수 대금이 GDP의 135%에 달하자 바트화 절하 압박이 급증했다. 5월 국제 투기꾼들이 바람 앞의 등불 같은 바트화를 공격하자 태국 정부는 외환보유고(약 150억 달러)를 풀어 환율을 유지했다. 그러나 태국 내 경제 사정은 빠르게 개선되지 않았고 결국 7월 2일 고정환율을 포기했는데, 그날 하루 바트화는 20% 가까이 폭락했다. 국제 투기자본은 필리핀, 인도네시아, 말레이시아까지 마수를 뻗었다. 동남아 각국의 환율시장은 도미노처럼 무너졌고 화폐 가치는 대폭 떨어졌으며 주식시장은 폭락했다. 여기에다 은행이 뱅크런 위기를 맞고 부동산시장의 거품이 터지면서 많은 금융기구와 기업이 하룻밤 사이에 문을 닫았다.

한국도 위기에서 무사하지 못했다. 한보, 기아 등 30대 재벌 중 8개 기업이 파산하자 금융기구는 부실자산이 크게 늘었고 시장은 공황상태에 빠졌다. 1997년 11월 24일 달러당 한화가격은 1,139원까지 치솟았다. 증시는 70% 이상 폭락해 코스피지수가 10년 만에 최저점인

488포인트까지 떨어졌고, 자본 이탈 가속화로 외환보유액은 200억 달러 이하로 급감했다〔실제 가용할 수 있는 외환보유액은 79억 달러에 불과했다〕. 무디스를 비롯한 국제신용평가사는 한국의 국채 신용등급을 대폭 하향 조정했다. 12월 12일 달러당 한화 가치는 한 달도 채 되지 않아 66% 떨어져 1,891원까지 폭등했다. 버블이 꺼지면서 한국의 33개 은행 중 다섯 곳이 파산하고 열 곳이 매각되었다. 그리고 증권회사, 기금, 신탁 등 1,984개의 금융기구 중 400여 곳이 폐쇄·중지·합병·전환되었다.

30년 동안 고속성장을 누려온 한국인은 자국 경제력을 믿었으나 한국 경제가 통제력을 잃고 요동치자 그 자신감에 심각한 상처를 입었다.

1997년 12월 19일 한국은 국제통화기금IMF과 협의를 맺고 195억 달러의 조건부 긴급 자금을 지원받았다. 협의 내용은 이렇다. 첫째, 한국은 자본시장을 전면 개방하고 한국 증시에 상장한 기업 주식의 외국기업〔개인〕 보유비율을 26%에서 50%까지 높인다. 둘째, 한국은 산업 구조조정과 금융 개혁 속도를 높인다. 기업은 반드시 국제회계기준을 사용하고 금융기구는 국제회계사무소의 회계감사를 받는다. 셋째, 한국중앙은행은 독립적으로 운영하고 완전한 자본계정의 화폐 자유태환을 실시하며 구체적인 경상적자와 경제성장 속도 등의 조항을 규정한다.

한국사회는 IMF의 가혹한 지원 조항에 술렁였고 일부 언론은 '국치'라고 발표했다. 1998년 김영삼 대통령은 말없이 퇴장하고 반대당의 지도자 김대중이 새 대통령에 당선되었다.

파행의 원인을 찾다

여느 국가와 달리 김대중 정부는 IMF의 허를 찌르는 조항을 적대적으로 해석하지 않고 한강의 기적을 이룬 30년 경제사의 문제점부터 진지하게 반성했다.

현대경제 시스템에서 건강하고 우량한 기업은 국가 경쟁력의 버팀목이며, 공평하고 원활한 융자 경로는 기업발전의 필요조건이다. 한국 경제의 적폐 중 하나는 소위 국가금융이었다. 이것은 국가가 금융자원을 지배하고 금융기구를 설립 및 관리하며 국가 경제발전과 산업발전 전략에 따라 대출 규모·자금조달비용·동향을 결정하는 것을 가리킨다. 경제발전 초기 단계에 국가의 역량을 집약한 금융모델은 제한적인 자원을 주요 산업 부문에 투입해 경제성장을 일으킨다.[13] 그러나 경제 규모가 커지고 복잡해지면 일련의 부작용이 생긴다.

먼저 금융시장은 태생적으로 취약하다. 은행자금은 거시경제 계획과 산업정책의 도구인 까닭에 국가의 주요 산업과 굵직한 기업에 쏠리기 쉽다. 초기에 한국의 군사정권은 대기업을 집중 육성하며 정부와 기업이 뼈와 살처럼 밀착했다. 덩치를 키우면 망하지 않을 것이라고 생각한 걸까? 한국의 기업은 속속 다원화를 꾀했다. 1997년까지 한국의 30대 재벌기업은 평균 20여 개 업종에 진출해 27개의 계열사를 거느렸다.

그런데 이들 기업이 은행에서 거액의 자금을 싸게 빌린 뒤 국가신용을 담보로 거침없이 사업을 확장하는 바람에 한국은 부채율이 오르고 국내 대출금리가 기형적으로 높아졌다. 1990년대 중반 한국 내 대출금리는 국제 수준보다 10% 이상 높고 중소기업의 경우에는 30% 이상 높아 많은 기업이 해외에서 돈을 빌렸다. 1996년 한국의 30대 재벌 평균 채무비율은 500% 이상에 달했고 제조업 부채율이 300%를 넘었다. 외채는 대부분 환율 리스크에 고스란히 노출돼 훗날 아시아 금융위기가 들불처럼 번질 때 한국 경제를 위험에 빠트리는 화근으로 작용했다.[14]

다음으로 국가가 금융자원과 기업이 얻는 혜택을 통제하면 주식시장의 투명성이 떨어지고 채권시장이 크게 발전하지 못한다. 이 경우 직접융자시장의 활력이 떨어지고 은행이 비대해지며 대기업의 맹목적이고 비효율적인 투자가 늘어난다. 이때 은행과 기업 사이에 검은 거래가 늘어나고 금융자원이 효율적으로 배치되지 않는다. 1980년대에 중간소득 국가 행렬에 진입한 뒤 한국은 줄곧 산업 업그레이드 문제를 놓고 고민했다. 그러나 국가가 경제성장을 주도하는 상황에서 기업은 기술 발전보다 덩치를 키우는 방식으로 수입을 늘렸고 산업 구조조정은 차일피일 미뤄졌다.

이 밖에 국가금융과 대기업병은 노동력시장 경직화 같은 또 다른 문제도 야기한다. 취업률과 사회 안정은 정부가 추구하는 목표다. 한국의 경우 정부의 정책적 지원을 받은 한국기업의 '보은'정책에 노조의 강한 힘이 더해져 사실상 종신고용제도가 만들어졌다. 그렇지만 유동성이 부족한 노동시장은 결국 기업의 역동성과 창의력을 떨어뜨린다.

이들 병폐는 한국의 장기집권 정부가 주도한 경제성장모델과 밀접한 관련이 있는데 이는 시장경제를 파행적으로 만든다. 정부의 '쉴 새 없이 바쁜 손'이 시장 모든 곳에 존재하고 자유경쟁과 개방이라는 시장의 기본 정신을 방해한 결과는 국가금융의 불투명한 담보 시스템과 높은 부채, 정경유착, 대기업병, 산업 구조조정 지연, 노동·자본시장 경직화 등으로 나타난다.

깊은 반성 끝에 김대중 정부는 1997년 아시아 금융위기는 단지 도화선에 불과하다는 결론을 내렸다. 한국 위기의 근원은 대한민국을 빈곤 상태에서 벗어나게 한 성장모델이 한계에 부딪혀 한국사회의 발전과 체질 변화를 따라가지 못한 데 있었다. 위기의 불씨는 이미 1980년대에 심어졌지만 고속성장을 향한 미련은 줄곧 개혁의 발목을 잡았다. 한국이 진실로 위기에서 벗어나려면 정부 역할을 재편하는 한편 성장 속도를 고속에서 중·고속으로, 다시 중속으로 조절하고 경제구조를 바꿔 성숙한 시장경제를 실현해야 했다.

국가나 사람이나 가장 어려운 것은 자신의 잘못을 직시하는 일이다. 세계 민족 행렬에 어엿이 선 기쁨에 심취한 한국인은 경제에 낀 거품이 빠지자 당황해서 어찌할 바를 몰랐다. 다행히 김대중 정부는 제때에 결단해 민주주의와 시장경제를 함께 발전시키는 정책을 제시했다. 위기를 기회로 삼아 한국 정치·경제의 뼈를 깎고 상처를 치료한 셈이다.

대수술 단행

1998년 한국인의 지지와 국제기구의 도움으로(가령 한국인은 자발적으로 200여 톤의 금을 모은 뒤 현금으로 바꿔 중앙은행에 내놓았다. IMF는 한국의 단기외채를 중장기외채로 전환하고 국제 자본시장에서 외국환평형기금채권을 발행했다) 한국의 환율은 연중 안정세를 보였다. 같은 해 한국의 수출은 빠르게 회복되었고 경상수지는 3년 만에 처음 흑자로 돌아섰으며 해외 직접투자도 늘어났다.

김대중 정부는 개혁의 필요조건인 경제가 호전되자 금융, 노사, 기업, 공공부문의 4대 영역에서 뼈를 깎는 수술을 진행했다. 수술은 이익이 가장 크지만 그만큼 난이도가 높은 금융 부문부터 시작했다. 먼저 금융감독제도의 틀을 확립하고 은행법을 개정했으며 은행이 화폐정책을 독립적으로 집행하도록 권한을 확보했다. 또한 각각의 금융기구가 따로따로 감독을 받는 상황을 개선하기 위해 국무총리 산하 금융감독위원회FSC를 설립해 은행, 보험, 증권, 기타 금융기구를 일관성 있게 감독했다.

고객에게 원금과 이자를 제때 지급하지 못하는 부실 금융기구는 파산 혹은 재편했는데 2000년 8월까지 한국 금융기구의 20% 이상이 여기에 속했다. 이 밖에 금융시장을 대대적으로 개방하고 국제 경쟁을 유도해 금융 업종의 경영 수준을 높였다. 한국의 제일은행, 외환은행 등은 이때 외국 자본의 손에 넘어갔다. 은행의 자본구조를 개선하는 일에서는 감독을 강화하는 동시에 금융 자유화와 금융업 시장화에 박차를 가했다. 김대중 정부는 금융기구와 정부 사이의 질기고 혼란스러운 관계를 끊고 금융업이 시장의 속성을 따르는 것은 물론 기업대출의 정상기능을 회복하고자 최선을 다했다.

제도적으로 금융업구조를 조정하는 금융 개혁은 많은 사람의 이익과 관련이 있다. 김대중 정부는 대량의 부실채권을 달리 처리할 방법이 없자 재정자금을 투입해 매입하는 방식으로 소각했다. 개혁의 걸음걸음마다 어려움이 많았으나 워낙 긴급한 상황이다 보니 개혁을 향한 한국사회의 갈망이 대단해 '대수술'은 계속 이어졌다. 물론 수술 결과는 성공적이었다. 2000년 말 달러당 한화가격은 1,300원 수준으로 안정을 찾았고 외환보유액은 거의 1,000억 달러에 달했으며 22개 상업은행의 자기자본비율은 10%를 넘었다.

금융 개혁을 진행하는 동안 한국 정부는 기업의 고질병을 치료하기 시작했다. 가장 먼저 재벌에 문어발식 확장을 멈추고 전문경영체제로 변화하는 한편 회계기준을 수정해 재무 투명성을 높이고 기업의 지배구조를 개선하라고 요구했다. 또한 금융업종의 완전성과 독립성을 유지하기 위해 재벌의 산업자본이 금융 시스템에 스며드는 것을 제한했다. 이 조치로 은행과 정부, 은행과 기업의 경계가 명확하지 않던 상황이 바로잡혔고 처음으로 개혁에 서광이 비쳤다.[15]

노동시장 개혁은 1998년 첫 시동을 걸었다. 노동시장이 탄력적이지 않으면 기업의 역동성은 사라진다. 그렇지만 지나치게 높은 실업률은 사회에 가장 큰 불안요소로 작용한다. 둘 사이에서 균형점을 찾기 위해 노력한 김대중 정부는 1998년 노동법을 수정해 기업의 노동자 해고 조건을 완화하고 고용보험, 의료보험, 노인연금, 직업훈련 등의 복지 지출을 크게 늘렸다. 그리고 2000년부터 전 국민을 대상으로 기초생활보장제도를 실시했다.

끊임없이 늘어나는 복지비용을 충당하려면 공공 부문을 간소화해 지출을 줄여야 한다. 1998년부터 행정기구 개혁에 착수한 한국은 2년 동안 공무원을 15% 감축하고 규제를 50% 이상 폐지했다. 또한 공기업 30%를 사유화하고 민간에 유리한 감세정책을 실시하는 등 서서히 권력을 시장에 이양해 '작고 아름다운' 서비스형 정부로 거듭났다.

또 다른 중요한 개혁은 산업구조를 바꾸는 일이다. 한국은 중간소득국가 행렬에 진입한 뒤 한계수익이 급격히 떨어지고 값싼 노동력이라는 장점이 사라졌다. 여기에다 복지와 민주정치에 대한 국민의 기대가 나날이 커져 더 이상 외연을 넓히는 고속성장모델을 유지하기는 어려웠다. 21세기 한국의 근본 발전 전략이 기술 혁신과 문화에 집중된 이유가 여기에 있다.

1980년대에는 정부 주도로 과학기술 발전 전략[과학기술 관련 전문 부처 설립, 연구개발 예산 확대, 과학연구 과제 후원 등]을 짰지만 김대중 정부는 행정적 색채를 지우고 시장의 흐름을 따랐다. 요컨대 정부가 지원은 하되 간섭하지는 않고 시장과 일정한 거리를 유지했다.

과학기술 방면에서 김대중 정부는 기업이 과학기술 혁신의 주체가 되기를 장려했다. 그리고 대기업 천하의 연구개발 국면을 바꾸고자 정책적으로 혁신적인 중소기업을 적극 지원해 첨단과학기술 분야의 경쟁을 강화했다[예를 들어 과학연구원의 병역을 면제해주고 대출, 자금지원, 세금혜택 등을 제공했다].

한국 정부는 문화 방면의 재정 지원도 확대했다. 특히 한 해 예산이 5%도 채 오르지 않은 상황에서 문화예술 예산을 40%나 늘려 관련 분야의 기초 설비 투자를 확대하고 영화, 애니메이션, 게임, 방송프로그램 등 문화산업 관련 고급 인재를 양성했다. 2004년에는 한국소프트웨어진흥원이 글로벌 서비스 플랫폼을 구축해 중소 게임업체의 해외시장 진출을 위한 포석을 깔았다. 다른 한편으로 권위주의 정권 시절의 문화산업 정책을 한층 완화해 자유로운 창작 분위기를 조성하고 지적재산권 보호를 강화했다. 1998년에는 영화의 사전검열제도를 폐지하고 세계적으로 통용되는 심의제도를 도입했다. 일련의 개혁 조치로 소재의 폭이 넓어지고 창작의 자유를 얻은 영화인들은 열정적으로 작품을 만들어 전 세계에 한류 열풍을 일으켰다.

위기의 그림자가 걷힌 뒤

2001년 한국은 3년 앞당겨 IMF에 195억 달러의 긴급자금을 갚고

IMF시대를 조기 졸업했다. 외환보유액은 1,200억 달러에 달했고 실업률은 3.1%로 최저 수준이었으며 경제성장은 4.5%로 중간 속도를 유지했다. 2002년 한국의 신용등급은 1998년 1월의 B-에서 A로 회복해 동아시아 국가 중 가장 먼저 위기를 탈출했다.[16]

위기를 기회로 삼아 산업 전반을 개혁한 한국은 고속성장시대에서 중속성장시대로 평온하게 넘어갔다. 또한 산업구조 업그레이드에 성공해 각종 요소 투입이 많은 성장형 경제체에서 성숙한 혁신형 경제체로 서서히 전환되었다. 1998년부터 2001년까지 한국 정보기술 산업의 부가가치는 해마다 16.4% 성장했는데, 이는 같은 시기의 경제성장률 4%를 크게 웃도는 수치다. 한국은 2009년 이미 광대역보급률과 인터넷 인구비율에서 전 세계 선두를 차지했다. 2011년 연구개발비용이 GDP 총량에서 차지한 비율은 전 세계에서 가장 높은 4.03%였다. 빠르게 성장한 한국의 신흥산업, 예컨대 휴대전화, 자동차, 디지털 가전, 특수 선박 등은 전 세계적으로 높은 판매율을 자랑한다.

하드 파워는 소프트 파워, 즉 문화 수출의 기초다. 2000년부터 한류는 아시아를 넘어 전 세계를 사로잡았다. 가령 〈가을동화〉부터 〈대장금〉, 〈별에서 온 그대〉까지 한국 드라마 열풍은 줄기차게 이어졌다. 중국에서 한국 드라마 인기는 1980~1990년대 홍콩·일본 드라마 인기에 견줄 만하다[〈상해탄上海灘〉, 〈사조영웅전射雕英雄傳〉, 〈붉은 의혹赤い疑惑〉, 〈도쿄 러브스토리東京ラブストーリー〉]. 다수의 한국 연예인은 그 시절의 청룽, 저우룬파, 장궈룽, 야마구치 모모에, 하마사키 아유미처럼 아시아를 넘어 세계적인 스타가 되었다. 김희선, 전지현, 이민호, 임윤아, 엑소 등 한국 스타는 서로 나이는 다르지만 몇 세대 아시아 젊은이들의 마음을 사로잡았다. 2012년 싸이의 노래 〈강남 스타일〉은 유튜브에서 4억 뷰를 돌파했고 영국, 미

국, 벨기에, 브라질 등 35개국 아이튠즈 싱글 차트에서 1위를 차지했다.

2004년 문화산업은 이미 한국에서 자동차 제조업의 뒤를 이어 두 번째로 외화를 많이 벌어들이는 산업으로 올라섰다. 2015년 한국의 문화산업 수출액은 GDP의 15%인 50억 달러에 달했다(같은 해 중국은 4% 정도였다). 〈대장금〉의 인기 여파로 김치와 불고기가 유행했고 가수 비의 공항 사진에 찍힌 가죽제품 브랜드 MCM은 인기 브랜드가 되었다. 한국 드라마에서 예쁘고 착한 여주인공이 삼성휴대전화를 사용하고, 사랑에 빠진 멋진 남주인공이 현대자동차를 운전하는 장면은 곧바로 삼성휴대전화와 현대자동차의 판매 증가로 이어졌다. 통계에 따르면 한국의 문화산업 수출은 100달러당 461달러의 산업 촉진 효과를 낸다. 구체적으로 휴대전화 같은 IT기술 상품 395달러, 의류·화장품 35달러, 식품과 기타 상품이 31달러다. 최신 데이터 분석을 보면 한국기업의 51.9%는 크든 작든 한류의 영향을 받아 매출액이 달라지는 것으로 나타난다. 가까운 미래에 팬덤 경제에 열중하는 지우링허우(1990년대 출생자－옮긴이)와 링링허우(2000년대 출생자－옮긴이)가 소비주체로 떠오르면 한류에 따른 경제적·정치적 영향이 만만치 않을 전망이다.

이제 한국 스타는 아시아의 패션 아이콘이다. 내 친구들 중에도 늘 한국의 어린 '오빠들' 콘서트를 쫓아다니는 광팬이 있다. 계산해보니 한국의 어린 스타들은 1990년대에 태어났다. 20여 년 전 그때 한강의 기적은 위태로웠지만 통렬한 반성과 철저한 개혁으로 한국은 서서히 경제위기의 그림자에서 벗어났다.

중국 경제는 지금 추운 겨울을 만나 개혁이 필요한 단계에 있다. 불사조가 새로 태어나기 위해 얼마나 뜨거운 불을 참고 견디는지 역사에서 모범이 될 만한 교훈을 찾아보자.

7. A증시, 차이나 드림의 파도타기

1995년 '327국채사건'으로 시장에 한바탕 지진이 일어난 것부터 2015년 여름 발생한 공포의 주가폭락까지 시대와 함께 모든 것이 변했지만 한편으로 어떤 것도 변하지 않았다. 누렇게 변색된 자료 더미와 1인 미디어의 요란함 속에서 나는 비슷한 현실을 되풀이하는 인류를 비웃는 역사의 얼굴을 봤다.

자본시장 관련 책을 집필하는 동안 나는 계속 자료를 조사하며 중국 A증시 데이터를 몇 장의 표로 정리했다. 상하이 증시는 1990년 12월 19일 99.98로 개장해 고점과 저점을 오르락내리락했다. 그로부터 25년이 지난 2016년 8월 5일 상하이 증시는 2,976.70으로 장을 마쳤다.

때로 데이터는 이성적이면서도 잔혹하다는 생각이 든다. 단순히 구불구불한 곡선과 천 단위의 숫자에 불과하지만 그 안에는 작게는 기업 성쇠와 국민 애환부터 크게는 한 시대의 변화까지 모든 것이 통째로 녹아 있다.

상하이증권거래소(1990년 11월 26일)와 선전증권거래소(1990년 12월 1일)가 개설된 뒤 중국 주식시장은 '돌을 더듬어가며 다리를 건너는' 발전의 길을 걷기 시작했다. 당시 흑백 영상자료를 보면 증권거래소 앞은 사람들로 문전성시를 이뤘다. 그때만 해도 주식, 주식시장, 상장기업이라는 낯선 용어의 숨은 의미를 이해하는 사람은 별로 없었다. 그러나 주

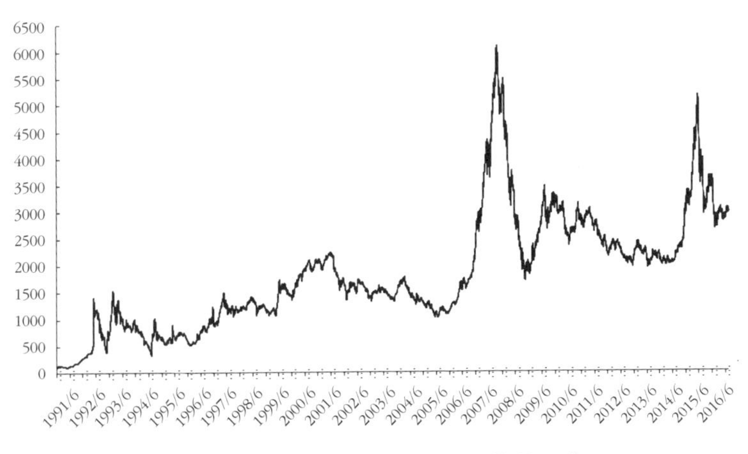

1990년 12월부터 2016년 8월까지의 상하이종합지수 그래프

가가 수십 배, 수백 배 뛰는 것을 본 중국인은 하룻밤 사이에 지긋지긋한 가난에서 벗어나 부자가 될 수 있다는 희망을 품었고 곧 주식투자 열풍이 불었다. 1992년 상하이 증시에 상장한 기업은 1990년의 8개(중국 증시의 시작을 알린 이들 종목을 라오바구老八股라고 부른다 – 옮긴이)에서 232개로 늘었다.

선전 '810사건'

중국의 1세대 개인투자자 중 많은 사람이 1992년 신주 매수 광풍을 직접 경험했다. 그해 8월 단 한 장의 얇은 종이를 손에 넣기 위해 전국에서 수백만 명이 무덥고 습한 선전특구에 몰려들어 밤을 꼬박 샜다. 그 마력의 종이는 바로 신주 매수 추첨표다. 당시 총 50만 장의 추첨표를 발행했는데 개인투자자는 신분증 하나당 10장의 추첨표를 장당 100위안(1992년 중형도시에 사는 화이트칼라의 한 달 수입이 100위안 정도였음을 감안하면 결코 적은 돈이 아니다)에 살 수 있었다. 당첨률은 10%로 매우 낮았으나 일단 당첨되면 1인당 1,000주의 신주를 살 기회를 얻었다. 평범한 사람들에게 수십 배, 수백 배의 차익을 안겨주는 주식은 돌을 황금으로 만드는 마법의 지팡이나 마찬가지였다. 그러자 수백만 명의 개인투자자가 부자의 꿈을 안고 여기저기서 신분증을 긁어모아 파도처럼 선전으로 몰려들었다.

뒤이어 졸렬한 연극이 한 판 벌어졌다. 판매소의 불법행위로 무수한 개인투자자가 추첨표를 사지 못하자 분노와 슬픔을 이기지 못한 그들이 '주식을 공평하게 달라!'라는 구호를 외치며 선전시 정부를 향해 행진한 것이다. 상황이 악화되어 폭력·약탈 행위가 일어나고 부상자가 속출하자 당국은 최루탄과 물대포를 쏴서 시위대를 해산시켰다. 그날 저녁 시위대의 분노를 가라앉히기 위해 긴급회의를 소집한 선전시 정부는 이튿날 신주 발행량은 늘리지 않고 추첨표만 50만 장 더 발행하겠다고 발표했다. 이것은 추첨표 한 장당 구매할 수 있는 주식이 500주로 줄어드는 것을 의미했다.

다행히 중국은 늘 적은 것보다 고르지 못한 것을 걱정하는 사회였다. 이미 추첨표를 구매한 사람들은 이 조치가 반갑지 않았지만 결국 시 정부의 타협안을 받아들였고 세상을 뒤흔든 810사건은 평정을 되찾았다. 주식 때문에 발생한 폭력사건을 주의 깊게 지켜본 중앙정부는 같은 해 10월 중국 증시 최고기관인 중국 증감회를 만들었다. 12월 선전시 위원회와 시 정부는 810사건의 불법행위를 조사한 결과 4,000여 명의 간부와 직원이 서로 짜고 10만여 장의 추첨표를 빼돌렸다고 발표했다.

주식투자에는 늘 리스크가 따라다닌다는 사실을 정부 관리자의 뇌리에 명확히 각인한 이 사건은 중국 주식시장의 '거친 성장'을 알리는 신호탄이었다. 이후 리스크 관리는 증시 감독기관의 가장 중요한 임무가 되었다.

A증시 20년 파동에 관한 기억

1993년 8월 전까지 중국 증시는 여전히 실험 단계였고 상하이와 선전 두 도시의 소수 기업만 상장한 상태였다. 1994년 말 중국 A증시에 상장한 종목은 287개까지 서서히 늘었지만 여전히 증시 규모는 작고 재무 상태는 불완전했으며 거래량은 부족했다.[17] 엄격히 말해 1995년부터 2016년까지의 20여 년은 중국 A증시가 포대기를 벗어나 뒤뚱뒤뚱 걸음마를 배우는 단계였다.

A증시 파동은 크게 두 단계로 나뉘는데, 1997년 이전은 그 이후보다〔상하이 A증시 종합지수〕 변동률이 무려 5배 이상 높았다. 금융시장이 아직 황량한 정글인 상황에서 폭등과 폭락은 그리 보기 드문 현상이 아니다. 상장 종목이 적고 주가 상·하한폭 제한이 없어 하루에 100% 이상 급등하거나 급락하면 종합지수도 덩달아 뛰어오르거나 주저앉을 수밖에 없다. 하지만 계획적인 울타리 안에서 자란 관리자에게 변덕이 심한 증시는 감당하기 어려울 정도로 혼란스러운 통제 불가능과 불확실성을 의미한다.

중국 A증시의 1세대 개척자 칸즈동(闞治東. 현 둥팡후이푸Fortune Link.东方汇富 회장 – 옮긴이)은 저서《영욕의 20년: 나의 주식 인생》에서 1990년대

초 상하이에 불어 닥친 주식 열풍을 회상했다. 당시 주식시장 책임자는 급등락을 반복하는 증시의 안정을 도모하고자 몇 개의 시스템, 예컨대 가격변동폭을 플러스, 마이너스 3%로 제한하고 'T+4' 결제제도를 도입하려 했다. 비록 가격제한폭제도는 훗날 웨이원위안尉文淵 상하이증권거래소 소장이 폐기했으나 1996년 증시 과열 우려가 커지자 중국 증감회가 10%의 상·하한가제도(규정에 따라 A주와 기금은 1거래일 내 등락폭이 10%를 초과하면 안 된다)를 만들어 지금까지 유지하고 있다.

A증시는 '시장의 과도한 변동 예방'이라는 목표를 위해 많은 조례를 만들고 조치를 취했다. 그런데 아이러니하게도 현실에서 A증시는 평온하지 않고 급격히 오르내린다. 1995년부터 2015년까지 A증시 변동률과 미국시장 변동률(미국에는 가격제한폭제도가 없다)을 간단히 비교해보자. 같은 기간 다우존스 월평균 변동률은 0.995%고 상하이종합지수는 1.604%로 미국시장보다 1.6배 높다. 선전종합지수와 나스닥을 비교해도 결과는 비슷하다. 나스닥의 월평균 변동률은 1.376%지만 선전종합지수는 1.756%로 나스닥보다 30% 더 높다. 만약 급등락을 반복하는 시장의 뒷이야기를 자세히 탐구하면 곳곳에서 아른거리는 '국가 의지'의 그림자를 발견할 수 있을 것이다.

다음 쪽의 그래프 1에서 1995년 5월 지수 변동성은 역사적인 신고점을 돌파했다. 이는 직전에 발생한 사건이자 중국 증권 역사에서 가장 참혹한 사건인 327국채사건의 여파였다.[18] 5월 17일 정부가 국채선물 거래를 일시 중단한다고 발표하자 거액의 자금이 한꺼번에 증시로 흘러들었다. 이날 하루 상하이 A증시는 큰 폭으로 춤을 추며 30.99% 상승했다. 그러나 시장의 기쁨은 며칠 가지 않았다. 1995년 5월 22일 국무원증권위원회는 또다시 신주 발행 규모를 이사분기에 하향 조정하겠

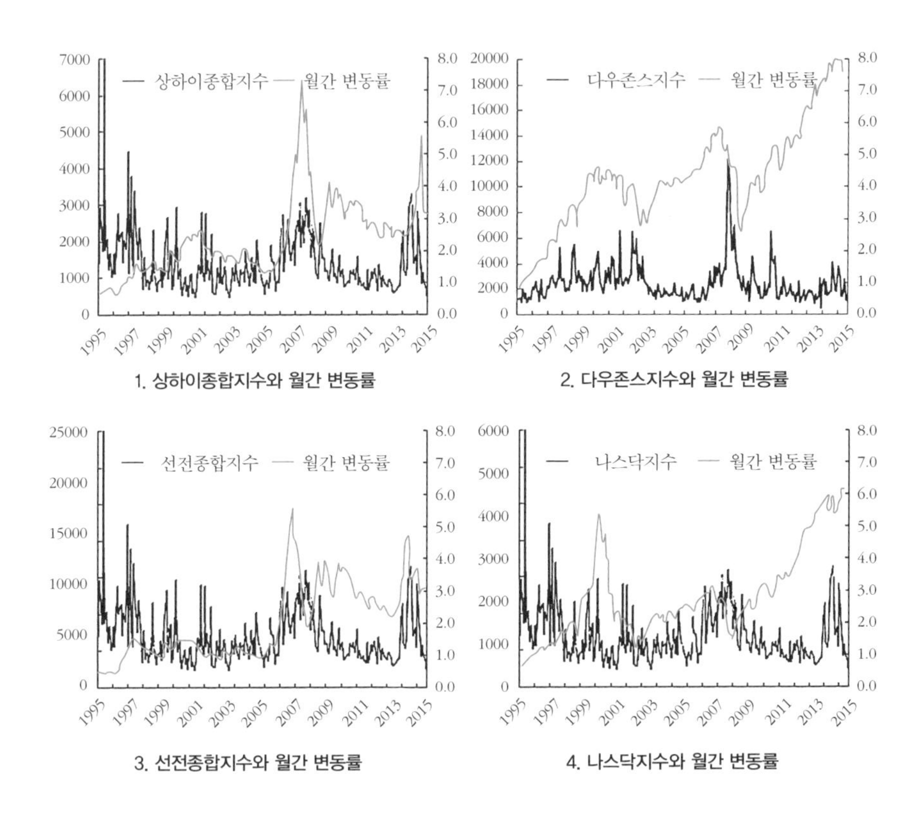

1. 상하이종합지수와 월간 변동률

2. 다우존스지수와 월간 변동률

3. 선전종합지수와 월간 변동률

4. 나스닥지수와 월간 변동률

다고 발표했다. 이는 주식시장을 지키기 위해 문을 걸어 잠그고 개까지 풀어놓겠다는 것이나 마찬가지였다. 이 소식이 전해지자 상하이 증시는 약세로 돌아서 순식간에 147.12포인트 급락했다. 하락폭은 16.39%에 이르렀다. 이후 화폐긴축정책(1993~1994년 초인플레이션이 발생하자 중앙은행은 1995년부터 긴축에 들어갔다)까지 더해져 A증시는 극도로 부진한 상태에 빠졌다.

아마 전 세계에서 가장 걱정이 많은 기관은 중국 증시 관리감독기관일 것이다. 이들은 증시가 하락하면 부랴부랴 구제하려 하고 상승하면

서둘러 투기를 억제하려 한다. 1996년 초 거시경제가 호전되자 중국 주식시장에 다시 훈풍이 불었다. 1996년 한 해 동안 상장 종목은 역사상 최고치인 243개가 늘었고, 연초 550포인트였던 상하이종합지수는 하반기에 900여 포인트까지 상승했다.[19] 이 갑작스러운 폭등에 수심에 잠긴 중국 증감회는 1996년 10월 26일 〈증권경영기구 증권자영업무 관리 방안〉을 발표하고 증권기구의 거래 행위를 제한했다. 12월 16일 《런민르바오》는 〈최근 주식시장에서 일어나는 일을 정확히 인식하자〉라는 제목의 사설에서 "최근의 폭등은 비정상적이고 비이성적이다. (…) 각 지방정부와 부처는 독단적으로 행동하면 안 되고 (…) 중앙정부와 하나가 되어 (…) 이 땅의 시장질서와 사회 안정을 보호해야 한다"라고 말했다. 논설이 나온 당일 상하이 증시는 105포인트 폭락하고 대다수 종목이 하한가를 기록했으며 선전 증시는 423포인트나 곤두박질쳤다.

상하이·선전 증시 통제권을 놓고 중앙과 지방 사이의 싸움이 수면 위로 떠오른 것은 그즈음이다. 몇 년의 시행착오 끝에 활기차고 건강한 증시가 지방경제 발전을 이끈다는 점이 분명해지자 상하이와 선전 두 지방정부는 현지 증권시장을 더 확장하고 싶어 했다. 반면 중앙정부는 여전히 안정과 질서를 중시했다. 논설위원의 사설이 나온 뒤 《상하이정취안바오上海證券報》와 선전의 《정취안스바오證券時報》는 일제히 해당 사설 전재를 거부했다. 이 같은 태도에 분노한 중국 증감회는 "《런민르바오》의 중요한 사설을 즉시 게재하지 않았다"는 이유로 두 신문사에 엄중한 처벌을 내렸다. 이후 금융시장에서 관리감독 권력이 서서히 중앙으로 집중되자 시장은 활기를 잃고 다시 한 번 긴 침체기에 빠졌다.

중국에서 베어마켓(Bear Market, 주가가 하락하는 약세장-옮긴이)이 시작되고 2년여의 시간이 흐른 뒤 미국에 첨단기술 광풍이 불었다. 그러자 1999년 5~6월 A증시에 돌연 큰 파동이 일기 시작했다. 5월 19일부터 인터넷 기술주를 선두로 상하이·선전 두 증시가 들썩거리며 날마다 100포인트씩 상승하더니 신고가를 갱신한 상하이종합지수가 23일 1,600포인트까지 뛰어올랐다. 거래액은 270억 위안이 넘었다. 일주일 뒤인 29일 상하이종합지수는 다시 1,700포인트를 돌파하며 2주 만에 70%나 올랐다[언론매체는 이것을 '519시세'라고 부른다]. 급등장이 연출되자 《런민르바오》는 또다시 사설을 실었다. 하지만 이번에는 지난번과 180도 달리 〈자신감을 갖고 규범에 맞게 발전하자〉라는 제목으로 주가가 정상 가치 회복을 향해 상승하고 있으니 모두가 자신감을 갖자고 거듭 표명했다.

곰곰 생각해보면 《런민르바오》의 사설은 거시적 배경과 깊은 관계가 있다. 1990년대 중반 이후 덩치 큰 국유기업이 시한폭탄 터지듯 펑펑 파산하자 은행은 큰 부담을 느꼈다. 이때 취약하고 위험한 상태에 빠진 중국 경제를 살리기 위해[2000년 전후로 '중국 붕괴론'이 유행하기 시작했다] 국유기업 개혁 작업이 급물살을 타고 이뤄졌다. 1998년 시작된 국유기업 개혁 모토는 조대방소(抓大放小, 큰 것은 살리고 작은 것은 놓아준다는 의미 – 옮긴이)다. 당시 중앙정부는 소기업은 폐쇄·중지·합병·전환을 추진하고 대기업은 크고 강하게 키우기 위해 중점 관리했다. 또 대출 문제를 해결하고자 일부 국유기업에 증시 상장을 요구하기도 했다. 그러나 1999년 상반기에 침체돼 1년 새 25%나 하락한 주식시장에서 기업이 신주발행으로 자금을 모으는 것은 어려운 일이었다. 그런 상황에서 때마침 증시 상승 바람이 불자 중앙정부는 매우 반가워했다.

[1999년] 9월 9일 세 부류의 기업, 즉 국유기업, 국유 지분 우위기업,

주식회사는 증시 상장 허가를 받았다. 동시에 중국 증감회는 국무원에 〈진일보한 규범과 주식시장 발전을 위한 몇 가지 정책에 관한 요청〉을 제출했고, 국무원은 6개 항목의 정책을 허가하는 한편 주식시장을 지원했다〔솔직히 말해 정부가 주식시장 완화 조치를 취한 것은 국유기업 대출 문제를 해결하기 위해서다〕. 개혁을 진행하는 동안 많은 국유기업이 증시 상장으로 어려움을 해결하는 임무를 완성하고 강한 국유자산으로 거듭났다. 그렇지만 중국 증시의 우여곡절과 모순의 씨앗도 함께 뿌려졌다. 가령 이때부터 주식 상장사가 투자자에게 자금만 끌어 모으고 이익금은 지불하지 않는 것을 지탄하는 목소리가 끊이지 않았다.

《런민르바오》의 독려에도 불구하고 증시의 봄날은 오래지 않아 지나갔고 '519시세'는 끝이 났다. 2000년 5월 미국에서 IT 거품이 터지자 상하이종합지수는 2,245포인트에서 1,341포인트까지 40%나 주저앉았다. 2002년 1월 중국 증감회가 국유주식 보유량 감축에 관한 '단계적 성과'를 발표하자 1월 28일 월요일 양대 증시가 모두 폭락했다〔상하이종합지수는 92포인트(-6.33%) 하락했고, 선전종합지수는 194포인트(-6.70%) 하락했다〕. 사람들은 이날을 'A증시의 블랙먼데이'라고 부른다. 주식시장 반응은 '발로 하는 투표(더 나은 공공서비스를 제공하는 행정구역으로 자본, 인재, 기술이 흘러드는 것을 의미한다-옮긴이)'를 증명했다. 단계적 성과에 대한 불만이 주식시장 폭락 형태로 나타나자 강한 압박을 받은 국무원은 결국 6월 24일 국유주식 보유량 감축을 중단하고 주식회사의 증자 문턱을 높이기로 결정했다. 또 2002년 7월 중국 증감회는 소액주주의 이익을 보호하기 위해 '주식회사 증자에 관한 진일보한 규범 통지'를 제정했다.

2003~2004년 A증시는 늙고 병든 소처럼 기운이 없었다. 정부는 정

책 호재를 줄줄이 발표했지만 시장의 약세를 끌어올리지는 못했다. 〈자본시장 중소 투자자의 합법적 권익 보호를 위한 진일보한 강화 작업 의견〉 발표, 융자 확대를 기반으로 중소기업판(선전증권거래소가 중소기업의 자주성과 혁신을 독려하고자 2003년 2월 설립한 중소기업 전문 주식시장-옮긴이) 설립, 기업의 연금투자 허가 같은 호재조차 전혀 긍정적 효과를 내지 못하고 눈 깜짝할 사이에 묻혀버렸다. 2005년 초 중국은 1995년에 비해 GDP와 펀더멘털이 모두 양호했으나 상하이종합지수는 지지대인 1,000포인트를 뚫고 내려가 하룻밤 사이에 '해방 전'으로 돌아갔다. 그러자 주식시장의 고질병에 질타의 시선이 쏟아졌다. 애당초 중국 주식시장은 국유자산이라는 높은 벽을 건드리지 않고 자본주의와 사회주의의 우려 속에서 국유기업의 대출 문제를 해결하기 위해 탄생했다. 이에 따라 처음부터 계획경제 색채가 짙었는데 그 전형적인 예가 상장기업의 '비유통주식'이다. 21세기 초 무수한 국유기업이 주주제 개혁으로 대량의 국유주식과 법인주식을 만들었다. 국유자산이나 마찬가지인 이들 주식은 주식시장에 상장한 후에도 유통을 허락받지 못해 사실상 지분분할구조를 형성했다.

거대한 논쟁과 의심이 일어나는 가운데 2005년 5월 지분분할 개혁의 첫 시동이 걸렸다. 첫 시험대에 오른 기업은 싼이三一중공업 등 4개 상장사다. 9월 4일 중국 증감회는 〈상장사 주식분할 개혁 관리 방안〉을 발표하고 9월 5일 전면적인 개혁 작업에 들어갔다. 이후 일련의 정책이 나오면서 A증시는 장장 4년간 이어진 답답한 국면에서 마침내 벗어났다.

2006년 7월 5일 중국은행은 상하이증권거래소에 간판을 내걸고 대형 국유상업은행의 중국 증시 상장 서막을 올렸다. 10월 27일에는 상하이와 홍콩 두 도시에서 〔그해〕 최대 규모로 중국은행의 첫 번째 기업

공개IPO가 이뤄졌다. 곧이어 금융주는 상하이종합지수의 주도주로 부상했다. 여기에다 중국 거시경제가 지속적인 호조를 보이고 전면적인 지분분할 개혁 추진으로 중국 자본시장이 시장화를 향해 크게 한 걸음을 옮기자 A증시도 꾸준히 상승세를 탔다.

A주는 내릴 때도 급하게 내리고 오를 때도 급하게 오른다. 2007년 초 주식시장은 흥분의 도가니에 빠졌다. 당시 나는 해외에서 금융학 박사 과정을 밟았는데 가족과 통화할 때마다 내가 있는 그 먼 곳까지 중국 증시의 열풍이 전해졌고 주식을 사느냐 마느냐, 사면 몇 주를 사느냐가 늘 화제였다. 4월에 귀국했을 때 나는 그 열기를 온몸으로 느꼈다. "상한가!", "사라 사!"라는 말이 중국을 지배했고 식탁에서 오가는 대화는 온통 주식 이야기였다. 택시기사, 에어컨 수리기사, 아이 돌보미 등 어딜 가든 주식 '도사' 천지였다. 금융학 박사인 내가 중국 증시에 무지함을 보이자 많은 사람이 혀를 차며 말했다.

"뭐야, 금융학 박사가 어떤 주식을 사야 하는지도 모르고. 대체 뭘 공부한 거야?"

수익률은 끝도 없이 올라갔다. 상하이종합지수는 2,716포인트에서 6,124포인트까지 무려 225%나 미친 듯이 상승했고, 2007년 1월부터 10월까지 중 9개월은 플러스 수익률이 났다. 주식투자로 돈을 쉽게 벌 수 있자 온 사회가 열광의 도가니였다. 지난 데이터를 보면 당시에 수익률도 놀라울 정도로 높았지만 변동률도 매우 컸다. 2006~2007년 두 해 동안 변동률은 10년 내 최고 수준을 기록했다. 1998~2007년 상하이종합지수의 월평균 변동률은 1.392%였다. 한데 그 두 해 동안 월간 변동률은 1.725%에 달했다. 높은 수익률과 높은 변동성은 늘 그림자처럼 붙어 다니지만 모두들 상승 분위기에 취해 아무도 변동성에 주목하지 않았다. 월가에 전해오는 유명한 말이 있다. 이발사가 주식을 말할 때가 주식시장에서 발을 뺄 때다! 2007년 사람들은 모였다 하면 죄다 주식 얘기를 했다. 사실 리스크는 그때부터 형성되었다.

버블이 터지려면 도화선이 필요하다. 이번에도 어김없이 증시 걱정에 몸이 달은 관리감독기관이 그 역할을 맡았다. 2007년 5월 말 뜨거운 증시 열기는 이미 시장을 불안하게 만들었다. 항간에는 재정부가 거래세를 인상할 계획이라는 소문이 돌았다. 거래비용을 높이는 것은 뜨거운 증시에 찬물을 끼얹는 것이나 마찬가지다. 시장이 뒤숭숭해지자 재정부는 직접 루머를 부인하며 당분간 거래세를 인상할 계획이 없다고 공개적으로 발표했다. 진실을 알 리 없는 군중은 안심하고 계속 투자했다. 그런데 5월 30일 새벽 재정부는 가까운 시일 내에 거래세를 0.001%에서 0.003%로 올린다고 기습 발표했다. 새벽이 밝아오자 세상의 낯빛은 돌연 바뀌었다. 관리감독기관은 '반야계규(半夜鷄叫, 자다가 봉창 두드리는 소리 – 옮긴이)'라 불리는 이 조치로 주식시장에 강펀치를 날렸다. 주식시장이 정책의 영향을 크게 받는 현실에서 관리감독기관이 날린 펀치는 큰 파장을 일으켰다. 당일 장 마감 때 900여 종목이 하한가로 떨어졌고 주가지수는 282포인트나 급락했다. 비록 그 이후 증시는 계속 상승했지만 시장은 지그재그식 상승 과정에 진입했고 줄곧 플러스 상태였던 월간 수익률 곡선 추세도 깨졌다.

2007년 11월 이후 A증시는 미국 서브프라임모기지 위기의 영향으로 일주일여 만에 19% 하락했다. 그 하락폭은 1,000포인트가 넘었다. 그중에서도 중국의 석유천연가스회사 페트로차이나처럼 독점적 지위를 누리는 대표주가 직격탄을 맞았다. 얼마 전 주식시장 투기 억제라는 과제를 마친 관리감독기관은 다시 '시장 안정'이라는 과제를 받았다. 세상에 이유 없는 원한은 없고 리스크 없는 고수익도 없다. 그러나 줄곧 국가의 말을 듣고 당의 말을 따른 개인투자자의 리스크와 수익은 조금 다르게 이해할 필요가 있다. 개인투자자는 모든 희망을 증시를 관리감독하는 '당국'에 걸었다. 당국도 개인투자자의 기대를 저버리지 않기 위해 증시 구제나 증시 억제라는 신성한 사명을 맡았다. 2008년 주식시장 하락세가 점점 두드러지자 관리감독기관의 증시 구제 태도는 더욱 명확해졌다. 그들은 거래세를 두 번 낮추고 제한부 주식Restricted Stock 제한을 해제했으며, 상투를 잡은 펀드사에 투자자에 대한 책임을 다하라고 요구했다. 하지만 행정·관리 면에서 모든 노력을 다해도 시장의 힘을 이기긴 어려웠고 세계 금융시장 악화로 A증시는 1,664포인트까지 주저앉았다. 1년도 채 되지 않아 A증시는 6,124포인트에서 1,664포인트까지 무려 70%나 폭락했다. 오르락내리락 널뛰듯 움직이는 수익률은 중국 주식시장의 뼈아픈 기억으로 남았다.

그 후 중국 당국은 세계 금융위기를 극복하기 위해 4조 위안 투자를 결정하고 은행대출을 완화했다. 덕분에 부동산시장이 뜨거워지고 주식시장도 되살아났다. 2009년 중국 은행들의 신규 대출 누적액은 9조 2,000억 위안으로 2008년[4조 8,000억 위안]의 약 2배에 달했다. 주식시장은 반등 조짐을 보였지만 부동산시장의 뜨거운 열기에 비해 A증시 물결은 그리 대단치 않았다. 이때 스마트머니는 필사적으로 부동산시장에 흘러들었다. 베이징, 상하이 같은 1선 도시에서는 부동산을 구입하기 위해 사람들이 줄을 서서 밤을 샜다. 부동산 투자 열기는 한창 때 신주 매수 추첨표 구입 열기만큼 뜨거웠고 부동산가격은 계속 상승했다. 그러자 정부는 2009년 말부터 부동산시장을 억제하는 일련의 정책을 발표했다. 12월 14일 국무원은 국4조[20]를 발표해 일부 도시 부동산의 과도한 상승세를 억제할 것임을 예고했다. 12월 17일 재정부, 국토부 등 5개 부위원회는 1차 납부비율이 분양가격의 50%를 밑돌지 못하게 하는 규정 등을 발표했다.

투자자는 살려야 하는 것을 살리지 못하고 억제해야 하는 것을 억제하지 못할 때 가장 난감하다. 2011~2014년 중국 정부가 부동산 억제 정책을 폈지만 아파트가격은 평균 26% 올랐다. 특히 베이징은 37%나 올랐다. 반면 부동산 관련 주식은 바닥세를 벗어나지 못했다. 증시 풍향계인 부동산주가 하락하자 A증시의 자금 유입량, 거래량, 수익률, 매매회전율은 재차 역사상 최저치를 기록했다. 시장 밖에서 시장을 들여다보면 마치 안개 속의 꽃을 보는 것처럼 비현실적으로 느껴졌고 한 편의 통제 드라마가 따로 없었다. 더욱이 정부가 시장을 향해 연타로 날린 펀치는 힘 조절에 실패해 시장에 치명상을 입혔다.

그러고 보니 갑자기 2015년 여름이 생각난다. 놀랍게도 역사는 늘 되풀이된다. 2007년부터 2014년까지 A증시는 7년 넘게 부진의 늪에 빠져 있었다. 심지어 경제 관련 TV 프로그램 시청률도 하루가 다르게 떨어졌다. 하지만 2014년 4월 후강통(상하이거래소와 홍콩거래소 양쪽 지역 투자자에게 상대 거래소에 상장한 주식 거래를 허용하는 제도－옮긴이)시대가 열리고 11월에 금리를 인하하자 2014년 말부터 A증시는 회복되기 시작했다. 한번 시동이 걸리면 세차게 달리는 상하이종합지수는 2015년 4월 초까지 반 년 동안 2,000여 포인트에서 4,000포인트까지 무려 2배나 올랐다. 인간은 망각의 동물일까? 주가가 상승한 반 년 동안 투자자들은 7년 전의 고통스러운 기억을 깡그리 잊었다. 그리고 모두의 기억이 지워졌을 무렵 2007년 초의 풍경이 다시 나타났다. 온 국민이 주식에 열광했고 관영·비관영 할 것 없이 모든 매체가 'A증시 1만 포인트

시대'라고 꿈의 노래를 불렀다. 한마디로 모두가 상승장 분위기에 취했다. 2015년 4월 21일 런민왕人民網은 〈4,000포인트, A주 강세장 시작〉이라는 제목의 글에서 "이번 강세장은 2007년의 시장 상황과 다르다. 거시적 버팀목인 중국 발전 전략과 경제 개혁으로 축적한 내재된 동력이 있기 때문에 (…) 차이나 드림은 자본시장에 진실로 반영되었다"라고 말했다.

시대도 변하고 대중매체도 변했건만 A증시와 A증시를 관리감독하는 논리는 변하지 않았다. 2012년 이후 두 자릿수 경제성장률은 과거의 유물로 남았고 4조 위안 투자의 부작용은 심각했다. 특히 철강, 석탄 등 기초소재 업종의 과잉 생산 문제가 불거졌고 지방정부와 기업의 레버리지비율(기업이 타인 자본에 얼마나 의존하고 있는지 측정하는 비율. 부채성비율-옮긴이)도 가파르게 올랐다. 여기에다 은행의 이익률이 급감한 반면 부실 위험은 급증했다. 많은 기업, 그중에서도 레버리지비율이 급격히 상승한 기업은 부도 위험에 빠졌다. 그런 상황에서 중국의 가장 큰 자금 저장고인 주식시장이 당국의 시야에 들어왔다. 주식시장을 이용해 기업의 어려움을 해결하는 역사가 또다시 되풀이될 것인가? A증시의 꿈에 다시 폭풍우가 휘몰아쳤다.

실물경제가 악화되면 투기 자금은 출로를 찾아 나선다. 이들은 시스템의 크고 작은 구멍으로 파고들어 관리감독의 사각지대인 장외 신용시장에서 말썽을 일으키는가 하면, 은행신탁을 압박해 재테크 등의 명목으로 주식시장에 흘러든다. 태양 아래 새로운 일은 없고 새 병에 담기는 것은 제조방법도 맛도 모두 익숙한 묵은 술이다. 주식시장에도 새로운 것이 없기는 마찬가지다. 폭등하면 억제책이 나오고 폭락하면 구제책이 나온다. 2015년 6월 15일부터 중국 증감회가 장외 신용융자 정리에 돌입하자 A증시는 큰 폭으로 요동쳤다. 무수한 종목이 하한가로 떨어지며 연일 폭락하는 바람에 종합지수는 몇 번이나 역사상 최대 낙폭을 기록했다.

7월 8일 절반이 넘는 상장기업이 거래를 일시 중지하면서 시장 유동성이 급격히 고갈되자 증권사는 파산 위험에 직면하고 펀드는 강한 환매 압박에 부딪혔다. 그리고 개인투자자가 평생 모든 투자금은 주식시장에서 연기처럼 사라졌다. 순식간에 주식시장이 울음바다로 변하고 공포의 장이 서자 강력한 구제책을 발표한 정부는 금융선물을 단두대에 올렸다. 그렇지만 이후에도 투기 자금이 계속 말썽을 일으키자 정부는 더 '강력한' 시장 안정을 위해 2016년 초 서킷브레이커(Circuit Breaker, A증시의 대형주로 구성된 상하이·선전300지수가 전 거래일 종가 대비 5% 이상 급등락하면 15분간 거래를 정지하고 7% 이상 급등락하면 장 마감까지 거래를 완전히 중단하는 증시제도 – 옮긴이)라는 신형 무기를 발표했다. 물론 정부는 여느 때처럼 시장 안정을 위해 노력했으나 A증시는 더 살얼음판으로 변했다. 연초에 두 번이나 서킷브레이커가 발동하자 당국은 서둘러 서킷브레이커제도를 중단했다.

다음은 〈롤러코스터〉라는 노래의 가사 중 일부다.

> 널 사랑하는 게 꼭 롤러코스터를 탄 것 같아. 마음이 아픈데 왜 즐거운 척해야 하는 걸까. 외로움은 견딜 수 있지만 유혹은 견디기 어려웠어. 왜 내게 상처를 준 거야. 널 사랑하는 동안 난 롤러코스터를 탔어. 오르락내리락 정신없는 네 사랑이 행운인지 재앙인지 모르겠어. 괴로워서 이제 그만 내리고 싶어.

1995년부터 2016년까지 눈 깜짝할 사이에 20년이 지나갔다. 시대와 함께 모든 것이 변했지만 한편으로 어떤 것도 변하지 않았다. 누렇게 변색된 자료 더미와 1인 미디어의 요란함 속에서 나는 비슷한 현실을 되풀이하는 인류를 비웃는 역사의 얼굴을 봤다.

2장

중국 자본시장을 꿰는 15가지 프레임

1. 시장 분할인가, 규제 차익인가

2015년 9월 15일의 하락장과 9월 16일의 상승장은 두 남자의 싸움이었다. 한 남자는 중국 증감회고 다른 한 남자는 중국 은감회[중국은행업감독관리위원회]다. 2015년 여름 중국의 통일된 금융시장에서 두 관리감독기관의 분할 통치는 결국 문제를 터트리고 말았다.

2015년 9월 16일 오후, 카페에서 책을 읽다가 2시 59분 휴대전화로 윈드(Wind, 중국 주식시장 정보제공업체-옮긴이) 앱에 들어간 순간 나는 두 눈을 의심했다. 시퍼렇게 하락하던 종목들이 갑자기 태양처럼 붉게 물들었던 것이다. 놀랍게도 창업판지수는 7.17%나 올랐다. 비정상적인 A증시가 또 무슨 약을 잘못 먹었는지 심히 걱정스러웠다.

곧이어 루머가 돌았고 강세 원인은 '신용융자 정리 완화' 때문이었다. 루머에 따르면 마카이馬凱 국무원 부총리가 그날 신탁, 증권사, 고객 사이에 소송이 일어나는 것을 막기 위해 신용융자 문제로 긴급회의를 열었다고 한다. 이미 9월 8일 중룽中融신탁과 화타이華泰증권이 한바탕 교전을 벌이고 또 다른 여러 신탁회사도 중국 은감회를 고소할 방침이라고 밝힌 상태였다. 루머를 어디까지 믿어야 하는지 알 수 없었지만 중국처럼 혼란스러운 시장에서는 어떤 일이 일어나도 놀랍지 않다.

9월 14일 저녁 중국 증감회가 모든 장외 신용융자 계좌를 9월 30일 전까지 정리하겠다고 발표하자 이튿날[9월 15일] 숱한 주식이 하한가로 떨어지는 장면이 연출되었다.

지금쯤이면 감이 잡힐 것이다. 2015년 9월 15일의 하락장과 9월 16일의 상승장은 두 남자의 싸움이었다. 한 남자는 중국 증감회고 다른 한 남자는 은감회다. 2015년 여름 중국의 통일된 금융시장에서 두 관리감독기관의 분할 통치는 결국 문제를 터트리고 말았다.

먼저 배경 정보부터 살펴보자. 알다시피 중국 금융시장의 관리감독기구는 중앙은행, 은감회, 증감회, 보감회로 일행삼회一行三會다. 은감회는 모든 은행, 신탁, 기타 금융기구 관련 업무를 주관한다. 증감회는 증권사, 펀드사 등의 관련 업무를 주관하고 보감회는 보험기구 관련 업무를 주관한다. 하지만 중국 금융시장에서 독점적 지위를 누리는 은행업은 실제로 이보다 훨씬 더 광범위한 분야를 관리감독한다[2014년 말 중국 은행업의 금융자산은 172조 3,000억 위안이었다. 이는 중국의 모든 보험사와 증권사 자산을 합친 것보다 12배 큰 규모다]. 최근 증감회가 중국인에게 많은 관심을 받은 것은 힘이 세서가 아니라 요란한 주식시장 때문이다.

사실 상대방은 상대의 길을 가고 나는 내 길을 가면서 각자 자기 분야만 관리하면 문제될 것이 없다. 한데 묘하게도 하나의 자본시장을 관리감독하는 곳이 여러 개로 나뉘어져 있다. 오직 이익만 따라다니는 '소인배' 자본은 늘 이윤이 가장 풍부한 곳에 모인다. 이것은 막으려야 막을 수 없는 현상이다. 은행자금이 주식시장에 흘러드는 것을 금지하는 각종 규정이 있긴 해도 강세장에서는 늘 은행자금의 그림자가 어른거린다. 특히 2014년 초 이후 금리 시장화로 이익률이 급감하고 경기부진 때문에 부실률이 높아지자 은행은 산처럼 커다란 압박을 받았다.

중국 금융시장에서 신탁회사는 흥미로운 존재다. 언뜻 할 수 있는 게 아무것도 없어 보이지만 사실 모든 것에 유연하게 개입이 가능하다. 실제로 은행자금은 위탁대출, 우산신탁, 주식교환, 주주권 저당, 은행 계열 펀드신탁 같은 다양한 통로로 하늘 높이 치솟는 주식시장에 발을 들인다. 이 중 주력 통로는 신탁이다. 2015년 폭락장을 더 떠들썩하게 만든 신용자금은 모두 신탁에서 증시로 흘러들었다.

나는 증감회가 초기에는 신용자금의 과도한 레버리지(타인이나 금융기관에서 빌린 돈을 지렛대 삼아 투자하는 전략–옮긴이)에 신경 쓰지 않다가 2015년 7월 버블이 커졌을 때 왜 갑자기 급브레이크를 밟아 사람들을 혼란스럽게 만들었는지 이해가 가지 않았다. 그러나 훗날 자료를 조사하면서 그동안 내가 잘못 알고 있었음을 발견했다. 중국 증감회는 2015년 1월과 4월에 각각 장외 융자를 철저히 조사하겠다고 발표했으나 별다른 성과를 얻지 못했다. 조사 대상에는 은행신탁도 포함되었는데 공교롭게도 은행신탁은 증감회 '당堂'이 아니었다. 결국 '은감회 당인 내가 남의 당 말을 들을 필요가 있느냐'라는 것이 신탁회사의 입장이었다. 그런데 6월 윗선의 협조가 있었는지 신용융자 살생계를 제대로 쓸 상황이 만들어졌다. 문제는 증감회가 장외 신용융자의 규모도 정확히 모르고 수조 위안의 신용 물량이 일으킬 주가 충격과 시장에 미칠 영향을 과학적으로 따져보지도 않았다는 데 있었다. 이로 인해 신용융자 정리라는 곤장으로 그저 시장을 열 대 정도 때린다는 게 그만 대형 살상무기로 시장의 허리를 꺾어놓는 꼴이 되고 말았다. 7월 6일 이전에 증감회가 내놓은 증시 구제책은 한 편의 모노드라마나 마찬가지였다.

물론 증감회와 은감회의 분할 통치는 뉴스거리도 아니고 특수한 사례는 더더욱 아니다. 구룡치수(九龍治水, 아홉 마리 용이 물을 다스리면 서로 책임을 전가해 오히려 가뭄이 든다는 뜻-옮긴이)의 관리감독구조는 줄곧 중국 정부의 골치 아픈 문제였다. 이 구조의 문제점은 하나의 통일된 금융시장에서 더욱 두드러지게 나타난다.

예를 들어보자. 현대 금융시장 중 채권시장은 직접융자에서 중요한 역할을 한다. 그런데 중국의 채권시장, 그중에서도 기업 융자를 위한 신용채권은 발전이 한참 뒤처졌다. 그 원인은 다양하지만 복잡한 관리감독체계와 분산된 관리감독 권한도 결코 무시할 수 없는 부분이다. 중국의 신용채권에는 사업채, 회사채, 자산 유동화 상품, 단기 기업어음 그리고 중소기업 집합채 등이 있다.

이 중 사업채, 특히 국유기업 사업채에는 배당이 있다. 이에 따라 국무원 국유자산감독관리위원회, 국가발전개혁위원회, 중앙은행 등이 발행한 사업채는 은행 간 시장과 거래소 시장에서 모두 거래할 수 있는데 [은행 간 시장에서 거래하는 양이 절대적으로 많다] 두 시장은 각각 은감회와 증감회의 관리감독을 받는다. 어디 한번 세어보자. 사업채 발행에 몇 명의 '시어머니'가 있는가? 최소 5명이다! 일반 가정에서 시어머니와 며느리가 각각 1명씩 있어도 신경 쓸 일이 많은데 시어머니가 5명이면 일이 얼마나 복잡하겠는가?

또 다른 예도 있다. 자산 유동화 상품은 다시 신용자산 유동화 상품과 기업자산 유동화 상품의 두 종류로 나뉜다. 신용자산 유동화는 은행 등의 금융기구가 발행한 것이라 은감회의 관리감독을 받고 은행 간 시장에서 거래가 이뤄진다. 반면 기업자산 유동화는 기업이 발행한 것이라 증감회의 관리감독을 받고 증권거래소에서 거래한다. 한데 지난 몇 년 동안 신용카드사가 증권사를 통해 증권거래소에서 기업자산 유동화 상품을 거래하는 껄끄러운 일이 발생했다. 물론 이론적으로는 은감회 소속인 신용카드사를 함부로 관리감독할 수 없는 증감회나 증권거래소에서 상품을 쉽게 거래하지 못하는 은감회나 억울하기는 매한가지였다.

솔직히 중국 채권시장 구조를 정리할 때 나는 관리감독체계가 너무 복잡하고 채권 발행 주체와 시장이 모두 달라서 머리가 지끈거렸다. 그저 중국 금융업 종사자의 똑똑한 두뇌와 빈틈없는 논리에 감탄할 수밖에 없었다.

이 밖에도 예는 얼마든지 있다. 이번 폭락장에서 뭇사람의 지탄을 받은 주가지수선물은 중국 금융선물거래소 관할이다. 그러나 실주實株는 상하이증권거래소와 선전증권거래소 관할 범위에 속한다. 나중에 공안부가 주가지수선물 관련 불법 행위자를 체포하자 사람들은 왜 진즉에 선물과 현물 계좌를 연동해 관리감독하지 않았는지, 왜 사전에 T+0(당일 주식을 사고 이것을 같은 날 되파는 데이트레이딩-옮긴이)인 선물 결제일과 T+1(매수하고 하루 뒤에 매도할 수 있는 것-옮긴이)인 현물 결제일의 차이를 이용해 차익을 얻는 제도의 문제점을 뜯어고치지 않았는지 의문을 보였다. 상하이증권거래소와 선전증권거래소는 억울했다. 금융선물거래소와 증권거래소 모두 증감회 소속이고 나란히 땅을 나눠가진 형제인데 왜 자신들이 금융선물거래소의 금고가 되어야 하는가?

나는 이 일련의 현상을 '관리감독 분할Regulation Segmentation'이라고 명명했다. 금융학 문헌에는 시장 분할이 문제인지, 규제 차이를 이용해 차익을 얻는 것이 문제인지를 놓고 토론하는 내용이 자주 나온다. 금융시장이 통일 혹은 융합되어 있더라도 관리감독 분할이 있으면 규제 차이를 이용해 차익을 얻는 문제가 발생한다.

이 글을 마무리할 때 휴대전화 알림 서비스로 화얼제젠원(華爾街見聞, 중국 매체 월스트리트견문-옮긴이)과 윈드에서 보낸 뉴스를 받았다. 장위

쥔張育軍 증감회 주석 보좌관이 심각한 기율위반 행위를 저질러 조사를 받는다는 내용이었다. 일전에는 중신증권 총경리, 즉 국가대표팀(중국 증시를 구제하기 위해 투입된 금융기관들을 지칭하며, 중국국제금융공사, 21개 증권사, 중앙회금투자공사 및 사회보장기금 등이 포함됨) 중의 주력팀 수장이 조사를 받더니 이제는 중국 자본시장 최고 관리감독기관의 고위간부가 조사를 받는다는 얘기였다. 대체 세 기관에서 어떤 일이 일어난 걸까?

혼란스러운 중국 증시 때문에 급성 단기 정신장애에 걸리기 전에 얼른 냉수 한 잔 마시고 놀란 가슴이나 다독여야겠다.

2. 불확실성 관리의 사각지대

> 판야 비극의 배후는 무질서한 손이다. 한쪽 팔이 없다고 다 양과(소설 《신조협려神鵰俠侶》의 남자 주인공 – 옮긴이)는 아니고, 네 개의 팔이 있는 생물이라고 다 꼬마 요괴 후바(영화 〈착요기捉妖記〉에 나오는 캐릭터 – 옮긴이)는 아니다. 지방정부나 관리감독 권한이 있는 기관은 가만히 있지 못하는 자신의 손을 잘 간수하는 방법을 배워야 하고, 마땅히 해야 할 일을 해야 한다. 또한 공평하게 '카이사르의 것은 카이사르에게 돌리고 하느님의 것은 하느님께 돌리기 위해' 결점이 있는 자신의 손을 바르게 둬야 한다.

아마 많은 사람이 '판야泛亞사건'을 두고 할 말이 많을 것이다. 그 사건과 관련된 자금만 무려 430억 위안이고 1인당 평균 19만 위안씩 총 22만 명이 여기에 연루되었다. 이 돈은 평범한 중국인의 7년 치 가처분소득에 가깝다[중국 국가통계국이 발표한 자료에 따르면 2014년 중국인의 평균 가처분소득은 2만 8,800위안이다. 가처분소득이 가장 높은 도시는 상하이와 베이징이고 두 도시의 가처분소득은 각각 4만 7,700위안과 4만 3,900위안이다].

가만히 들여다보면 판야사건은 그리 복잡하지 않다. 희소금속 거래라는 거창한 외투를 벗기면 결국 민간자금을 갈취한 폰지사기에 불과하다.[1] 투자자는 판야금속거래소[이하 판야]에 자금을 빌려주고 연간 13.88%의 수익을 받기로 했는데 이처럼 유혹적인 수익은 오직 두 가지 방법으로만 얻을 수 있다.

먼저 거래소가 높은 투자수익률을 올리려면 이들이 거래하는 비철

금속가격이 지속적으로 미친 듯이 올라야 한다[판야사건에서 문제가 된 금속은 인듐이다. 어떤 금속도 높은 수익률을 얻으려면 반드시 가격이 지속적으로 폭등해야 한다]. 만약 인듐가격이 하락하면 다른 방법에 기대야 하는데, 판야는 나중에 투자하는 사람의 돈을 먼저 투자한 사람에게 이자로 지불했다. 이른바 양도협객(다른 남자의 아이를 임신한 여자와 결혼한 남자를 가리키는 중국 인터넷 용어 – 옮긴이) 수법을 쓴 것이다. 이 경우 거래상품 가격이 심하게 요동치거나 양도협객의 자금 유입이 감소하면 돈줄이 마른다. 이어 투자자들이 서둘러 원금을 빼가고 상품 판매자가 파산해 도주하는 식의 도미노 붕괴가 일어난다. 이러한 돌려막기식 자금 모금 사건은 1980년대부터 그때그때 유행하는 각양각색의 옷을 입고 중국 각지에서 기승을 부렸다. 이리선(蟻力神, 가짜 남성 정력강화제로 120만 곳의 개미 양식장에 200억 위안의 사기를 쳤다 – 옮긴이), 이린무이에(다단계회사로 저가에 매입한 임지를 2만여 명의 중국인에게 고가로 판매했다 – 옮긴이), 완리따자오린(관련 부처의 허가 없이 임지 45만여 묘를 사람들에게 팔아 13억 위안을 불법 취득했다 – 옮긴이) 등 대충 조사해도 비슷한 부류의 사건을 무수히 찾아볼 수 있다.

리스크 없는 수익은 없다

금융학을 가르치는 내가 이해하는 현대 금융학은 불확실성 속에서 인류의 가장 훌륭한 투자 방법을 연구하는 학문이다. 여기서 불확실성이란 이른바 리스크를 가리킨다. 금융학의 가장 기본 원칙은 수익과 리스크는 입술과 치아처럼 서로 의존관계에 있다는 것이다. 금융학에서 말하는 "리스크 없는 수익은 없다"를 중국 정서로 풀이하자면 "세상에 공짜 점심은 없다"라고 할 수 있다. 예를 들어 상대적으로 안정된 시장에서 국채금리(무위험이자율)가 3%고 어떤 금융상품 수익률이 20%라면? 이때 어느 쪽을 선택한다는 건 수익률을 좇는 동시에 그에 상응하는 불확실성, 즉 리스크를 감수한다는 것을 의미한다.

현실세계에 이와 비슷한 예는 매우 많다. 결혼시장에서 안정적으로 자상한 남자(저위험-저수익)를 찾을 것인가, 아니면 실패하거나 배신당할 위험을 무릅쓰고 잘생긴 부자(고위험-고수익)를 찾을 것인가? 금융학 지식에 따르면 두 선택지의 리스크를 조정하면 상대적으로 균형 잡힌 수익률을 얻을 수 있다. 그렇지 않을 경우 수요가 한쪽으로 쏠려 가격이 폭등한다.

리스크 관리란 대체 무얼까? 리스크 관리는 개인의 선호(외모가 중요한가, 능력이 중요한가)와 자금 사정(얼굴 생김새, 키, 학력, 수입 등)에 따라 위험도는 가장 낮고(성공 확률이 비교적 높은 쪽) 수익은 가장 높은 쪽(본인이 느끼기에 가장 키가 크고 부유하고 잘생긴 사람)을 선택하는 것이다. 이것을 합리적 선택이라고 한다.

만약 누군가가 "난 땅꼬마에다 뚱순이지만 이상형은 박보검, 송중기예요"라고 말한다면 뭐라고 대답해주는 게 좋을까? 이 여자가 퇴짜를 맞을까 걱정되어 "160cm 이하에 50kg 이상인 여자는 키 크고 돈 많고 잘생긴 남자를 쫓아다니면 안 돼요"라고 말할 수는 없다(이것을 과도한 관리감독이라 부른다). 나라면 그저 그런 남자와 커플이 될 확률은 매우 낮다고 말할 것이다. 만약 커플이 된다면 정말 축하한다(고수익을 실현했다). 커플이 되지 못하면 집에 돌아가 펑펑 운 뒤 마음을 추스르고 더 좋은 공략 방법을 찾아보자(리스크 감내).

정부가 차려준 유리 도박장

어쩌면 누군가는 판야에 투자한 사람들은 사기를 당할 운명이었느냐고 묻고 싶을지도 모른다. 그들이 사기를 당한 것은 사실이다. 그러나 사기를 당할 운명이라고 결론짓기 전에 몇 가지 따져볼 문제가 있다. 가장 중요한 문제는 도대체 판야에 어떤 매력이 있어서 그 짧은 시간에 수십만 명이 수백억 위안을 투자했는가 하는 점이다. 단순히 탐욕이나 야성적 충동 때문이라고 비꼬기에는 뭔가가 부족하다. 자료를 조사하던 중 나는 판야라는 거대하고 추악한 구조 뒤에서 '정부의 공신력'이라는 그림자를 어렴풋이 발견했다.

판야는 2010년 쿤밍시 중점 투자 유치 프로젝트의 일환으로 정부의 허가를 받아 설립되었다. 또한 판야를 관리감독하기 위해 같은 해에 분관금융 부시장을 위원장으로 하는 전문 관리감독위원회도 창립했다. 뭔가 이상하지 않은가? 사실 단지우량單九良 판야 소장은 매우 화려한 경력의 소유자다. 그는 2006년 상하이에 카오얼考爾석탄전자교역공사를 설립한 적도 있다. 희소금속이 아닌 석탄을 거래한 점을 제외하면 사업 방식은 판야금속거래소와 매우 비슷하다. 4년 뒤인 2010년 카오얼은 자금난을 겪었고 투자자에게 원금과 수익금을 지불하지 못해 책임자가 징역 4년 판결을 받았다. 이때 카오얼의 법인대표였던 단지우량은 어떠한 타격도 받지 않고 홀연히 상하이를 떠나 쿤밍에서 다시 한번 큰 그림을 구상했다.

신용 기록이 남는 시대에 아직 때를 다 빼지도 않은 사람이 어떻게 더 큰 도박장을 그토록 빨리 차릴 수 있었는지 도저히 이해가 가지 않는다. 나와 함께 공부한 모로코 친구는 수천 위안의 카드대금을 제때

납부하지 않아 블랙리스트에 올랐는데 다시 신용을 회복하기까지 7년이 걸렸다. 그녀는 박사 과정을 마치고 교수 3년 차에 2만 캐나다달러의 월급을 받았지만 신용카드 발급을 계속 거부당해 어쩔 수 없이 현금을 가지고 다녔다. 단지우량의 날쌘 부활에 그저 감탄만 나올 뿐이다. 때로 중국시장에서 신용은 유리처럼 쉽게 깨지고 그 깨진 유리처럼 값어치가 없는 것 같다.

무지하고 조급한 손

윈난성 정부는 2011년부터 2015년까지 4년 동안 끊임없이 판야를 지지하고 그 신용을 강화해주었다. 몇 가지 예를 들어보자. 2011년 국무원 판공청은 금융 리스크를 경계하고자 지방정부에 공문을 발송해 부실한 거래소 시장을 정리할 것을 요청했다. 이상한 점은 2013년 윈난금융서비스판공실, 증권감독관리국, 은행감독관리국, 쿤밍시 정부 등의 기관이 연합조사 검수를 실시한 뒤 판야에 준법경영 판정을 내렸다는 사실이다. 2013년 인듐의 현물가격은 2011년의 톤당 720달러에서 615달러로 13.88% 하락했다[공교롭게도 13.88%는 판야가 약속한 원금보장 무위험수익률이다]. 이런 상황에서 그들은 어떻게 투자자에게 20%에 가까운 이자를 지불할 수 있을까? 유일한 방법은 판야가 지속적으로 돌려막기식 자금모집 게임을 하는 것이다.

정경유착이라는 빤한 결론은 차치하고 왜 지방정부가 있는 힘을 다해 판야를 도왔는지 나는 줄곧 그것이 궁금했다. 사건에 연루된 몇몇 관계자를 제외하고 지방정부가 판야를 도운 이유는 생각보다 복잡하지 않다. 내 관점에서 첫 번째는 무지함 때문이고 두 번째는 조급함 때문이다.

여기서 무지함이란 현대금융 지식에 관한 이해가 부족한 것을 말한다. 저마다 전문 분야가 따로 있으므로 모든 지방 관료에게 금융 리스크를 공부하라고 강요할 순 없다. 그러나 금융 관리감독기관이 이렇게 확실한 '구멍'을 보고도 모른 체한 것은 이해하기 어렵다. 조급함은 지방경제의 신속한 발전을 바라는 강렬한 갈망을 가리킨다. 지난 몇 년 동안 중국 정부는 지방 GDP선수권대회〔베이징대학교 저우리안周黎安 교수가 처음 사용한 말〕 열기를 끌어올리기 위해 지방에 외부 기업 투자를 유치하는 등 온갖 노력을 기울였다. 서남쪽 변방에 위치한 탓에 늘 대형 프로젝트에 목말랐던 윈난성은 '금융 혁신', '전 세계 최대 귀금속거래소'라는 현란한 타이틀을 내세운 판야에 눈이 멀 수밖에 없었다. 지방정부의 셈법에 따르면 국가에 직접세를 3억 6,000만 위안이나 내는 혁신적인 금융기구인 판야는 몇 년 내에 지방 재정에 큰 도움을 줄 게 분명했다. 실로 명목도 있고 실익도 있는 프로젝트였다. 이런 까닭에 그들은 화려한 옷 속에 이가 득실거리는지 꼼꼼히 확인하지 않았다.

솔직히 사람들이 자기 돈을 투자하는 것을 두고 뭐라고 말할 수는 없다. 친인척에게 돈을 빌려서 하든 은행에서 대출을 받아 하든 투자는 모두 자기 마음이고, 투자처가 계약을 위반하면 투자자는 그저 재수가 없었다고 생각할 수밖에 없다. 그렇지만 제3자 보증으로 투자처의 신뢰가 높아졌을 때는 상황이 다르다. 많은 중국인이 줄곧 정부와 시장이 뒤섞이지 않고 서로 일정한 거리를 유지해야 한다고 말했다. 정부가 시장에 개입하면 은연중에 정부 공신력으로 신용이나 담보가 높아지는데 이럴 때 사고가 나면 투자자는 보증을 선 정부를 탓한다. 그동안 얼마나 많은 정부기관이 주제넘게 시장의 일에 참견했다가 상황을 더 복잡하게 만들었는가. 지금도 자금모집 관련 사건의 배후를 살피면 지방정부의 '가만히 있지 못하는 손'이라는 그림자가 언뜻언뜻 보인다.

누가 판야를 '우아하게' 살도록 했나?

지방정부에 가만히 있지 못하는 손이 있다면 관리감독기관에는 '결점이 있는 손'이 있다. 판야가 무수한 투자자를 모집할 수 있었던 것은 판매 방식 및 루트와 크게 관계가 있다. 주로 문제가 된 판야의 상품은 '르진바오'다. 르진바오는 은행의 재테크 상품으로 판매가 이뤄졌다. 공개된 자료를 보면 판야의 협력 은행은 중국은행, 공상은행工商銀行, 초상은행招商銀行 등 대형 국유[주주제]은행이다. 언론보도에 따르면 이 중 중국은행 신장지점 실적이 가장 뛰어났는데, 판야의 재테크 상품[펀드]을 수십억 위안어치나 팔았다. 최근 조사에서 드러난 것처럼 은행의 재테크 상품은 그림자 은행(정부의 통제를 넘어 고위험 채권에 투자해 고수익을 얻는 유사 금융 – 옮긴이)의 가장 큰 뿌리다.

손익을 스스로 책임지는 상업기구인 은행이 부외이익을 추구하는 것은 크게 비난할 바가 못 된다. 하지만 전문 금융기구인 만큼 재테크 상품을 판매할 땐 상품의 리스크와 수익을 자세히 분석하고 연구해야 한다. 중국의 특성상 중소도시에 거주하는 중장년층에게 국가은행은 지극히 높은 신용도를 자랑한다. 설령 개별 기구의 행위일지라도 신용은 일단 남용되면 모든 금융 시스템에 부정적 영향을 준다. 신용은 국가와 지역의 금융시장이 지속적으로 성장하게 하는 핵심요소다. 어떤 의미에서 금융시장은 신용시장이다. 신용이 없으면 모든 금융행위와 금융상품은 그림의 떡이나 마찬가지다.

이 밖에 판야를 관리감독하는 소관 부처가 어디인지 지금껏 풀리지 않는 수수께끼로 남아 있다. 이론상 거래소는 증감회의 관할 범위에 속한다. 이에 상응하는 곳은 윈난금융서비스판공실 등의 관리감독기관이다. 윈난성 쿤밍시에 법인을 등록한 판야는 재정, 세무, 사업 등에서 쿤밍시와 복잡한 관계를 맺었다. 2010년 판야가 쿤밍시에서 금속거래소를 설립하겠다고 결정한 뒤 쿤밍시는 관리감독팀을 조직하고 부시장을 책임자로 임명했다. 한데 중이 하나면 물을 길어다 마시지만 셋이면 서로 미뤄 마실 물이 없다고 했던가. 지방정부와 중앙부처가 게임을 벌이는 동안 판야는 법망의 허점 속에서 명칭도 명확하지 않은 '소小금속'을 주로 거래했고(아마 판야가 생기기 전까지 인듐의 존재를 안 사람은 별로 없을 것이다), 미확인 정보가 관리감독의 사각지대에서 무한대로 퍼져 나갔다.

무엇이 금융 관리감독인가? 바로 금융시장의 미시제도를 설계하고 기초설비를 건설하는 것이다. 그 목적은 시장의 정보 불균형을 해소하는 동시에 거래의 공평성, 투명성, 공정성을 보호하고 잠재적 리스크를 예방하는 데 있다.

판야는 명백한 폰지사기식 거래제도를 설계했지만 강도 높은 관리감독이 이뤄지는(아니, 이뤄졌어야 하는) 금융시장에서 무려 4년 넘게 '우아하게' 생존했다. 중국에서 최고 권위를 자랑하는 관영매체 CCTV도 판야의 충실한 친구였다. CCTV는 판야 설립 소식을 집중 보도했고 자사 경제채널에서 '판야가격지수'를 온종일 방송했다. 심지어 CCTV 경제채널은 판야와 함께 '2014년 판야 전국 순회 투자 보고회(라고 쓰고 '상품판매 설명회'라고 읽는)' 행사를 공동개최해 시종일관 판야의 신용을 높여줬다.

중국 공산당 중앙선전부, 문화부, 국가신문출판광전총국, 국무원 신문판공실 등 하나하나 세어보면 중국에는 꽤 많은 언론 관리감독기관이 있고 관리감독도 매우 엄격한 편이다. 그런데 왜 판야가 그리 복잡하지도 않은 폰지 거래 모델을 설계했을 때 그들은 조용히 눈을 감았을까?

가만 생각해보면 판야 비극의 배후는 무질서한 손이다. 한쪽 팔이 없다고 다 양과는 아니고, 네 개의 팔이 있는 생물이라고 다 꼬마 요괴 후바는 아니다. 지방정부나 관리감독 권한이 있는 기관은 가만히 있지 못하는 자신의 손을 잘 간수하는 방법을 배워야 하고, 마땅히 해야 할 일을 해야 한다. 또한 공평하게 '카이사르의 것은 카이사르에게 돌리고 하느님의 것은 하느님께 돌리기 위해' 결점이 있는 자신의 손을 바르게 둬야 한다.

3. 모든 금융 리스크는 인재다

2013년 8월 16일 오전 11시경, 광다光大증권의 주문 실수로 시장은 격렬하게 요동쳤다. 갑자기 대량 매수 주문이 들어와 상한가에 오른 여러 대형주가 시장을 끌어올렸고 3분 만에 종합지수는 5.96%나 올랐다. 정오 무렵 광다증권 거래 시스템에 문제가 생겼다는 루머가 돌았지만 광다증권은 즉시 부인하고 거래를 일시 중단한다고 공지했다. 오후 들어 종합지수는 상승폭을 반납하고 다시 제자리로 돌아왔다. 장 마감 후 4시 27분에 증감회는 이날 시장이 급등락한 것은 광다증권 시스템의 이상 거래가 원인이라고 발표했다. 이것이 그 유명한 광다증권 주문 실수 사건이다.

어느 흡인력 있는 연극처럼 2013년 8월 16일 발생한 광다증권 주문 실수 사건에는 희비가 교차하는 요소가 있다. 70억여 위안의 엄청난 자금, 수백억 위안의 추격 매수, 33개 대형주를 상한가로 보낸 시장의 일시적인 광희狂喜, 여러 언론매체의 뉴스, 음모론, 루머, 조급함, 꼬일 대로 꼬인 진실, 일사천리로 움직이는 시장, 떠들썩한 관중, 꼭꼭 숨은 관계자….

수문이 열리자 중국 A증시에 오랫동안 쌓인 부정적 정서가 둑을 무너트릴 기세로 쏟아져 나왔다. 최초 공격 대상은 퀀트 투자Quantitative Investment와 시스템 트레이딩이라는 두 개의 낯선 금융 용어다. 일부 언론은 퀀트 투자와 시스템 트레이딩이 광다 사건의 공범이라고 직접적으로 지적했다. 세간의 시선이 집중된 가운데 퀀트 투자는 순식간에 호랑이보다 무서운 존재가 되었다.

여전히 의문스러운 이 사건을 살필 때 가장 먼저 해야 하는 일은 흥분을 가라앉히고 사건을 일으킨 장본인이 누구인지 이성적으로 추궁하는 것이다.

물이 없으면 댐도 필요없다

광다 주문 실수 사건에서 퀀트 투자와 시스템 트레이딩이 지탄을 받은 이유는 크게 두 가지다. 먼저 광다증권 전략투자부가 퀀트 트레이딩 전략(ETF[2] 차익거래)을 실행할 때 '뚱뚱한 손가락'[3]이 말썽을 부렸다. 그 다음으로 72억 2,000만 위안에 달하는 광다증권의 대량 매입으로 여러 증권사의 매매 시스템에 매수 신호가 켜져 300억 위안에 가까운 자금이 주식시장으로 흘러들었다. 그 바람에 주식시장에 26초 동안 눈이 휘둥그레지는 '폭동'이 일어났다.

기본 분석에 충실한 전통 매매 전략과 달리 퀀트 투자 전략은 주로 짧은 기간의 데이터(또는 복잡한 수학적 모델)를 계산하고 분석해서 활용한다. 퀀트 투자 전략의 핵심은 대량의 데이터 분석으로 투자대상이 고평가 혹은 저평가되었는지 판단해 차익을 얻을 만한 종목을 찾아내는 데 있다. 주식시장 곳곳에 IT기술을 도입한 요즘은 조금만 늦어도 매매 기회를 놓치고 만다. 이에 따라 인공적인 방식으로 차익 매매를 시도해 효율성과 성공률을 높이는 경우가 많다. 퀀트 투자 전략은 컴퓨터 알고리즘을 이용한 시스템 매매로 이뤄진다. 일단 사전에 투자모델을 입력하고 프로그램을 짠 뒤 신뢰할 수 있는 계수(가령 자동 주문 취소 또는 자동 추가 주문 여부, 초과수익률 규모, 차익 규모, 증시 동향 등)를 설정한다. 이때 매매 조건에 맞으면 컴퓨터가 로직에 따라 자동으로 주문을 내는데, 시장 변화에 맞춰 매수와 매도를 진행하고 수익 혹은 손실의 결과를 얻는다.

금융시장 확대와 금융상품 증가로 IT기술이 광범위하게 쓰이면서 남보다 먼저 정보를 포착하는 일은 점점 어려워지고 있다. 반면 정교한 컴퓨터 시스템과 복잡한 연산이 주도하는 퀀트 투자는 정보를 즉각 얻을 수 있다. 덕분에 가격 변동이 심한 환경에서 더 큰 수익을 얻을 가능성이 크고, 추세를 보다 민감하게 추종해 매매 시기를 놓치는 일을 막을 수 있다. 또한 방대한 데이터를 처리해야 하는 복잡한 매매 환경에서 고효율, 저비용의 우세함이 돋보여 서서히 인터넷 금융 시대 주도자로 자리매김하고 있다. 미국시장의 경우 2012년 거래의 약 73%가 1,000분의 1초 사이에 계산을 마치고 주문을 내는 퀀트 매매였는데 이 비율은 지금도 꾸준히 상승 중이다.

시스템 트레이딩이든 퀀트 투자든 파생상품과 IT기술 발달로 탄생한 혁신적 금융상품은 첨단기술이나 거액의 자산과 밀접한 관련이 있다. 이 때문에 '도덕적 피'가 흐르는지 집중 확인을 받는다. 하지만 기존 시장제도와 관리감독체계에 새롭게 도전한다는 관점에서 시스템 트레이딩과 퀀트 투자는 여느 금융상품과 다를 바 없는 하나의 혁신이다.

《베니스의 상인》에 나오는 사채업자부터 월가의 방대한 금융제국까지, 오래된 계산대가 있던 산시표호(山西票號, 옛날 중국 산시성 상인이 경영한 개인금융기관-옮긴이)부터 첨단은행까지, 인류는 끊임없이 금융을 혁신하며 더 광활한 금융시장을 창조해왔다. 그렇지만 시장제도와 관리감독 기능은 시대의 요구에 따라 생긴 것이다. 물이 없으면 댐과 수문이 필요 없는 것처럼 혁신은 늘 제도와 관리감독을 앞선다.

사실 광다증권의 주문 실수 같은 사건은 중국에서만 일어나는 것이 아니다. 2010년 5월 6일 오후 2시 42분 미국 다우지수가 5분 만에 9.16% 폭락하고 한때 8개 종목 주가가 0달러 또는 0달러 근접까지 떨어지는 이상 현상이 발생했다. 뉴스에 따르면 팻 핑거 혹은 팻 핑거가 유발한 시스템 매매가 번갯불에 콩 구워 먹는 속도로 시장을 어지럽힌 장본인이었다. 장 마감 후 두 시간 동안 매매 시스템에 문제가 없음을 확인한 나스닥은 상장 규칙 11890(b) 조항에 따라 오후 2시 40분에서 3시 사이에 주가등락폭이 직전 거래가의 60%를 초과한 모든 거래를 취소했다. 이 조치에 해당하는 주식은 총 294개였다. 미국 증권거래위원회SEC는 유사 사건 재발을 예방하기 위해 정보공시 기준을 강화하는 한편 시스템을 새로 만들어 거래소와 증권사에 매도가, 매수가 그리고 매매에 관한 모든 정보를 제공하라고 규정했다. S&P500지수는 '개별주식 서킷브레이커제도'를 시범 실시했다. 이것은 S&P500지수에 포함된 종목 중 임의의 한 종목이 5분 동안 10%의 등락폭을 보이면 거래소에서 이 종목의 거래를 5분 동안 일시 중지하는 제도다.

왜 리스크 통제가 중요한가?

시장은 실수를 두려워하지 않는다. 그저 맹목적인 것을 두려워할 뿐이다. 실수의 근원을 파악하고 제대로 처방하면 실수에서 많은 것을 배워 성장할 수 있다. 그런데 안타깝게도 광다증권은 주문 실수 사건을 일으킨 뒤 공지나 발표로 사고 원인을 제대로 밝히지 않았다. 개인투자자들은 각자 관찰한 내용으로 사건을 해부하는 수밖에 없었다.

사건 발생 이틀 뒤(8월 18일) 광다증권이 발표한 '간단명료한' 공지에 따르면 8월 16일 11시 5분 8초에서 11시 5분 10초까지 2초 동안 광다증권 전략거래부가 ETF 거래를 할 때 거래 시스템에 문제가 생겨 뜻하지 않게 26,082건의 시장가 주문이 발생했다고 한다. 이 주문은 상하이증권거래소로 보내져 총 234억 위안어치의 주문 중 72억 7,000만 위안의 매수가 체결되었다. 한꺼번에 들어온 234억 위안에 달하는 대량 주문 실수는 증시 폭등은 물론 A증시에서 다년간 못 본 여러 종목이 단체로 상한가를 치는 기이한 장면을 연출했다. 찰나의 백일몽을 꾼 뒤 중국 증시는 다시 비실거리는 상태로 돌아갔다.

역사적 경험에 비춰보면 개인투자자가 지분의 79.5%, 거래량의 95%를 차지하는 소란스러운 A증시에서 지수가 100포인트 상승할 때 한 치 앞을 내다보지 못하는 중소투자자가 할 수 있는 일은 추격 매수뿐이다. 그 외에 다른 선택의 여지는 없다. 중국 금융시장은 선진국 시장에 비해 안정성이 떨어지고 시장주기가 짧아 퀀트모델 계수를 빈번하게 조정해야 한다. 중국은 금융상품도 다양하지 않다. 가장 기본적인 주식과 채권을 제외하면 ETF, 주가지수선물, 상품선물 등 손에 꼽을 정도다. 복잡한 모델의 차익거래 도구는 용도 잡을 만큼 훌륭한 검이지만 정작 중국의 금융시장에는 용이 없다. 또한 비싼 수속비 등의 이유로 퀀트 매매는 중국에서 아직 비틀거리며 걸음마를 배우는 수준이다. 진정한 의미의 퀀트 투자를 하는 곳은 드물고 대부분 매매 속도를 높여 '이익 따먹기'를 하거나 매매 전략의 문턱을 낮추는 정도다. 이렇게 하면 이론적으로 리스크에 노출될 확률이 낮다. 그런 의미에서 알고리즘 매매가 성행하면 시장 변동성이 커진다는 것은 거짓이다.

그러면 진짜는 뭘까? 팻 핑거도 문제지만 거래소의 리스크 통제 시스템이 불완전한 것도 문제다.

먼저 궁금한 점은 234억 위안에 달하는 광다증권의 '예상 밖' 매수 주문(26,082건)이 어떻게 자체적인 위험도 평가를 통과했느냐다. 모든 거래 시스템에는 자금 현황, 최대 매수 주문 수량, 포지션[4] 한도, 최대 손실액, 최대 손실 비용 등 리스크를 평가하고 통제하는 지표가 있다. 광다증권은 어떻게 자사 계좌에 있는 자금을 초과해 주문을 낼 수 있었을까? 어떻게 여러 개의 리스크 통제 장치를 순조롭게 통과했을까? 리스크 통제 장치가 마비되었나, 아니면 아예 거래 속도를 높이려고 애초에 다른 리스크 통제 단계를 밟았을까?

이 밖에 지지부진한 시장에서 중간 규모 증권사인 광다증권이 특이하게 거액의 주문을 넣었는데 어떻게 막힘없이 상하이증권거래소의 거래 시스템에 신속히 접수되어 매수 체결이 이뤄졌을까? 상하이증권거래소는 국가의 의지가 실린 주식 거래 플랫폼이다. 당국이 공포한 〈증권거래소 관리 방안〉을 보면 상하이증권거래소의 가장 중요한 두 가지 임무는 '거래에 대한 조직적인 관리감독'과 '정보 공지'다. 이른바 거래에 대한 조직적인 관리감독은 상하이증권거래소에 개별 거래 과정을 감사할 권리와 의무가 있음을 의미한다. 증권사와 거래소는 234억 위안어치의 시장가 주문이 종합지수와 개별 주가에 어떤 충격을 줄지 누구보다 잘 안다. 그렇다면 거래소 시스템은 어느 정도로 충격을 받아야 조기 경보를 울릴까? 조기 경보를 울리는 장치가 있기는 할까?

2005년 일본 미즈호증권 직원은 실수로 J-COM 주식을 최저 가격에 대량 매도 주문을 넣었다. 도쿄증권거래소 거래 시스템이 세 번이나 경고 화면을 표시했지만 크게 신경 쓰지 않았고 결국 J-COM은 하한가로 떨어졌다. 사후 미즈호증권은 이 거래로 손실을 본 투자자에게 407억 엔을 배상하라는 판결을 받았다. 도쿄증권거래소는 미즈호증권의 주문 실수를 발견하고 즉각 경고했으나 미즈호증권이 뒤늦게 주문 실수를 인지하고 취소 요청을 했을 때 제때 돕지 않은 관계로 손해배상액의 70%를 지급하라는 판결을 받았다.

이 사건은 관리감독할 일방적 권리를 누리는 증권거래소는 그에 상응하는 의무를 다해야 한다는 것을 보여준다. 요컨대 거래의 공평성과 공정성을 실현하고 리스크 통제를 도와야 한다. 광다증권의 '적극적이고 과감한' 리스크 통제 시스템부터 상하이증권거래소의 '소극적이고 과묵한' 거래 시스템까지 금융시장에서는 크고 작은 말썽이 끊이지 않고 일어난다. 중국은 약 70억 위안의 주문 실수가 아니라 리스크 통제 시스템의 중요성을 무시하는 것을 진실로 걱정해야 한다.

불건전한 법제도가 문제다

금융시장의 본질은 불확실성과 기대감에 있다. 정보를 투명하게 공개해 시장에서 정보 불균형 현상이 줄어들면 회사 가치가 주가에 제대로 반영되면서 자원 배치가 보다 효율적으로 이뤄진다. 이것이 모든 금융시장에서 정보공시의 중요성을 강조하는 이유다.

816사건이 발생한 오전 11시 5분부터 정부 측이 발표한 모든 소식은 간단명료했지만 다소 자기 모순적이었다. 사건 발생 이후 당국은 당일 11시 7분 상하이증권거래소가 광다증권의 이상 주문을 발견하고 통보했으나 12시에 광다증권의 이사회 비서가 주문 실수 가능성을 단호히 부인했다고 발표했다. 같은 시기 상하이증권거래소는 웨이보에서 사건 당시 거래 시스템은 정상 작동 중이었다고 했다. 이럴 때 시장 참여자는 어떻게 반응할까? 추측하기 시작한다! 그러면 미확인 정보가 나돌고 무성한 정보는 다시 투자자의 기대감에 직접 영향을 미친다. 많은 투자자가 극단적인 사건('블랙 스완 이벤트'라고도 불린다)이 일어날 가능성이 높다고 생각하면 결국 시장에 높은 변동성이 생긴다.

이 밖에도 광다증권은 점심 휴장시간(중국 시간으로 11시 30분에서 1시 사이)이 끝난 뒤 주가지수 하락에 베팅하는 7,203계약의 선물매도 주문을 내 격렬한 논쟁을 불러일으켰다. 리스크 관리 차원에서 주문 실수를 헤징(주가 등락에 따른 손실을 막기 위해 가격 변동 위험을 제거하는 금융 거래 행위 – 옮긴이)하는 것은 정상적인 거래 행위다. 여기에는 음모론을 제기할 필요도 없다. 문제는 주문 시간이다. 광다증권은 11시 7분에 주문 실수를 인지하고도 12시에 이사회 비서를 통해 모든 시스템이 정상 작동한다고 발표했다. 그런 다음 오후 1시에서 2시 사이에 선물계약을 매도했고 오후 2시 38분, 그러니까 뒤늦게 주식시장에서 주문 실수를 했다고 발표했다. 시간 순서대로 살펴보면 광다증권은 거짓 정보공시와 공시 지연으로 투자자에게 피해를 끼친 책임에서 결코 자유로울 수 없다.

중국은 정보공시의 중요성을 깨닫는 데 너무 비싼 대가를 치렀다. 스캘퍼(Scalper, 증권시장에서 몇 분 이내의 초단타 매매를 구사하는 투자자 – 옮긴이)부터 가짜 보고서까지 온갖 이유로 중국 개념주(Concept Stock, 현재 실적보다 성장성이나 수익성이 클 것으로 보이는 종목군. 인터넷 관련 벤처기업 주식을 일컫기도 한다 – 옮긴이)는 미국시장에서 제대로 대접받지 못한다. 중국시장이 정보를 투명하게 공개하지 않는 것은 거의 일상적인 일이다.

증시를 엄격히 관리감독하는 규정이 있는데 왜 문제가 계속 생기는 걸까? 중국 공산당 전국대표대회, 인민대표회의, 증감회의 굵직한 입장 발표는 왜 아무런 효과를 내지 못할까? 진부한 말로 두루뭉술하게 표현하면 '불건전한 법제도' 때문이다. 그러면 법제도의 어느 부분이 불건전할까?

사실 중국의 증권시장 관련 법률 법규 중 정보공시에 관한 규정과 법률은 아주 많고 내용도 깐깐하다. 그런데 거짓 정보공시나 공시 지연 등의 행위가 발생했을 때 주로 행정, 형사 책임을 추궁할 뿐 민사 책임은 별로 묻지 않는다. 다시 말해 투자자의 합법적 청구권과 재산권이 제대로 보호받지 못한다. 그도 그럴 것이 '중화인민공화국 증권법'〔이하 증권법〕에 행정 책임과 형사 책임 법조항은 각각 30여 개와 18개가 있지만 민사 책임 법조항은 단 2개뿐이다. 민사 책임은 작고 형사·행정 책임은 큰 법구조에서 투자자는 민사소송을 제기해도 절차가 복잡하고 비용이 많이 들어 거의 기대하는 결과를 얻지 못한다. 즉, 자신의 이익을 효과적으로 보장받지 못한다. 관리감독의 근본 목적은 투자자의 이익 보호에 있다. 하지만 현실에서 투자자는 부당한 정보 때문에 이익을 침해받아도 배상제도의 도움을 받기가 어렵다.

지난 20년 동안 중국의 개인투자자들은 금융 사건이 발생할 때마다 관리감독기관이 책임자를 엄중 비판하는 말을 수없이 들었다. 관련 제도를 한시적으로 개선하거나 고액의 벌금을 부과하고 심지어 '무자비'하게 영업정지 처분을 내리는 것도 수없이 목격했다. 그러나 안타깝게도 정부는 신이 아니라서 금융시장을 구석구석까지 관리감독하지 못하고, 땅 전체의 가뭄은 한두 번의 폭우로 해결되지 않는다. 거래 주체가 부당한 정보공시로 본 피해를 효과적으로 인정받고 배상받을 수 있을 때 정보공시에 관한 관리감독은 단편적인 것에서 전면적인 것으로, 무질서한 것에서 질서정연한 것으로, 늑장 대응하는 것에서 즉각 대응하는 것으로, 수동적인 자세에서 능동적인 자세로 바뀔 것이다.

결제제도가 금융시장의 지반을 다진다

광다증권의 주문 실수 사건은 거래 시스템의 리스크 통제와 정보공시 제도 문제를 만천하에 드러냈다. 한데 문제점만 드러내고 끝인가? 사실 이들 문제는 가장 걱정스럽고 두려운 부분이 아니다. 대다수 투자자가 미처 주목하지 못한 게 있는데, 어찌 보면 이 사건의 실수가 '고작' 70억 위안으로 끝난 것을 다행으로 여겨야 할지도 모른다. 중형 증권사에게 70억 위안은 감당할 수 있는 자금의 마지노선이다. 설령 계좌에 돈이 없어도 자기자본이나 일부 증권류 자산 현금화 등으로 정상 결제하고 풍파가 지나간 뒤 상황을 수습해 다시 시장으로 돌아가면 그만이다.

만약 사건이 일어났을 때 700억 위안(시스템 오류든 고의적 조작이든)이 시장에 흘러들어갔다면 어땠을까? 결말이 같았을까?

결말을 예측하기 전에 먼저 배경 스토리부터 이해하자. 앞서 잠깐 설명했듯 중국의 증권거래소 회원은 주식은 T+0, 자금은 T+1의 결제 방식을 이용한다. 쉽게 말해 오늘 물건을 사고 내일 돈을 내는 식이다. 평소에 주식을 매도했을 때 계좌로는 현금잔액을 실시간으로 확인할 수 있지만 그 돈을 사용하려면 이튿날까지 기다려야 하는 것도 이 때문이다. 달리 말하면 기관투자자가 주식 거래 시 취하는 것은 허구의 포지션이다. 가장 간담이 서늘한 것은 주식을 매매하고 어떤 결제보증이나 신용보증 없이 하루를 보낸 뒤 이튿날 자금결제가 이뤄지는 일이다(유일한 리스크 관리는 증권사 등급별로 최저증거금제도를 실행하는 것이다. 그러나 증거금률이 매우 낮아 기본적으로 리스크 한도를 효과적으로 통제하지 못한다). 주식을 사고 이튿날 자금이 부족해 외상이 발생하면 결제기구가 일시적으로 돈을 내준다. 만약 결제기구에 자금이 부족할 경우 외상으로 산

주식은 강제로 거래가 중지된다.

이쯤 되면 700억 주문 실수 이야기가 어떻게 끝날지 대충 짐작이 가지 않는가. 광다증권의 2013년 일사분기 보고서에 따르면 당사의 화폐성 자산은 250억 위안이었다. 거래 이튿날 가진 자산을 다 팔아도 결제금액 700억 위안을 못 만든다는 말이다. 하지만 전날 증권을 인도했으므로 결제기구는 반드시 결제금액 리스크를 책임져야 한다. 이때 그 금액이 결제기구가 감당할 수 있는 리스크를 초과하면 외상으로 산 180ETF는 거래가 중지되고 외상거래 상대방은 주식과 자산을 모두 청산해 빚을 갚아야 하는 커다란 리스크에 직면한다. 이 경우 외상으로 산 증권(기본적으로 대표주)은 한순간에 위태로워지고 공포감이 확산되면서 시장이 도미노처럼 무너진다. 해당 종목만 대폭락하는 것이 아니라 시장 전체가 붕괴된다.

이것은 호그와트 마법 학교에서나 들을 수 있는 예언이 아니다. 사실 신용에 기반을 둔 결제제도에는 그간 숱한 리스크가 있었다. 국제적으로 통용되는 결제제도는 증권과 대금을 동시 결제하는 DVP제도다. 통속적으로 설명하면 왼손으로 돈을 내는 동시에 오른손으로 물건을 받는 것이다. 이 제도를 바탕으로 각국 결제기구는 증권시장을 정상적으로 운영하고 세계적인 평가기구는 증권시장의 안전성과 위험도를 평가하는 중요 지표를 만든다. 이 제도를 이용하는 모든 거래자는 반드시 거래 완성 시 자금을 결제해야 하며, 70억 위안이든 700억 위안이든 계좌에 충분한 자금이 있어야 매수·매도 주문을 넣을 수 있다. 그러면 설령 주문 실수가 있어도 실수한 쪽만 사고의 영향을 받고 리스크가 시스템 전체로 확산되지 않는다.

아파트를 지을 때 가장 중요한 작업은 지반공사를 튼튼히 하는 일이다. 아파트가 높아질수록 지반이 받는 압력은 더 커진다. 벽돌이 갈라지면 틈을 메우고, 하수도가 고장 나면 수리하고, 깨진 창문은 교체하면 그만이다. 그러나 지반이 꺼지면 아파트가 기울거나 심지어 무너지고 만다. 사실 우리는 이 콘크리트 세상에서 건물과 다리가 무너지는 장면을 너무 많이 봐서 그런지 이젠 뭐가 무너져도 무덤덤하다. 그렇지만 금융시장 지반은 건물이나 다리가 아니라 거대한 시스템과 맞닿아 있어서 사소한 실수도 전체에 큰 영향을 준다.

역사는 늘 빨리 잊힌다. 그런 탓에 끊임없이 반복된다. 어쩌면 1995년의 327사건을 어렴풋이나마 기억하는 사람들이 있을지도 모른다. 그날 완궈증권은 시장 하락을 예측했다가 거액의 손실을 볼 상황에 놓였다. 그러자 상황 반전을 위해 당시 보증금제도가 없는 증시제도의 허점을 이용해 장 마감 8분 전에 대규모 공매도에 나서서 지수를 끌어내렸다. 일순간 시장은 참혹한 전쟁터로 변했다. 이 싸움에서 승자는 없었다. 중국 증권의 아버지라 불리는 관진성은 쇠사슬에 묶여 수감되고, 상하이증권거래소의 창립자 웨이원위안은 소장 자리에서 조용히 내려왔다. 이후 국채선물시장은 17년 동안 문을 굳게 닫았다! 시장은 인생과 같은데 아무것도 할 수 없는 그 긴 세월을 어떻게 견뎠을까?

의심할 것 없이 금융시장에서 지반에 해당하는 것은 증거금제도를 기초로 한 결제제도다. 금융상품, 특히 파생상품 종류가 다양해지고 시장 규모가 빠르게 커지는 것은 아파트 인테리어가 화려해지고 층수가 높아지는 것과 같다. 과연 금융시장의 지반은 얼마나 튼튼할까? 금융시장이 커지는 속도에 비례해 튼튼해졌을까? 이것은 모든 시장 참여자가 차분하고 진지하게 생각해봐야 하는 문제다.

광다증권의 주문 실수 사건에서 드러난 제도적인 문제는 더 있다. 이를테면 종합지수에서 대형주의 영향력이 지나치게 높다. 대형주 몇 종목이 폭락하거나 폭등하면 시장 전체의 변동성이 커지는데, 대형주는 유통량과 거래량이 적어 소량의 자금으로도 시세 조정이 가능하다. 광다증권이 던진 70억 위안이라는 돌멩이가 시가총액 22조 위안의 중국 A증시라는 봄물을 휘저은 것이 가장 대표적인 사례다.

리스크를 확실하게 막을 수 있는 방법

비는 그쳤지만 하늘은 여전히 흐렸다. 롤러코스터를 탄 주가를 제외하고 모든 사실은 여전히 철로 위에 남아 있었다. 사후에 증감회는 이렇게 공지했다.

"앞으로 증권 관리감독기관과 증권·선물거래소는 관리감독을 한층 더 강화하고 관리감독제도와 규칙을 개선해 시장의 안정성을 효과적으로 확보하겠습니다. 또한 시장의 공개성, 공평성, 공정성을 철저하게 유지해 투자자의 합법적인 권익을 보호하겠습니다."

그러나 어떻게 강화하고 개선하고 확보하고 보호할지는 여전히 수수께끼다. 지금까지의 관례에 따르면 국무원, 증감회는 한바탕 정리정돈에 나설 확률이 높다. 일단 광다증권 경영진을 문책하고 광다증권에 벌금을 물리는 동시에 신용등급을 강등할 것이다. 나아가 대형 증권사의 파생부서, 퀀트 투자부서, 법률 관련 부서에 개혁을 주문할 것이다. 또는 개별 금융상품, 그중에서도 혁신적인 상품 발행을 엄격히 통제할 가능성이 크다. 여하튼 시장의 리스크 통제 시스템이 문제든 정보공시 시스템이 문제든 혹은 보증이나 담보가 없는 결제제도가 문제든 불합리한 종합지수 설계가 문제든 광다증권의 주문 실수 사건은 우연이 아니라 필연이었다. 시장의 기본적인 설계구조를 바꾸지 않으면 모든 노력은 과거처럼 허사로 돌아갈 것이고, 이는 폭풍우가 지난 뒤 겨우 허리를 한 번 펴보고 다음 폭풍우를 기다리는 꼴에 불과하다.

호랑이와 코뿔소가 우리를 탈출하는 것은 누구의 잘못일까? 모든 것은 결함이 있는 제도의 잘못이다.

대형 교통사고가 발생하거나 도로가 꽉꽉 막힐 때 과속하는 운전자와 넘쳐나는 자동차를 성급히 탓하지 말자. 홧김에 요일별 차량 운행제를 실시하거나 자동차 번호판의 수량을 제한하지도 말자. 그보다는 도로를 합리적으로 설계했는지부터 따져보자. 도로가 충분히 넓은지, 커브는 완만한지, 고속도로에 출구가 충분한지, 인도와 차도가 안전하게 분리되어 있는지, 신호등을 올바른 곳에 설치했는지, 신호변경 시간이 합리적인지, 대중교통 이용이 편리한지, 지하철 노선이 합리적인지, 지하철 출구를 편리하게 설계했는지, 시내버스가 제시간에 도착하는지, 교통법규가 구체적인지, 인구와 차량이 빠르게 증가하는 도시의 사정을 제대로 반영했는지, 교통법규를 엄격하게 지키는지 등을 하나하나 따져봐야 한다. 인프라를 잘 구축하고 교통법규가 충분히 합리적이면 교통체증은 근본적으로 해결된다. 또한 교통사고가 일어나도 도로 사정에 크게 영향을 주지 않아 정체가 발생하지 않는다.

지금은 변화 속도가 매우 빠른 시대다. 금융시장도 마땅히 그 변화 속도에 맞춰야 한다. 앨런 그린스펀Alan Greenspan 전 연방준비제도이사회〔이하 연준〕 의장은 "가끔은 전날 저녁에 작성한 재무상태표도 이튿날 오전 11시면 낡은 정보가 된다"라고 말했다. 이게 바로 시장의 매력이다. 시장에서 변치 않는 유일한 진리는 모든 것은 변한다는 점이다. 불확실성으로 가득한 그 세계에서 유일하게 효과가 있는 처방은 좋은 제도를 만드는 일이다. 그리고 시장 기반이 튼튼하면 리스크는 확실하게 막을 수 있다.

광다증권의 주문 실수 사건을 설명하다가 본론이 너무 길어졌다.

2년 뒤

2015년 말 언론은 이렇게 보도했다.

"상하이 제2 중급 인민법원은 8명의 투자자가 내부거래를 한 광다증권을 상대로 제기한 소송에 대해 1심 판결을 내렸다. 광다증권은 8명의 투자자 중에서 승소한 6명의 투자자에게 총 29억 6,000만 위안의 손해배상금을 지급해야 한다."

이 뉴스는 대중의 관심을 받지 못한 채 곧바로 시끄러운 세상에 묻혔다. 하지만 증권계와 법조계 인사들은 이 판결이 증권 관련 손해배상 민사소송 역사에 큰 획을 그었고, 증권법 개정 및 관련 법 해석 수정에도 중요한 의미가 있다며 감탄했다.

2년 전 흥분한 상태에서 꾹꾹 눌러 쓴 이 글을 다시 읽어 보니 불현듯 역사는 줄곧 현실의 삶과 동떨어져 있지 않았다는 생각이 든다. 당시 나는 비합리적인 법구조를 두고 "민사 책임은 작고 형사·행정 책임은 큰 법구조에서 투자자는 민사소송을 제기해도 절차가 복잡하고 비용이 많이 들어 거의 기대하는 결과를 얻지 못한다. 즉, 자신의 이익을 효과적으로 보장받지 못한다"라고 강하게 비판했다. 아무리 생각해도 호랑이와 코뿔소가 우리를 탈출하는 것은 동물원을 관리하는 제도에 결함이 있기 때문이다.

그나마 인류가 직접 경험한 역사를 기록할 수 있어서 참 다행이다. 아직 보잘것없는 수준이지만 마침내 중국에서도 증권 관련 민사 배상의 첫걸음을 뗐다. 비록 작디작은 불꽃이긴 해도 빛이 있어 희망이 보인다. 천 리 길도 한 걸음부터 시작하고, 포기하지 않고 꾸준히 걸으면 늙은 말도 옛흘길을 가지 않는가!

4. A증시 폭락에 관한 3가지 기록

> 선달에 얼음을 탕탕 깨 정월에 얼음 창고에 넣는다. 이월 아침에는 어린 양과 부추를 차려 제사를 지낸다. 구월에는 서리가 내리고 시월에는 마당을 깨끗이 치운다. 두 동이 술을 준비해 잔치를 열고 어린 양도 잡는다. 그러곤 저기 공당에 올라가 소뿔 잔을 들고 만수무강을 빈다. -《시경·빈풍·칠월時經·豳風·七月》

헌고제구(獻羔祭韭, 어린 양과 부추를 차려 제사를 지내다-옮긴이)는 《시경·빈풍·칠월》의 마지막 장에 나오는 묘사다. 서주西周시대 초기 빈豳[5] 땅에 사는 노예가 지은 시가 《칠월》에는 일관성 있게 '苦〔괴로울 고〕'의 감정이 흐른다. 노예들은 농사를 짓고 누에를 키우고 사냥을 하고 얼음을 깨는 등 연초부터 고된 노동에 시달렸다. 연말에도 쉬지 않고 권력자들의 만수무강을 위해 어린 양과 부추를 차려놓고 제사를 지냈다.

일찍이 서주시대부터 중국인에게는 부추를 차려 제사를 지내는 풍습이 있었다. 제수용품 부추에는 끊임없이 생장하고 번영한다는 의미가 있는데, 실제로 부추는 자르면 또 자라서 다시 잘라 쓸 수 있다. 이 풍습은 2016년에도 여전히 유효하다. 이제 부추는 의미가 더 커져 증시 재앙을 묘사할 때도 쓴다. A증시 폭락으로 쪽박을 찬 개인투자자를 사람들은 친근하게 '부추'라고 부른다.

2015년 초여름 A증시는 갑자기 풍운에 휩싸였다. 레버리지는 재앙의 도구로 전락했고 금융의 강호는 소와 곰(소는 상승장, 곰은 하락장을 상징－옮긴이)이 육탄전을 벌이느라 흘린 피로 물들었다. 피비린내가 잔뜩 웅크린 부추들의 신경을 건드리자 A증시는 순식간에 유동성이 메말랐고 악의적 공매도 세력은 단두대로 보내졌다.

개미파가 당황해 어찌할 바를 모를 때 하늘이 열리고 증금왕[6]이 신비롭게 머리를 내밀었다. 증금왕은 삼천리 냇물에서 표주박으로 물을 한 모금 떠 마셨다. 후궁에는 증금왕의 사랑을 받고 싶어 하는 3,000명의 미녀가 기다리고 있었다. 큰 수익을 꿈꾼 공매도 세력은 척박해진 현실에 순응하고 '선의'의 공매도 세력이 되었다.

증금왕은 대세 상승장은 이미 저물었다고 생각했다. 그리고 《시경·빈풍·칠월》을 구슬프게 읊으며 연말을 보낸 부추들에게 새해에 찾아온 건 '자석'왕[7]이었다. 겨우 숨만 붙어 있던 부추들은 서킷브레이커가 걸린 전쟁터에서 결국 죽고 말았다. 죽기 직전 부추들은 애초에 주식을 사지 않았으면 팔 일도 없고, 주식을 팔았으면 깡통을 찰 일도 없다는 것을 깨달았다.

1년 사이 상하이종합지수는 40% 하락했다. 약 10조 위안의 시가총액이 연기처럼 사라졌고, MSCI[8]는 멀고도 가슴 아픈 이야깃거리로 남았다. 그리고 가지런히 잘린 부추는 증시 재앙의 영정 앞에 놓였다.

비 내리는 저녁, 봄 부추를 자르고 메조를 넣은 밥을 지었다. 옛일을 돌이켜보니 사람의 일은 까마득하고 살아온 길은 험하고 가팔랐다. 내가 유동성 위기, 증금왕의 증시 부양, 서킷브레이커에 관한 세 편의 글을 쓴 이유는 다름이 아니라 잊힌 것을 기념하기 위해서다.

2015년 위기에 관한 중국 주식시장의 반성문

2015년 A증시에서는 레버리지, 유동성 스파이럴, 유동성 위기라는 세 낯선 용어가 천박한 풍요와 공포가 넘치는 재난 영화의 주연이었다.

2015년 A증시는 두고두고 사람들의 입에 오르내리며 기억될 운명이다. 기쁨의 봄날과 혼란스러운 여름 그리고 스산한 가을까지 1년도 채 되지 않는 기간에 중국 증시는 천박한 풍요가 넘치는 코미디 영화, 공포스런 재난 영화, 스릴 있는 첩보 영화를 번갈아가며 찍었다.

2014년 11월 중국 증시는 7년간 갇혀 있던 지지부진한 베어 마켓을 탈출했다. 2,487포인트에서 출발한 상하이 A증시의 종합지수는 숨 가쁘게 상승해 2015년 6월 12일 5,178포인트 고지에 올랐다. 반 년 동안 무려 200%나 상승한 것이다. 당시 중국의 무수한 투자자가 '진짜 1만 포인트까지 갈 수 있겠구나'라고 생각하며 부자의 꿈에 빠졌다.

그런데 2015년 6월 15일, 그러니까 증감회가 장외 신용융자 정리에 들어간 뒤 주식시장 변동성이 커졌다. 시장 전체가 폭락하는 가운데 무수한 종목이 우수수 하한가로 떨어졌고 종합지수는 1거래일 기준으로 몇 차례나 최대 낙폭을 갱신했다. 7월 8일 절반 이상의 상장기업이 거래를 일시 중단했을 때는 시장 유동성이 말라붙어 증권사는 파산 위험에 처하고 펀드사는 환매 압박을 받았다. 그때 많은 개인투자자가 평생 모은 돈을 제대로 써보지도 못한 채 허공으로 날려버렸다. 정부는 공포감과 망연자실함이 팽배한 증시를 안정시키기 위해 중국 증권금융주식유한공사〔이하 중국 증금공사〕를 설립하고 주식시장에 돈을 투입했다. 몇몇 대형 증권사도 자체적으로 증시를 구제할 선봉대를 조직했다.

하지만 투자자들은 막대한 자금을 쏟아 붓는 증시 부양책의 실효성에 의문을 제기했고, 시장은 다시금 등·하락을 반복했다. 통계에 따르면 6월부터 9월까지 주식계좌 수는 500여만 개에서 11만 3,300개가 줄어들었고, 총 16번의 무더기 하한가 사태가 발생했다. 6월 이후 증시 변동성은 급격히 높아졌다. 6월에서 9월까지 90일 동안 A증시 변동률은 1997년 이후 최고 수준이었는데 33거래일의 일중 변동폭이 평균 5%가 넘었다. 9월부터는 공황 상태에 빠진 증시 곳곳에서 모럴 해저드〔도덕적 해이〕 현상이 나타났다. 장위쥔·청보밍(程博明, 중신증권 사장–옮긴이)·쉬샹(徐翔, 전 상하이 저시 투자관리공사 사장–옮긴이)부터 메이옌지샹(梅雁吉祥, 중국의 국영 수력발전업체–옮긴이), 터리A(特力A, 중국의 자동차 오토바이 부속품 도매업체–옮긴이), 이스둔(伊世頓, 글로벌 무역회사–옮긴이)까지 내부거래와 시세 조작에 이어 경제 스파이 사건 등이 속속 수면 위로 떠올랐다. 이들 사건에 증권사, 펀드사, 관리감독기관 인사가 대거 연루되었음이 밝혀지자 대중의 분노·규탄·의심·동정의 목소리가 쓰나미처럼 주식시장을 뒤덮었다.

미친 듯이 쏟아지던 소나기가 그치고 마침내 겨울이 왔다. 이제 곧 봄이 올 것이다. 그러나 망각이 무조건 최고의 약은 아니다. 치유하지 못한 과거는 미래에 다시 반복된다. 한 해를 마무리하고 다음 해를 기다리는 동안 우리가 끝까지 캐물어야 할 것이 있다. 도대체 2015년에 무슨 일이 일어난 걸까? 무엇이 시가총액 수십조 시장을 그토록 초조하고 불안하게 만들었을까? 시장이란 오를 때가 있으면 내릴 때도 있는 법인데 왜 사람들은 유독 2015년 여름의 폭락장을 두려워했을까? 무엇이 2015년 여름의 폭락장을 다르게 만들었을까? 시간 순서에 따라 이번 폭락장의 키워드를 알아보자.

레버리지 강세장

2015년 중국 투자자들이 접한 낯선 용어가 있다. 레버리지! 레버리지 강세장, 레버리지 시장, 레버리지 붕괴…. '레버리지'라는 표현은 반복해서 사람들의 시야에 등장했다. 통속적으로 레버리지 투자란 투자자가 남에게 돈을 빌려 주식에 투자하는 행위를 말하며 흔히 돋보기처럼 투자수익과 손실을 크게 키운다.

가령 주식을 1만 위안어치 매수했는데 주가가 10% 올라 1,000위안을 벌었다고 해보자. 이때 수익이 났지만 투자자는 만족하지 않는다. 애초에 10만 위안어치를 매수했으면 1만 위안을 벌었을 것이 아닌가. 문제는 수중에 돈이 없다. 어떡하면 좋을까? 궁리 끝에 9만 위안을 대출받아 총 10만 위안을 투자하면 이것이 레버리지 투자다. 레버리지비율이란 총투자액과 자기자본비율을 말한다(10/1 =10). 만약 주가가 다시 10% 오르면 수익금은 무려 1만 위안이다! 1만 위안의 자기자본으로 1만 위안의 수익(대출이자는 없다고 치자)을 내면 수익률은 100%로 자그마치 기존 수익률의 10배다. 10배의 레버리지로 수익률을 10배 더 키우다니 이 얼마나 아름다운 투자방식인가! 그러나 시장 상황이 달라져 주가가 갑자기 10% 하락하면 투자금은 10만 위안에서 9만 위안으로 줄어든다. 이때 대출받은 9만 위안을 제하면 땡전 한 푼 남지 않는다. 이는 100% 손실이다. 레버리지를 이용하는 바람에 손해도 10배나 커졌다. 레버리지의 힘은 이처럼 대단하다. 레버리지는 투자수익과 손실을 확대하는데 레버리지비율이 높을 경우 레버리지 효과도 그만큼 더 커진다.

2014년 전까지 중국 주식시장에서는 레버리지비율이 낮았다. 자료에 따르면 2014년 하반기에 주식시장이 폭등하자 높은 수익을 노린 레버리지 자금이 대거 유입되면서 증시의 레버리지비율이 급속히 높아졌다. 레버리지 자금은 출처에 따라 크게 장내 신용융자와 장외 신용융자로 나뉜다.

장내 신용융자는 투자자가 증권사에서 돈을 빌려 주식을 매입하는 것이다. 중국은 시장 효율성을 높이기 위해 2010년 신용매수와 대주거래[10] 업무를 개방했다. 그렇지만 규모는 줄곧 작았는데 2014년 초까지 신용융자 잔고는 3,448억 900만 위안이었고 9월에는 5,000억 위안 정도였다. 그 이후 신용융자 잔고는 종합지수를 따라 가파르게 상승했다. 2015년 1월까지 종합지수가 2,235.51포인트에서 3,210.36포인트까지 상승하는 동안 신용융자 잔고는 2배로 늘어나 1조 1,300억 위안으로 증가했다. 춘절이 지난 뒤 시장 분위기가 더 달아오르자 신용융자 잔고도 덩달아 속도를 내 6월 초에는 2조 2,000억 위안으로 뛰어올랐다. 다시 말해 2014년 11월부터 2015년 6월까지 반 년 사이에 증권사에서 돈을 빌린 레버리지 자금이 거의 3배 가까이 늘었다. 같은 시기 상하이

A증시와 창업판지수는 각각 112.6%와 154.9% 올랐다.

장내 신용융자는 증권사 업무에 속해 증감회의 관리감독을 받는데, 증거금률은 30%고 레버리지비율은 상대적으로 온화한 수준(3배를 초과하면 안 된다)이다. 반면 장외 신용융자 상황은 많이 복잡하다. 장외 신용융자시장은 사각지대, 그러니까 관리감독을 받지 않는 곳에 존재하는 융자시장이다. 장외 신용융자를 받는 방법은 다양하며 신탁·상업은행·증권사가 만든 금융상품으로 받거나 융자회사를 통하거나 지분저당 등의 방식으로 받을 수 있다.

사실 중국 증시에서 장외 신용융자의 역사는 오래되었다. 1995년 투자자에게 주식투자 자금을 빌려주는 융자회사 진챠오다퉁金橋大通이 상하이에 설립되었다. 시장 규모는 민간대출이 발달한 지역, 예컨대 거의 저장성 사람들만 이용할 정도로 매우 작았다. 하지만 HOMS 시스템이 등장하면서 장외 신용융자시장은 빠르게 성장했다. 2012년 전문적인 자산 관리를 도모한 일부 사모펀드회사는 헝성恒生전자를 통해 HOMS 시스템을 개발했고 이를 2013년부터 사용하기 시작했다. HOMS 시스템은 자금을 여러 계좌에 나눠 유연하게 관리하는 것은 물론 주가를 판단하고 리스크를 관리하는 시스템이 완벽하다는 장점을 갖추고 있다. 이후 HOMS 시스템의 장점을 알아챈 일부 신용융자회사와 P2P[11] 금융회사가 이 시스템으로 '소리 소문 없이' 자금을 증시에 대거 투입하면서 장외 신용융자는 전성기를 맞았다. 여기에다 각종 장외 신용융자 소프트웨어와 디지털을 이용한 계좌 분산 기술이 발달한 덕분에 장외 신용융자 자금은 더 늘어났다.

대규모 민간 자금 외에 금리 시장화가 빠르게 진행되고 경기 하락과 함께 부실률과 부실계좌비율이 상승하면서 은행의 이익률이 떨어지자 은행과 신탁 자금도 위풍당당하게 장외 신용융자 대열에 합류했다. 특히 2014년 하반기부터 증시 열기가 달아오르자 장외 신용융자시장도 맹렬한 기세로 커졌다. 그러나 장외 신용융자는 투명성이 부족해 아직까지도 정확한 규모조차 구체적으로 밝혀진 바가 없다. 화타이華泰증권은 연구 보고에서 중국 주식시장의 장외 신용융자 규모는 1조 1,000억 위안에서 1조 5,000억 위안 사이인데, 이 중 절반이 은행의 재테크 자금인 것으로 추산하고 있다.

규모 외에 장외 신용융자의 레버리지비율도 아직까지 수수께끼다. 가령 인터넷 투자 플랫폼 HOMS 시스템은 모계좌에서 여러 개의 독립적인 자계좌를 만들어 자산을 분산할 수 있다. 즉, 장외 신용융자 자금은 계좌 분산으로 더 큰 레버리지 효과를 얻는다.[12] 우산신탁[13]은 높은 레버리지의 전형적인 예다. 융자회사에 흘러드는 자금은 대부분 은행에서 나오는데 레버리지 효과는 처음에 3배(많게는 5배)에서 단계를 거치는 동안 최고 9배까지 상승한다.

이 단계적 융자구조는 과거 미국시장에서 서브프라임모기지가 몇 단계의 금융 시스템을 거치며 레버리지 효과를 높인 원리와 유사하다. 후순위대출인 서브프라임모기지는 최종적으로 증권화한다. 그러면 투자금을 몇 배로 늘려주는 레버리지는 투자자에게 어떤 의미가 있을까? 한마디로 가격 변동폭을 키워 부의 효과를 높여준다. 주식시장이 가파르게 상승할 때 레버리지는 부의 신화를 더 쉽게 이루도록 도와준다. 2015년 3월과 4월 중국 주식시장의 월평균 수익률은 15.86%였다. 만약 3배 레버리지를 사용했다면 원금은 더 빨리 늘어났을 것이다. 창업판시장에 상장한 소형주는 며칠씩 상한가를 칠 때가 많은데 '강심장' 투자자(특히 초기 투자금이 적은 투자자)는 상한가로 날아가는 주식을 잡아

부를 기하급수적으로 늘린다. 이런 효과는 투자자가 레버리지를 더 적극적으로 이용하게 자극하는 한편, 레버리지의 '레' 자도 모르는 개미투자자도 장외 신용융자 대열에 발을 들여놓게 만든다. 레버리지는 시장수익률을 극대화하고 눈이 휘둥그레질 정도로 높은 수익률은 다시 더 많은 위험한 레버리지 자금을 시장에 끌어들이는 연쇄 반응을 일으킨다. 그 결과 중국에서는 2015년 춘절 이후 전 국민을 흥분으로 몰아간 '레버리지 강세장'이 나타났다.

2015년 3월부터 8월까지 신용융자 잔고와 상하이종합지수 추세는 상관계수가 0.904일 정도로 거의 일치했다(종합지수 추세와 장외 신용융자의 연관성은 주식시장이 상승할 때보다 하락할 때 더 높다. 하지만 아쉽게도 세부적인 자료가 부족해 하락장에서의 연관성은 정확히 계산할 수 없다).

유동성 나선형 위기

자산가격이 급락하면 레버리지 투자자는 원금 손실을 보고, 신규 자금 유입이 끊길 경우 시장에 유동성이 메말라 시장가격은 더 가파르게 하락한다. 이렇게 시장 유동성과 시장가격은 나선형 순환고리에서 지렛대를 사이에 두고 서로 영향을 주고받는다.

유동성 나선형 위기 높여준다. 같은 원리로 하락장에서는 당연히 손실을 더 키운다. 특히 레버리지 자금으로 물타기(매입한 주식의 가격이 떨어졌을 때 그 주식을 저가에 추가 매입해 평균 매입단가를 낮추는 것 - 옮긴이)를 했거나 잘못된 레버리지 투자 전략으로 원금 손실이 생겼을 때 시장이 급락하면 지렛대가 부러져 시장 전체가 충격을 받고 요동친다.

다시 앞의 예시로 돌아가 보자. 여러 번 설명했듯 레버리지를 이용하면 수익과 손실이 모두 극대화한다. 수중에 1만 위안이 있고 투자금을 늘리기 위해 융자회사에서 9만 위안을 빌려 주식을 샀다고 해보자. 이 경우 주가가 10% 오르면 원금 대비 100%의 수익을 올리지만[이자는 잠시 없는 것으로 치자], 주가가 10% 하락하면 100% 손실이 나 원금을 몽땅 날린다. 중국 속담에 "달걀은 바람에도 쉽게 깨진다"라는 말이 있다. 부富는 달걀처럼 쉽게 깨질 수 있으므로 투자 시 지나치게 욕심을 부리면 안 된다.

그럼 원금을 날리는 것으로 끝일까? 그렇지 않다. 일반적으로 돈을 빌릴 때[신용융자] 사람들은 보증금을 건다. 그 보증금 비율이 10%라고 가정해보자. 이는 담보물의 시장가격이 항상 빌린 돈의 10%[예시의 경우 9,000위안] 이상을 유지해야 함을 의미한다. 시장이 안정적일 때 자기자본 1만 위안과 빌린 돈 9만 위안의 비율은 11.1%다. 그러나 주가가 갑자기 5% 하락하면 총자산은 9만 5,000위안[100,000×0.95=95,000]이 되고 자기자본은 5,000위안만 남는다. 만약 보증금 비율이 10%를 밑도는데[보증금 비율은 5,000/90,000, 약 5.6%다] 부족한 보증금을 채워 넣지 않으면 주식을 강제로 일괄매도 처분하겠다는 융자회사의 전화를 받는다.

문제는 지금부터다. 주식시장이 강세일 때 사람들은 있는 돈, 없는 돈 다 끌어다 주식을 사기 때문에 여윳돈이 별로 없다. 그러면 어떻게 해야 할까? 다른 곳에서 돈을 빌리거나 보유한 주식을 팔아 현금을 마련하는 수밖에 없다. 주식을 팔 때 매수세보다 매도세가 강하면 주가가 지속적으로 떨어져 자신이 원하는 가격에 팔지 못하고 오히려 매도가를 계속 낮추고 만다. 이 경우 주가는 더 빨리 하락하고 주가 하락으로 보증금 비율이 더 낮아지면 더 많은 주식을 팔아야 해서 주가는 더 가파르게 하락한다. 주가가 떨어질수록 주식은 더 팔기 어려워지고 매도가를 낮출수록 주가는 더 가파르게 떨어지는 악순환이 일어나는 것이다.

익숙한 이야기가 아닌가. 2015년 6월부터 7월 초까지, 그러니까 중국 정부가 장외 신용융자 정리에 나선다고 발표한 이후 증시가 폭락하자 무수한 레버리지 투자자 주식이 강제로 매도되었다. 많은 주식이 개장과 동시에 하한가로 떨어져 팔고 싶어도 팔 수 없는 상황에 놓였고, 멘붕에 빠진 투자자들은 서둘러 주식시장을 떠날 준비를 했다. 주도주든 우량주든 너도 나도 주식을 내던져 모든 주가가 엉망이 되자 상장기업은 자사를 방어하기 위해 어쩔 수 없이 거래를 일시 중단하는 조치를 취했다.

당시를 생각하면 여전히 가슴이 두근거리고 모든 상황이 어제 일처럼 또렷이 기억나는 사람이 많을 것이다. 하지만 태양 아래 새로운 일이 있던가. 2007년 미국 서브프라임모기지 사태 때도 유사한 상황이 벌어졌다. 서브프라임모기지 리스크가 불거졌을 때 S&P500지수가 폭락하자 무수한 레버리지 투자자의 주식이 강제로 처분되었고, 신규 자금 유입 중단으로 유동성이 메마르자 주가가 더 크게 떨어지는 악순환이 일어났다. 지렛대 위에서 시장 유동성과 주가가 서로 영향을 주고받는 나선형 순환고리는 미국시장을 공황에 빠트려 위기를 부채질했다.

이것이 미국 금융위기 이후 프린스턴대학교의 마커스 브루너마이어Markus K. Brunnermeier 교수와 라세 페더슨Lasse H. Pedersen 교수가 제시한 '유동성 나선형 위기' 이론이다. 이들의 논리에 따르면 투자자에게 손실이 발생하고 투자 자금에 유동성 문제가 생겼을 때, 부족한 유동성을 메울 돈이 유입되지 않아 투자자가 보유 주식을 지속적으로 매도해 손실이 늘어나면 결국 투자자는 자금이 부족해지고 시장은 유동성이 부족해지는 유동성 나선형 위기에 빠진다. 이때 높은 레버리지는 시장에 연쇄 반응을 일으키는 방아쇠이자 확대기다. 자산가격이 하락할 경우 레버리지 효과로 손실이 더 커지고 모두가 서둘러 자산을 팔려고 하기 때문에 큰 폭의 가격 하락이 발생한다.[14]

유동성 나선형 유무의 차이

2015년 7월 6일부터 8일까지 그 3일간의 중국 증시는 지금도 꿈에 나올까 두렵다. 3일 연속 개장과 동시에 하한가를 맞는 종목이 속출하자 대형 사모펀드는 청산에 나섰고 공모펀드는 환매에 들어갔다. 장내 신용융자 물량도 대거 쏟아졌다. 거래를 일시 중지한 기업은 며칠 사이에 배로 늘었는데, 7월 8일에는 거래를 일시 중지한 기업이 전체 상장 기업의 절반 이상인 1,477곳이었다.

7월 초 중국 A증시 폭락은 유동성 나선형의 성격을 띤 증시 재앙이었다.

레버리지의 기적, 부자가 될 수 있다는 꿈, 4,000포인트는 불 마켓(Bull Market, 장기간에 걸친 주가 상승-옮긴이)의 시작에 불과하다는 꿈…. 절대다수가 달콤한 꿈에 빠졌을 때 또 다른 레버리지 악몽이 슬그머니 시작되었다.

당국은 6월 12일부터 장외 신용융자를 정식 통제하기 시작했다.[15] 돌이켜 생각하면 당시 당국이 장외 신용융자 정리에 들어간 것은 한창 고속도로를 달리는 차에 급브레이크를 건 것과 같다. 낡은 트럭이 규정을 초과해 짐을 싣고 시속 120km 속도로 고속도로를 달리는데 갑자기 100m 앞에 거대한 장애물을 세워놓고 강제로 차를 세운 셈이다. 낡은 트럭, 과적, 고속도로, 급브레이크 같은 조합은 누가 봐도 전복사고 징후로 보인다.

6월 15일부터 증시가 고점인 5,178포인트에서 급락할 때 가장 먼저 타격을 받은 것은 장외 신용융자 물량이다. 주가가 10% 하락하자 융자회사들은 곧바로 고객에게 증거금을 채우라고 요구했고, 경고선에 이른 일부 주식을 강제 매도했다. 강제 매도의 충격파는 연쇄 반응을 일으켰다. 매도 물량이 대량으로 나오자 주가는 한 단계 더 추락했고, 주가 하락으로 더 많은 신용융자 물량을 강제로 매도하면서 주식시장은 중심을 잃고 심하게 요동쳤다. 남의 돈을 빌려 주식을 산 사람들은 서둘러 현금화에 나섰고, 공매도 세력의 활개로 주가는 둑이 터진 것처럼 우르르 미끄러져 내렸다[당시 자료는 날마다 오전 10시 30분과 오후 2시 30분이면 큰 폭의 하락이 발생하고 하한가에 어마어마한 양의 매도 주문이 쌓였음을 보여준다. 이 현상은 거래 시스템에 따라 강제 매도가 이뤄지면서 발생했다[16]].

일반적으로 금융 증권 유동성은 증권의 현금화 능력을 가리킨다. 유동성은 시장의 건전성을 판단하는 중요한 지표다. 당시 시장 하락은 유동성 위기를 불러일으켰다. 특히 소형주의 유동성이 급격히 떨어져 많은 주식이 거래량 없이 하한가로 떨어졌다. 또한 신용융자 물량이 대거 강제 매도에 들어가면서 하한가로 주문을 넣어 하한가를 더욱더 굳혔다.

유동성의 나선형 악순환은 주가 하락, 대량의 매도 물량 출회, 주가의 추가 하락, 유동성 위축, 강제 매도 압박 증가 과정을 거친다. 그때의 시장 상황이 유동성 나선형이 맞는지 확인하기 위해 나는 6월 15일부터 하루도 빼놓지 않고 시장 유동성을 계산했다(아미후드Amihud의 가격 충격 측면의 유동성을 포함해 많은 유동성 지표를 이용했다). 그 결과를 보면 종합지수가 하락하자 레버리지 자금이 붕괴되고 시장 유동성이 급격히 떨어졌는데, 7월 8일의 시장 유동성은 6월 증시 재앙 이전의 평균 유동성보다 76.7배 낮았다.

일단 유동성 나선형이 형성되면 그것은 스스로 더 강해지는 동시에 시장의 신뢰를 완전히 무너뜨린다. 시장가격과 유동성이 서로 번갈아 가며 하락할 경우 종합지수가 시장의 심리적 지지대를 층층이 뚫고 내려가 시장을 향한 기대감이 극도로 비관적으로 바뀐다. 이처럼 기대감이 추가 하락 쪽으로 기울 때 펀드가 더 이상의 손실을 막기 위해 환매에 나서는 것은 필연적인 선택이다. 시장 유동성 위축으로(당시 많은 상장기업이 거래를 일시 중지했고 무수한 주식이 하한가로 떨어졌으며 매도 주문이 과도하게 많아 거래가 제대로 이뤄지지 않았다) 환매가 신속하게 이뤄지지 않으면 투자자들은 어쩔 수 없이 보유한 주식 중에서 아직 하한가를 맞은 적 없고 유동성도 상대적으로 좋은 우량주를 내다 팔아 현금을 마련한다. 그 무렵 시장에서 펀드 환매 소식이 끊임없이 들려온 것은 그만큼 투자자들에게 시장을 향한 기대감이 없었음을 의미한다.

이런 일련의 과정을 펀드런Fund Run이라고 부른다. 펀드런의 원리는 뱅크런과 어느 정도 비슷하다. 뱅크런은 시장에서 신뢰가 무너졌을 때 발생하는 전형적인 금융위기다. 다이아몬드-디빅 모형Diamond-Dybvig model에 따르면 다수의 은행 고객이 금융위기에 따른 공포심이나 관련 영향을 받고 일제히 은행에서 돈을 찾을 때 은행에 돈이 부족하면 뱅크런이 발생한다. 뱅크런은 은행을 유동성 위기에 빠뜨릴 뿐더러 심하면 파산으로 내몰고 이는 실물경제에 영향을 준다. 1929년 미국의 대공황, 1948년 국민당 정부의 경제위기는 같은 원리로 일어났다.

뱅크런과 유사한 펀드런은 시장의 하한가 파도를 상대적으로 우량한 개별주식까지 확산시킨다. 이 경우 직전에 호재를 발표해 상한가에 안착한 새내기 주식도 순식간에 하한가로 떨어지는데 묻지도, 따지지도 않고 많은 종목이 우르르 하한가를 맞는 현상은 시장의 신뢰를 무너뜨린다. 시장의 공포감을 알아보기 위해 바이두지수로 '증시 재앙'이라는 키워드를 검색한 결과 평소에는 200 정도인 지수가 7월 8일에는 28,421까지 올랐다.

시장가격이 계속 하락하면 사모펀드의 대규모 환매가 일어나 시장 유동성이 고갈되고 공모펀드들의 펀드런 러시가 발생한다. 시장이 공황 상태에 빠질 경우 호재도, 증시 구제책도 모두 소용이 없다. 스스로 끊임없이 강해지면서 진행 속도를 높이는 유동성 나선형 악순환은 7월 5일 높은 레버리지가 붕괴되자 시장 전체의 유동성을 말려버렸다.

증권사의 조치는 더 이상 통하지 않았고 무수한 종목이 개장과 동시에 하한가로 떨어졌다. 사모펀드와 공모펀드는 청산과 환매에 나섰으며 장외 신용융자 물량이 무더기로 쏟아졌다. 며칠 새에 거래를 일시 중지하는 종목이 배로 늘었다. 7월 6일 20.1%였던 거래 일시 중지 주식[581개 종목]이 7일과 8일에는 각각 1,351개와 1,477개로 늘어 전체 시장의 51.2%를 차지했다. 상장 주식 절반 이상이 거래를 일시 중지하는 것은 세계 증시 역사상 어디에서도 찾아보기 어려운 기이한 일이다. 그 어려운 일이 전 세계 시가총액 2위인 중국 증시에서 일어난 것이다.

시장 유동성이 커다란 저수지고 각각의 주식이 물줄기라면 7월 초는 수문이 대부분 닫혀 물이 찔끔찔끔 흐르는 상황이었다(많은 주식이 하한가로 떨어졌다). 즉, 시장 유동성이 거의 메말랐다. 금융시장에서 유동성 고갈은 자산을 현금화할 수 없는 리스크가 존재한다는 것을 의미한다(쉽게 말해 '영구적인 주주'가 되는 것이나 마찬가지다). 이러한 불확실성은 시장을 더 큰 공황 상태에 빠뜨리고 투자자의 엑소더스를 일으킨다.

유동성 나선형이 강해져 시장 구석구석까지 퍼지면 시장을 향한 신뢰는 사라지고 위험 기피 심리가 극도로 높아지면서 유동성 위기가 빠르게 확산된다. 유동성 위기를 해결하는 방법은 유동성이 고갈된 곳에 유동성을 직접 투입해 나선을 끊는 것이다. 7월 8일 저녁에 나온 증시 부양책, 즉 중국 증금공사가 21개 증권사에 2,600억 위안의 신용한도를 제공하겠다는 정책이 효과를 낸 것도 이 때문이다. 유동성이 마른 곳에 직접 유동성을 들이붓자 시장은 즉시 안정을 찾았다.

이것이 2015년 7월 폭락장의 진면목이자 여느 역사적 증시 재앙과 다른 점이다. 주식시장은 레버리지 사용이 비교적 보수적인 현물시장이다. 하지만 2015년 상반기에 중국 증시는 장외 신용융자와 장내 신용융자를 제대로 관리감독하지 못해 레버리지가 높아지고 기초 자산이 위험에 빠졌으며 유동성 나선형이 생기는 등 파생시장 같은 현물시장이 되고 말았다. 그 점에서 7월의 중국 증시 재앙은 미국의 1987년 블랙먼데이, 2008년 서브프라임 위기와 어느 정도 유사하지만 지나친 레버리지 사용으로 유동성 나선형 함정에 빠져 유동성 위기가 일어난 점에 차이가 있다.

레버리지 붕괴가 일으킨 '유동성 나선형'과 '유동성 위기'를 더 잘 이해하기 위해 2015년 8월의 극심한 변동성 장과 6월의 폭락장을 비교해보자. 한 달 반 동안의 신속한 레버리지 정리로 8월 장외 신용융자 물량은 거의 자취를 감췄고 장내 신용융자 물량도 절반 정도 줄어 레버리지 시장의 특징은 거의 사라졌다. 8월 11일에는 인민폐 가치가 대폭 절하되었는데 7~8월에는 연속해서 외환보유고가 줄고 경제지표가 악화되었다. 또 환율 절하와 경기 하락 전망 소식에 증시는 다시 연거푸 하락했다. 8월 24일 종합지수는 8.49% 급락했고 장중 2,927포인트까지 떨어져 8년 내 최대 낙폭을 기록했으며 2,000개가 넘는 종목이 하한가로 떨어졌다.

8월 증시 재앙은 7월 증시 재앙에 비해 하루치 낙폭이 더 크고 하한가 종목도 더 많다. 그러나 증시 관리감독기관과 정부는 크게 반응하지 않았다. 왜일까? 혹자는 죽은 돼지가 뜨거운 물에 데는 것을 겁내지 않는 것처럼 당국이 아예 시장의 관리감독을 포기한 게 아니냐고 말하지만 사실은 그렇지 않다.

지난 자료를 보면 7월 8일과 8월 24일 상하이종합지수가 각각 5.9%와 8.4% 하락했다. 주간 낙폭을 비교할 경우 8월의 시장 분위기는 결코 7월 초보다 '평화롭지' 않다. 그렇지만 레버리지 물량을 정리해 시장 유동성이 급속히 악화될 조짐은 보이지 않았다. 아미후드 방식을 적용한 유동성 지표에 따르면 유동성이 급격히 떨어진 7월 초와 달리 8월 24일을 포함한 주간은 유동성이 조금만 하락했다. 절반 이상의 기업이 거래를 일시 중지해 유동성 고갈 현상이 일어난 7월과 달리 8월 24일 전후로 거래를 일시 중지한 기업은 4~5월(평균 494개)과 비슷한 수준이었다. 추측건대 시장가격은 심하게 하락했지만 유동성에 문제가 없어 시장이 느끼는 공포감은 7월 초와 크게 달랐을 것이다. 이 추측이 맞는지 확인하고자 일부 지표를 토대로 7월 초와 8월 말의 '시장 투자자 정서'를 비교한 결과 7월 초의 시장 공포감은 8월 말보다 2배 이상 높았다. 이를테면 증시 재앙, 주식 투매 등의 키워드를 바이두에서 검색했을 때 7월 8일에는 2만 8,421개의 검색 결과가 나왔지만, 8월 24일에는 그 절반에도 미치지 못하는 1만 2,796개가 검색되었다. 이것이 유동성 나선형이 있는 증시 재앙과 유동성 나선형이 없는 증시 재앙의 차이다.

나중에 중국 증금공사는 증시 부양책을 내놓았으나 시장에 유동성을 직접 공급하지는 않았다. 대신 증금왕으로 변신해 대기업에 행차했다. 자료에 따르면 A증시에서 절반 이상의 기업이 '증금왕의 여인'이 되었다. 그러나 나라를 위해 주식을 매수하는 행위는 자칫 투자 손실은 물론 심지어 내부거래와 시세조종으로 이어질 수 있다. 왕의 여인들이 조심스럽게 은혜를 입는 동안 시장에선 각종 추측이 나돌고 투기와 급락이 반복해서 일어났다. 왕이 있으면 으레 왕의 사랑을 차지하기 위한 후궁들의 암투가 벌어지게 마련이다. 2015년 중국 증금공사의 증시 부양 조치는 한 편의 다이내믹한 궁중 암투극이자 중국 증시에서 가장 충격적인 조치였다.

중국 증시가 가야 할 길

그 외에 기상천외하고 전설적인 이야기가 더 있든 말든 시장에서 가장 혼란스럽고 속수무책이던 순간은 지나갔다. 시장에 만연한 유동성 위기는 7월 중순 풀렸고 젊고 무모한 중국 주식은 위기 속에서 성장통을 톡톡히 경험했다. 여기서 마땅히 묻고 넘어가야 할 질문이 있다. 왜 중국시장은 레버리지, 가격, 유동성의 관계를 잘 모를까? 6월 하순 증시 부양책을 발표한 뒤 왜 위기가 더 커졌을까? 왜 두 번, 세 번 반복해서 폭락장이 연출될까? 증시를 재건할 때는 급한 불을 끄는 것도 중요하지만 재앙의 근원을 찾아 미리 싹을 잘라버리는 것도 매우 중요하다.

먼저 6월의 증시 재앙 과정을 보면 음지에 있던 금융시장의 관리감독 분할 문제가 양지로 불거진 것이라는 점에서 '인재'라고 해도 과언이 아니다.

모두가 알고 있듯 6월에 증감회가 장외 신용융자를 엄격히 조사하면서 증시 재앙이 시작되었다. 왜 증감회는 그 시기에 조사를 시작했을까? 먼저 2015년 1월부터 5월까지 증시에서 레버리지 자금이 기하급수적으로 늘어났다. 장외 신용융자시장은 투명성이 매우 낮아 규모를 가늠할 수도, 레버리지비율을 파악할 수도 없다. 따라서 장외 신용융자 정리가 증시에 미치는 영향과 유동성 위기 발생 여부도 전혀 알 수 없다. 그다음으로 6월은 전통적으로 자금이 가장 빠듯한 달이다. 6월 말마다 상업은행은 지급준비율(금융기관이 고객 예금의 일정 비율을 중앙은행에 보관하는 비율-옮긴이), 예대비(대출을 예금으로 나눈 비율-옮긴이) 등 관리감독지표에 따른 심사를 받고 반기보고서를 제출하느라 예금 유치에 열을 올린다. 이에 따라 이 시기에 주식시장에서 돈이 빠져나가는 일이 주기적으로 일어난다. 2015년 상반기에 중국 증시가 활황 분위기를 타고 신주 발행 규모를 확대하자 대규모 신주 매수 자금 동결 조치가 내려졌다. 이 조치는 자금이 주식시장에서 은행으로 이동하는 것에 커다란 영향을 줬다. 설상가상으로 2015년 6월 중앙은행이 시장에 푼 4,550억 위안을 회수했다(MLF[17]로 5,400억 위안을 회수하고 850억 위안 규모의 역환매조건부채권을 발행했다). 자본은 빠듯한데 신용융자 잔고는 풍년

이고 긴장감이 팽팽한 시장에 누가 작은 돌만 던져도 큰 파도가 일어날 참이었다. 그런데 그 상황에서 증감회가 장외 신용융자 조사라는 화약을 터트렸다.

답답하고 궁금한 점은 왜 증감회가 조기에 장외 신용융자를 받은 높은 레버리지를 단속하지 않고 버블이 커질 대로 커진 뒤 갑자기 엄중한 조사라는 칼을 빼들었나 하는 점이다. 그 이유가 뭘까? 문제는 장외 신용융자 자금의 출처가 대부분 은행과 신탁이라는 데 있었다. 은행과 신탁은 은감회의 관리감독을 받으므로 증감회가 조사해도 높은 수준의 행정적 협조가 없으면 처벌할 수 없다. 이는 똑같은 천지회 분파라도 청목당 사람과 홍순당 사람이 충돌했을 때 진근남(소설 《녹정기》의 등장인물. 천지회 회주－옮긴이)이 나서지 않으면 저마다 소속 당이 달라 서로 함부로 건드리지 못하는 것과 같다.

관리감독 권한은 분리되었어도 시장은 하나다. 시장은 속이 뻥 뚫린 바다와 같아 해저의 어느 한쪽에서 땅이 흔들리면 파동이 전 해역으로 전달되고 심하게는 쓰나미가 일어난다. 금융시장이 발전하면서 관리감독의 경계 지점에 존재하는 관리감독 공백 문제를 어떻게 해결할 것인가는 정책 제정자들이 시급히 풀어야 할 숙제로 남았다.

한편 금융시장은 고유의 운행 로직이 있는 생명체다. 이는 국가의 의지가 결코 시장의 규칙이 될 수는 없다는 의미다. 그런데 레버리지 힘으로 강세장이 펼쳐진 중국 증시에는 국가 의지의 그림자가 곳곳에서 드러난다. 2015년 초부터 일부 관영매체와 업계 인사들은 '국가가 이끄는 강세장'이라는 용어를 빈번히 사용하며 강세장과 국영기업 개혁의 관계를 끊임없이 강조했다. 런민왕은 '4,000포인트는 강세장의 시작'이라고 주장했고 고위층 인사들은 이 주장에 힘을 실어줬다. 아마 많은 개인투자자가 이 말에 혹해 리스크 관리에 소홀했을 것이다. 중국인에게 관영매체의 태도는 국가와 정부의 의지를 읽는 풍향계로(확실히 그런 경향이 있다) 이들의 말은 정부의 말만큼이나 신용이 있다. 관영매체 보도와 관련 인사들의 발언은 은연중에 시장 정서를 열기를 넘어 광풍으로 몰아넣었고 사회 전체를 벼락부자의 꿈에 취하게 만들었다.

중국 증시는 국유기업의 어려움을 해결해야 하는 무거운 짐을 지고 태어났다. 하지만 국가의 의지는 결코 시장의 의지가 될 수 없다. 시장에는 자기만의 로직과 규칙이 있다. 빨리 발전하라고 힘을 가하거나 성장 속도를 통제하면 시장의 리듬이 깨지고 혼란만 더해진다. 모두가 알고 있듯 중국 증시는 변동성이 심하다. 앞서 지난 20여 년간 A증시 변동률을 나타낸 그래프를 살펴봤다. 이 중 주가 변동폭이 큰 달은 1995년 5월, 1996년 12월, 2000년 5월, 2005년 4월, 2007년 5월 등이었다. 그리고 극심한 변동성 뒤에는(비록 상한가로 올랐어도) 모두 국가 정책이나 국가 의지라는 손이 있었다. 이제 중국 증권시장이 걸음마를 배우던 때로부터 20년이 지났다. 그사이 증권시장은 아기에서 청년으로 성장했다. 마땅히 정부의 '가만히 있지 못하는 손'은 역사무대에서 퇴장해야 할 때다.

재앙이 지나가고 증시를 재건할 때 정부는 무얼 해야 할까? 2015년의 증시 재앙으로 중국 금융시장의 미시제도에 존재하는 많은 취약점과 왜곡된 부분이 극명하게 드러났다. 제도적 구멍, 관리감독의 빈틈, 입법 지연, 투자 교육 미흡 등 모든 것이 요술거울처럼 시장의 기이한 단면을 적나라하게 비춰주었다. 증시 재앙이 일어난 총체적 원인은 레버리지 통제에 실패한 데 있다. 직접적인 도화선은 투명하게 공개하지 않은 정보를 바탕으로 행정적 차원에서 성급히 레버리지 정리에 나선 일이다. 위기 전개 과정을 보면 장외 신용융자를 정리(레버리지 제거)하는 과정에서 유동성 나선형이 발생해 유동성이 고갈되었고, 유동성 고갈은 다시 시장의 신뢰를 무너뜨려 과도한 매도를 유발했다. 시장에서 끊임없이 금융을 혁신하는 금융기관과 달리 낙후된 관리감독 시스템, 관리감독 분할에 따른 거대한 정보 불균형, 시장규칙을 무시하는 국가의 의지, 시장을 취약하게 만드는 왜곡된 미시제도는 증시 혼란만 부추겼다.

중국 증시는 아직 가야 할 길이 멀고 험하지만 여전히 중국에서 가장 시장다운 곳이자 역사의 선물이다. 1990년대에 완전히 제로 상태에서 개방된 중국 증권시장은 성숙한 자본시장을 모방하며 금융의 길을 개척했다. 중국 증권시장은 "강남의 귤을 강북에 심으면 탱자가 된다"라는 고사성어처럼 제도적 환경과 배경 면에서 선진국 시장과 크게 다르다. 그러나 폐단이 오랫동안 쌓인 시장에 비해 역사적 짐이 없어 처음부터 시장 유전자와 피가 흘렀다.

중국 증시는 여전히 내부거래, 투기, 시세조종, 맹목적인 추격 매수 등 여러 면에서 부족한 점이 많다. 많은 투자자가 젊고 무모한 중국 증시에서 연거푸 비싼 대가를 치렀다. 하지만 미래가 기대되는 것은 왜일까? 부디 증시가 재앙의 후유증을 잘 견디고 계속해서 발전하길 바란다.

2015년 말 중국 자본시장에 은은히 온기가 도는 징후가 나타났다. 개인투자자는 증시 재앙의 파편을 맞고 고통스럽게 보낸 시간이 값싼 화젯거리로 전락하지 않게 교훈을 얻길 바란다. 또한 중국 증시가 거센 비바람을 이겨내고 수탉처럼 힘차게 울며 성숙한 시장으로 거듭나길 바란다.

증금공사의 증시 부양책은 성공적이었나?

시장에서 사는 사람과 파는 사람은 시장가격을 결정하는 양대 힘이다. 매매 과정에서 어느 한쪽이라도 제약을 받으면 가격이 제대로 형성되지 않고 거래도 정상적으로 이뤄지지 않는다. 2015년은 온갖 증시 부양책이 쏟아진 해다. 그러나 시장질서 보호라는 선의의 목적 아래 정상적인 매매 행위가 제한을 받자 큰 수익을 꿈꾼 공매수 세력은 척박해진 현실에 순응해 '선의'의 공매도 세력이 되었다. 현재로선 증금왕이 친히 증시를 구제한 행동이 어떤 결말을 맞을지 알 수 없다. 기억해야 할 것은 금융시장에 고유의 로직과 규칙이 있다는 점이다. 시장의 로직과 규칙은 어떤 왕도 미리 예측하고 통제할 수 없다.

2015년 7월 초 공포에 떨던 그때를 여전히 기억하는 사람이 있을지도 모르겠다. A증시에서 높은 레버리지가 일으킨 최초의 유동성 위기로 시장이 순식간에 공포로 가득해지자 개인투자자들은 황급히 주식을 매도하고 시장을 빠져나갔다. 더러는 매도시기를 놓치고 고점에 몰려 이러지도 저러지도 못한 사람도 있었다.

나중에 증금왕은 증시 구세군으로 등장했다. 2015년 7월 3일 증감회는 21개 증권사를 소집해 긴급회의를 열었다. 그 결과 각 증권사는 2015년 6월 말 기준 순자산의 15%를 출자해 우량주인 ETF에 투자하기로 결정했다. 각 증권사의 출자금을 모두 합한 금액은 1,200억 위안이었고, 7월 6일 11시 중국 증금공사를 통해 증시에 투입되었다. 기세등등한 증금왕 행차는 이렇게 서막을 올렸다.

증금왕이 등장하자 시장은 환호했다. 7월 6일 증금왕이 행차하기 이

전부터 시장의 기대감은 최고조에 달했고 투자자나 상장기업 모두 증금왕이 하루 빨리 시장에 당도하길 손꼽아 기다렸다. 다음 쪽의 표는 2015년 7월 4일과 5일 이틀 동안 실시한 설문조사 결과다. 표를 보면 당시 증금왕에 대한 투자자들의 기대가 굉장히 높았음을 알 수 있다.

마침내 왕이 행차했다! 이후 어떤 일이 벌어졌을까?

뒷이야기는 모두가 아는 그대로다. 증금왕이 사랑을 잔뜩 싣고 시장에 도착하자 왕의 사랑을 받고 싶어 한 여인들은 들릴 듯 말 듯한 목소리로 왕을 부르기도 하고 열정적으로 손을 흔들기도 했다. 이런 시장의 반응에 나는 고사 양차망행羊車望幸[19]이 생각났다.

삼국 이후 사마염〔司馬炎, 제갈량의 공성계(아군이 열세일 때 허장성세로 적을 빈 성으로 유인해 혼란에 빠뜨리는 계책 – 옮긴이)에 속은 사마의司馬懿의 손자〕은 위원제魏元帝를 폐위하고 스스로 왕위에 오른 뒤 진晉나라를 건국했다. 이어 동오를 무너뜨리고 전국을 통일했는데 전국을 통일한 김에 위나라와 오나라의 후궁들도 통일했다. 공처가인 그는 부인〔황후 양염〕이 살아 있을 땐 꾹 참았다가 나중에 혼자가 되자 전국에 '혼인 금지령'을 내리고 후궁을 더 뽑았다. 위나라와 오나라의 후궁에다 새로 뽑은 후궁을 더해 후궁만 거의 1만 명에 이르자 어느 후궁과 밤을 보낼지 고르는 것도 고민이었다.

그때 사마염은 제법 지혜로운 방법을 생각해냈다. 양이 끄는 수레를 타고 가다가 멈추는 곳에서 밤을 나기로 한 것이다. 그러자 한 후궁이 사마염을 모시기 위해 똑똑한 계책을 세웠다. 양이 짭짜름한 풀을 좋아하는 것을 알고 자신의 처소 앞 풀밭에 소금물을 뿌린 것인데 계책대로 양은 멈췄고 사마염은 그 후궁에 머물렀다. 그 뒤에도 사마염은 몇 날 며칠 동안 그 후궁에만 머물러 다른 후궁들을 크게 실망시켰다〔드라마

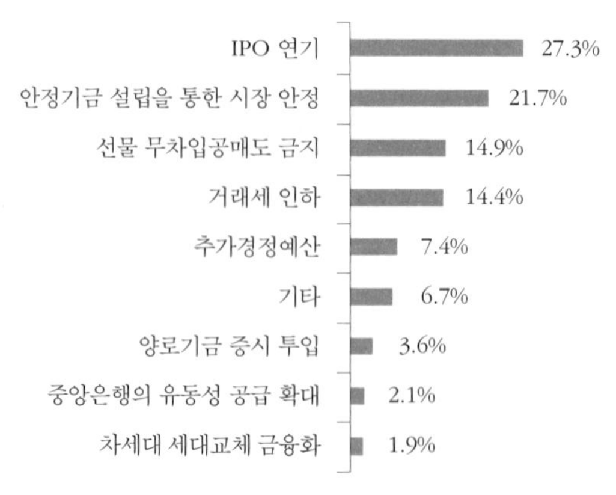

7월 4일 설문조사 결과

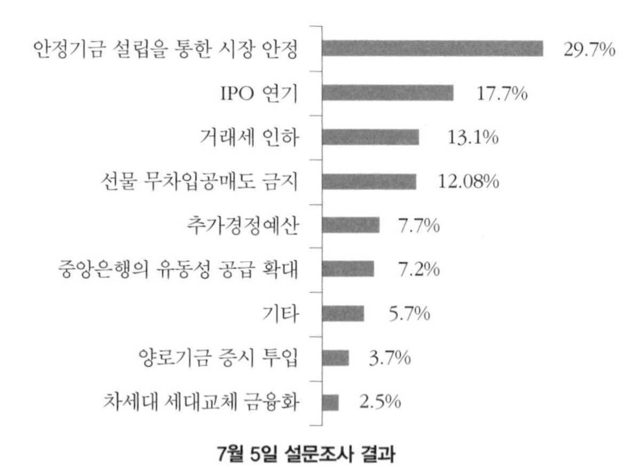

7월 5일 설문조사 결과

출처: 화얼제젠원, 루자쭈이陸家嘴 살롱, 푸단대학교 화폐금융연구중심이 공동 진행한 설문조사

〈옹정황제의 여인〉을 본 사람들은 잘 알겠지만 후궁들의 관계는 A증시만큼이나 복잡하고 골치가 아프다]. 시간이 흐른 뒤 그 후궁의 계책이 밝혀져 다른 후궁들도 모두 풀밭에 소금물을 뿌리거나 이를 응용한 방법으로 양을 유인했는데, 이를 양차망행이라 불렀다. 그러면 다시 원래의 주제인 증금왕의 증시 부양책으로 돌아가 보자.

먼저 생각해볼 점은 증금왕이 행차한 논리가 무엇인가 하는 점이다. 앞서 말한 것처럼 유동성은 자산을 현금화할 수 있는 정도를 가리키고 유동성이 고갈되면 자산을 팔 수 없다. 7월 초에는 날만 새면 주식이 하한가로 떨어져 매도하는 것이 아예 불가능했다. 또한 연속 하한가에다 1,000곳 가까운 상장기업이 거래를 일시 중지하는 바람에 거래량이 실종되고 A증시는 쥐 죽은 듯 조용해졌다. 이는 유동성 고갈의 대표적인 특징이다.

주가가 급락하면 공포성 투매가 일어나고 일부 신용매수 물량은 대규모 강제 매매를 진행한다. 지분저당, 신용매수, 대주거래로 잔뜩 높아진 레버리지를 주가 급락으로 급하게 정리하면 끔찍한 상황이 벌어진다. 즉, 시장의 모든 참여자가 마치 누가 더 빨리 매도하는지 시합하는 것처럼 서둘러 주식을 내던지는 탓에 유동성 고갈로 시장의 신뢰가 무너져 시장이 크게 동요한다.

7월 6일부터 8일까지 베이징대학교 증시재앙연구모임은 밤을 꼬박 새며 세부적인 이론과 데이터를 분석해 한 편의 연구 보고서를 작성했다. 이 모임은 보고서에서 A증시는 이미 '유동성 나선형'을 형성해 서서히 유동성이 부족해지고 있으므로 시장이 패닉에 빠지는 것을 막기 위해 유동성을 공급해야 한다고 지적했다. 이 모임이 명확히 밝힌 구제 대상은 종합지수나 한두 종목의 특정 주식이 아니라 유동성이었다.

두 번째로 생각해볼 점은 2015년 증금왕이 친히 시장에 행차한 것이 성공적이었는가 하는 점이다. 나와 박사 과정 학생들은 한 편의 학술논문에서 개별주식의 고빈도 데이터를 이용해 주식시장의 일중 유동성을 측정했다[명목 스프레드Quoted Spread 지표].

이 지표가 높아지면 시장 유동성이 떨어지고 낮아지면 시장 유동성이 증가한다. 6월 중·하순부터 7월 초까지 레버리지 붕괴로 A증시는 패닉에 가깝게 폭락하고 시장 유동성은 치명적인 타격을 받았다. 그런데 7월 8일 유동성이 최고 수준으로 높아졌다. 시장의 도미노 하락과 유동성 위기 확대를 막고자 증금왕이 시장에 자금을 투입했기 때문이다. 그런 의미에서 증금왕의 증시 부양책은 실패하지 않았다.

그렇다고 성급히 결론을 내리기엔 아직 이르다. 증금왕이 행차한 것은 시장 안정을 위해서였다. 그러면 2015년 7월 이후 A증시의 가장 큰 특징을 보자. 주식 변동성을 나타내는 지표 중에 '장중 변동폭'이라는 것

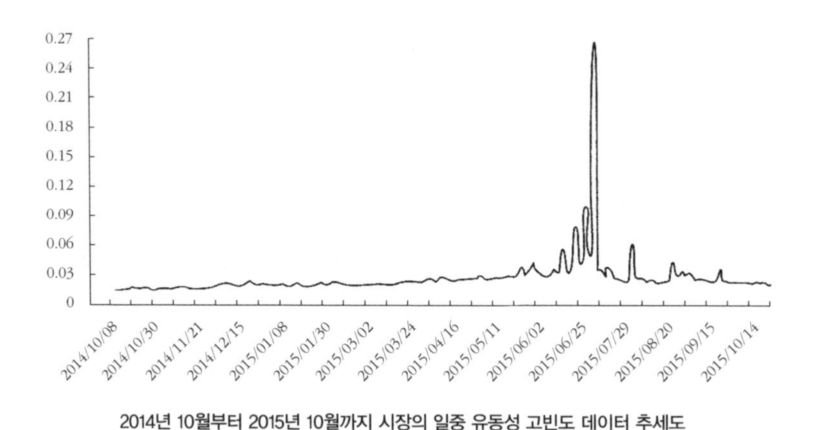

2014년 10월부터 2015년 10월까지 시장의 일중 유동성 고빈도 데이터 추세도

출처: Ya Tang, Jing Chen, Jianguo Xu and Daixi Chen, Margin Trading, Sudden Stop, and Liquidity Spiral: A Natural Experiment, Working paper.

이 있다. 장중 변동폭이란 장중 최고 주가와 최저 주가의 차이를 말하는데 차이가 클수록 변동성이 높다는 것을 의미한다. 2015년 1월부터 8월까지 상하이종합지수와 창업판지수의 장중 변동폭을 살펴보면 7월 이후 시장 변동성이 이전 몇 개월에 비해 2~3배 더 높다는 것을 알 수 있다. 구체적으로 6월부터 9월까지 100여 거래일 중 상하이종합지수와 창업판지수의 장중 변동폭이 5%를 초과한 날은 각각 26거래일과 36거래일이었다. 장중 변동폭이 8~9%에 달해 롤러코스터를 탈 때보다 더 '스릴'이 있는 거래일도 많았다.

이제 세 번째 문제를 생각해볼 차례다. 장중 변동폭은 왜 커졌을까? 증금왕이 행차한 뒤에도 왜 후궁들은 여전히 불안해했을까? 사실 정부는 증시를 부양할 때 어느 쪽을 선택해도 만족스러운 결과를 얻을 수 없는 딜레마에 빠진다. 그 이유는 부적절한 증시 부양책이 모럴 해저드를 불러일으킬 수 있기 때문인데, 이번에는 처음부터 이 문제가 불거졌다. 7월 6일 11시 모두가 학수고대한 증금왕이 증시에 '입장'했다. 현명한 투자자는 한 나라의 왕인 증금왕이 국가의 주식부터 구할 것을 알고 미리 은행, 중국석유천연가스(페트로차이나), 중국석유화공(시노펙) 등의 주식을 샀다. 이는 증금왕이 지수를 끌어올릴 때 같이 수익을 올리려는 전략이었다. 실제로 증금왕은 중국석유천연가스 주식을 29억 위안어치 매수해 종합지수를 끌어올렸다. 그런데 소형주가 많은 창업판 시장은 미친 듯이 하락했고 고점에 물린 투자자들의 주식을 강제로 매도하는 등 증금왕의 행차에도 안정을 찾지 못했다. 흥미로운 것은 증금왕의 성격이 정직하고 시원시원해서 다음 행보가 빤했다는 점이다.

"이제 짐은 지수를 끌어내릴 것이다!"

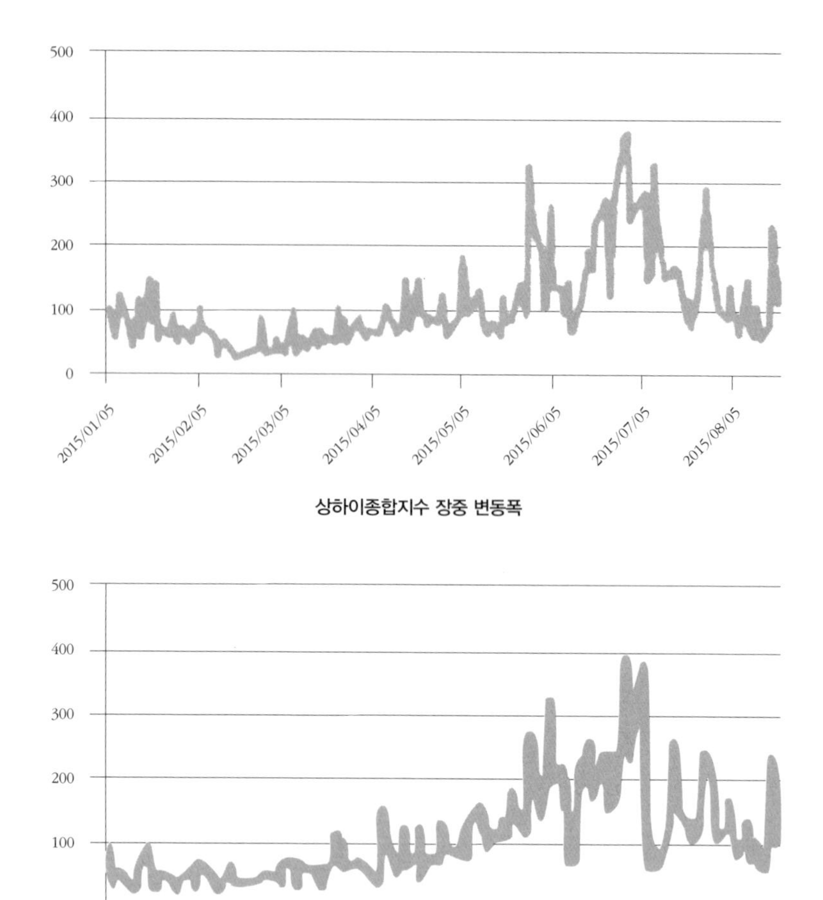

상하이종합지수 장중 변동폭

창업판지수 장중 변동폭

이것이 증금왕의 다음 행보였다. 시장의 움직임을 관찰한 현명한 투자자들은 증금왕이 3,500~4,000포인트를 고점으로 인식한다는 것을 파악하고 미리 대응해 수익을 챙겼다. 왕이 종합지수에 직접 개입하면 투자자에게 차익을 남길 기회를 제공한다. 가격 상·하한폭이 정해진 시장에서 투자자는 당연히 차익거래 기회를 잘 이용해야 한다. 그러나 차익거래가 늘어나면 시장 변동성이 커지고, 시장 변동성이 커지면 차익거래가 더 많이 일어나 증시가 롤러코스터를 타는 악순환이 발생한다.

이 밖에 증금왕의 직접적인 주식 매입은 투기를 조장할 수 있다. 많은 상장기업이 '왕의 여인'이 되기를 간절하게 바랐고, 투자자도 어떡하든 왕의 여인이라는 호재를 이용해 한몫 챙기고 싶어 했다. 증권사 역시 증금왕 호재로 재미를 보는 분위기에 슬쩍 끼었다. 8월 3일 메이옌지샹은 중국 증금공사가 당사의 1대 주주가 되었다고 공시했다. 명실상부한 왕의 여인이 된 뒤 메이옌지샹의 주가는 날개를 달았고 10거래일 동안 152%까지 상승해 사측에서 세 번이나 급등 사유가 없다고 발표하는 해프닝이 벌어졌다. 하지만 화무십일홍花無十日紅이라 했던가. 8월 19일부터 메이옌지샹은 4거래일 연속 하한가로 떨어져 주가가 10.8위안에서 4.99위안까지 50% 이상 주저앉는 극적인 폭락을 연출했다. 한순간에 메이옌지샹이 대장 요괴주(작전주 – 옮긴이)가 되고 시장에 제2, 제3의 요괴주가 속출하자 시장은 한바탕 혼란에 빠졌다. 여기에다 증시 관리감독기관과 부양기관의 고위 인사들이 내부 정보를 이용해 대거 도둑질한 사실이 드러나면서 시장은 혼란을 넘어 충격에 빠졌다.

이후 1년 동안 투자자들은 증금왕이 증시에서 갑자기 발을 뺄까 걱정했다. 2016년 일사분기 말까지 중국 증금공사는 483개 상장기업의 10대 주주 명단에 이름을 올렸다. 중국 증금공사가 보유한 680억 7,500만 주를 돈으로 환산하면 5,335억 1,400만 위안이다. 증금왕이 장기투자할지 아니면 단기차익을 거두고 나올지 현재로선 알 수 없기에 시장은 늘 증금왕의 일거수일투족에 온 신경을 기울인다.

2015년 증시 부양 과정을 되돌아볼 때 떠오르는 흥미로운 단어가 있다. 그것은 '공매도 세력' 때리기다. 7월 10일 이후 관리감독기관의 증시 부양책을 정리해보면 공매도 세력이 함부로 주식을 매도하지 못하게 증감회가 필사적으로 이들의 목을 조였음을 알 수 있다. 언뜻 볼 때 주식을 사는 사람도 없고 파는 사람도 없으면 아무도 상처받지 않으니 모두에게 좋을 것 같다. 아무도 주식을 팔지 않으면 주가가 우르르 떨어질 일도 없다.

그렇지만 시장이 어디 그렇게 돌아가는가? 투자자가 주식을 매수하는 목적은 소장하는 것이 아니라 돈을 버는 데 있다. 만약 주식을 마음대로 매도할 수 없으면 투자자는 당연히 매수를 망설인다. 현실적으로 시장에서는 파는 사람이 있어야 사는 사람도 있는 법이다. 사는 사람과 파는 사람은 시장가격을 결정하는 양대 힘이다. 매매 과정에서 어느 한쪽이라도 제약을 받으면 가격이 제대로 형성되지 않고 거래도 정상적으로 이뤄지지 않는다. 중국 정부는 온갖 증시 부양책을 내놓았다. 그러나 시장질서 보호라는 선의의 목적 아래 정상적인 매매 행위가 제한을 받자 큰 수익을 꿈꾼 공매수 세력은 척박해진 현실에 순응해 선의의 공매도 세력이 되었다.

문득 1987년의 미국 증시 부양책이 생각난다. 블랙먼데이로 불리는 1987년 10월 19일 펀더멘털에 큰 문제가 없는 상황에서 갑자기 다우지수가 508.32포인트, 즉 무려 22.6%나 급락했다. 미국의 블랙먼데이와 2015년 중국 A증시 폭락장에는 서로 비슷한 점이 있다. 둘 다 시스템 매매와 높은 레버리지로 주가가 내렸고 '주가 하락, 매도, 유동성 이상, 투매, 주가 폭락'의 악순환이 일어났다.

시장의 불안감이 실물경제에 전이되는 것을 막고 시장을 빨리 지혈

일자	발표기관	증시 부양 조치
2015.7.12.	증감회	증감회 공고[2015] 19호: 기율을 위반한 증권업무 활동 정리에 관한 의견
2015.7.13.	증감회	헝성전자에 대한 감사 착수
2015.7.20.	증감회	증감회가 증시 안정자금 출구 전략을 놓고 고심 중이라는 《차이징財經》의 보도 부인
2015.7.27.	증감회	'국가대표팀'의 시장 철수 소문과 더 이상 증시 부양책은 없다는 여론 부인
2015.7.28.	증감회	7월 27일 증시의 이상 하락에 대한 감독 조치
2015.7.31.	증감회	수수료 차등화로 이상 거래에 대한 관리감독 강화
2015.7.31.	증감회	등기자본제도 개혁 착수 및 관련 규정 수정 결정
2015.7.31.	증감회	수상한 시스템 매매 계좌 감독과 이상 매매 특징을 보이는 계좌 거래제한 조치
2015.7.31.	증감회	정보공시 기율을 위반한 상장기업 처벌 강화
2015.7.31.	증감회	규정 위반과 지분 감소에 대한 법 집행 상황 통보
2015.8.7.	증감회	내부거래 단속 강화
2015.8.14.	증감회	증권선물경영기구의 IT기술 특별 점검 돌입
2015.8.14.	증감회	중국 중앙회금투자공사에 주식 일부 양도
2015.8.21.	증감회	불법적으로 지분을 줄인 상장기업 대주주 및 실질적인 지배인 엄벌
2015.8.21.	증감회	증권경영기구의 대외 개방 확대

2015년 7월 10일 이후 증감회의 증시 부양 조치

하기 위해 미국 정부는 증시 부양에 나섰다. 당시 증시 부양은 비교적 성공했다는 평가를 받는다. 1987년 10월 20일 미국 연준은 경제와 금융 시스템을 보호하고자 개장 전에 유동성을 공급하고 증권사에 상업은행 대출 업무를 지원했으며, 상장기업에 자사주 매입자금을 제공할 모든 준비를 마쳤다고 긴급 성명을 발표했다. 그 외에 정부 채권을 대규모 매수하는 방식으로 금리를 낮춰 시장에 충분한 유동성을 제공하고, 10월 20일 시카고상품거래소와 선물거래소의 거래를 일시 중지해 주가지수선물과 상품선물이 시장에서 악순환을 일으키는 것을 막았다. 정부, 연준, 증권거래위원회, 은행의 합동 작전은 시장의 공포감을 빠르게 잠재우고 분위기를 서서히 끌어올려 유동성 구제에 성공한 대표적인 사례로 남았다. 이처럼 미국 정부가 유동성을 공급하는 과정에 미국판 증금왕의 그림자는 보이지 않았다. 강조하자면 유동성을 구제하는 것은 결코 '주식 매수+종합지수 견인'과 같지 않다.

여전히 A증시에는 증금왕의 거대한 그림자가 드리워져 있다. 증금왕의 증시 부양을 어떻게 평가해야 할까? 확실한 것은 금융시장에는 고유의 로직과 규칙이 따로 있다는 점이다. 시장의 로직과 규칙은 어떤 왕도 미리 예측하고 통제할 수 없다.

서킷브레이커라는 바이러스

2,000여 년 전의 저서 《안자춘추晏子春秋》에는 "귤은 화이난[회남]에서 자라면 귤이 되고 화이베이[회북]에서 자라면 탱자가 된다. 둘은 잎사귀의 생김새는 비슷하나 열매의 맛은 서로 다르다. 왜일까? 물과 흙이 다르기 때문이다"라는 대목이 나온다. 제도는 생물의 일종이라 자신에게 맞는 환경에서만 좋은 제도로 남는다. 좋은 제도도 토양이 바뀌면 다른 과일이 된다.

2016년 여름의 끝자락에 이르자 단명한 서킷브레이커제도는 역사의 먼지가 되었고, 관리감독기관은 일찌감치 새로운 피를 수혈받아 다시 태어났다. 계절의 변화를 앞둔 이때 불현듯 2016년 1월 4일, 그러니까 중국 주식시장에서 겨우 목숨을 부지하고 있던 부추들이 서킷브레이커에 무참히 잘려나간 새해의 첫 거래일이 생각난다.

초미세먼지 수치가 겨우 20이던 그날 나는 혼자 운동장을 한가로이 거닐다가 A군을 만났다. A군이 물었다.

"교수님, 폭락장에서 잘려나간 부추들을 위해 글을 쓰신 적 있어요?"

내가 없다고 대답하자 A군은 정중하게 말했다.

"이번에 써보는 게 어때요? 잘려나가기 전에 교수님 글을 좋아한 부추들도 많았을 거예요."

서킷브레이커에 우수수 잘려나간 부추들은 안녕할까? 2016년 1월

4일 1시 13분으로부터 시간이 꽤 흘렀으니 지금쯤이면 부추들에게도 망각의 구세주가 강림했으리라. 다음의 서킷브레이커 이야기는 한창 성장 중인 이 어린 부추가 준비한 제수용품이다. 비록 변변치 않지만 일찍이 잘려나간 부추들의 넋을 기리며 영전에 바친다.

서킷브레이커의 과거와 현재

블랙먼데이라 불리는 1987년 10월 19일 미국 다우지수가 22.6% 하락하고 뉴욕증시에서 5,000억 달러가 증발해버렸다. 그러자 대통령과 연준 의장까지 나서서 미국 경제의 기초 체력이 튼튼하다고 밝히는 진풍경이 벌어졌다. 미국의 관리감독기관도 그날의 비이성적 파동에 주목하며 어떻게 하면 변동성이 큰 시장에서 맹목적인 추격 매수와 투매를 막고 투자자를 안정시킬지 고민하기 시작했다.

1년의 연구, 관찰, 준비 끝에 뉴욕증권거래소NYSE는 시장가격[이를테면 주가지수]이 일정 수준 이상으로 오르내릴 때 시장의 모든 거래를 일시 중지하는 서킷브레이커제도를 도입했다. 이것은 일종의 회로 차단기다. 과학시간에 배운 대로 회로 차단기는 전기를 안전하게 쓰기 위해 과전류가 흐르거나 합선되어 퓨즈가 끊어졌을 때 회로를 차단하는 장치다. 시장가격 변동폭이 지나치게 높을 때 거래를 일시 중지하는 것은 회로 차단기의 작동 원리와 완전히 일치한다. 실제로 중국은 종종 서킷브레이커를 '회로 차단기 시스템'이라 부른다.

뉴욕증권거래소가 서킷브레이커제도를 도입하자 많은 논란이 일었다. 2013년 노벨경제학상을 받은 유진 파머Eugene F. Fama는 "주식을 팔고 싶어 하는 투자자들이 서킷브레이커가 걸리기 전에 서둘러 매도하려 해서 서킷브레이커 발동 시기가 더 앞당겨질 것이다"라고 말했다. 레스터 텔서Lester G. Telser 시카고대학교 교수는 "가격이 더 좋아질 때까지 매수 대기자가 매매를 연기해 서킷브레이커가 더 빨리 발동될 것"이라고 했다. 이는 훗날 광범위한 논쟁을 불러일으킨 서킷브레이커의 자석 효과(시세를 확신하지 못하고 시장 분위기에 편승해 매매하는 것–옮긴이)를 걱정한 것인데, 실제로 2016년 1월 초 A증시에서 이 효과가 강력하게 나타났다.

2015년 12월 4일 중국 3대 거래소[상하이증권거래소, 선전증권거래소, 금융선물거래소]는 개별주식의 상·하한가제도를 유지하는 동시에 2016년 1월 1일부터 서킷브레이커제도를 실시한다고 발표했다. 이 제도를 간략히 설명하면 상하이·선전300지수가 [전 거래일에 비해] 5% 이상 상승하거나 하락하면 국채선물을 제외한 모든 금융 거래를 15분 동안 일시 중지하고, 7% 이상 상승하거나 하락하면 장 마감까지 모든 거래를 완전히 중단하는 것이다.[20]

2016년 1월 4일의 상황은 이랬다. 상하이종합지수는 개장 초부터 많은 사람이 예상한 대로 4% 넘게 떨어졌다. 비록 전 분기에 주가가 많이 상승했지만 경제 펀더멘털은 더 이상 버틸 수 없을 정도로 참혹했고, 인민폐 환율은 평가절하 압박을 받았다. 증시 부양 기간 동안 묶여 있던 대주주와 임원들의 매각기간 제한도 곧 풀려 시장은 큰 부담을 느꼈다.

10시쯤부터 서킷브레이커에 관한 정보[혹은 루머]가 시장에 바이러스처럼 퍼지기 시작했다. 공포감을 누그러뜨리려 도입한 제도였으나 시장 정서가 극도로 취약하다 보니 서킷브레이커는 오히려 개인투자자들을 공포에 빠뜨렸다. 그 결과 점심시간이 끝나고 오후에 재개장했을 때 심상치 않은 매도 분위기를 타고 13분 만에 상하이·선전300지수가 5% 하락하자 거래소는 서킷브레이커를 발동했다. 규칙에 따라 시장의 모든 거래는 15분 동안 중단되었다.

짧다면 짧고 길다면 긴 침묵의 15분 동안 투자자들은 얼마나 불안했을까? 팔까 말까 고민하던 투자자는 놀라서 얼른 팔아야겠다고 마음먹었을 테고, 살까 말까 망설이던 투자자는 사지 않고 관망하기로 결정했을 것이다. 투자자 구조를 고려할 때 중국 A증시에서 절대다수를 차지하지만 전략적이지 못한 개인투자자가 할 수 있는 최선이자 유일한 선택은 대세 따르기다. 15분이 흐르자 투자자들은 앞뒤 재지 않고 너도나도 "팔자!"를 외치며 서킷브레이커에 충성을 다했다.

시장은 매도 쪽으로 확 기울었다. 거의 모든 종목의 주가가 추풍낙엽처럼 떨어졌고 그래프의 하락 각도는 80도에 달했다. 장 재개 후 6분 만에 상하이·선전300지수가 다시 7%의 문턱을 넘자 A증시는 평소보다 1시간 30분 빨리 장을 마감했다(오른쪽 그래프).

이후 중국 A증시에서는 서킷브레이커, 자석 효과 같은 어려운 용어가 광범위하게 쓰였다. 관리감독기관은 고심 끝에 이 제도를 도입했으나 개인투자자들은 뜻하지 않게 스릴 있고 에너지 넘치는 '실시간 금융 수업'을 받고 패닉에 빠졌다. 반면 연구거리가 늘어난 금융학자들은 환호했다. 2015년 6~7월의 유동성 나선형[증시 재앙]부터 2016년의 자석 효과까지, A증시는 금융 이론을 실증하는 연구에 계속해서 비옥한 토양을 제공했다. 이른바 국가불행시가행(國家不幸詩家幸, 국가의 불행은 시인의 행복-옮긴이)이다. 이 정도 연구 추세면 중국 금융업이 영국을 추월하고 미국을 따라잡을 날도 머지않아 보인다.

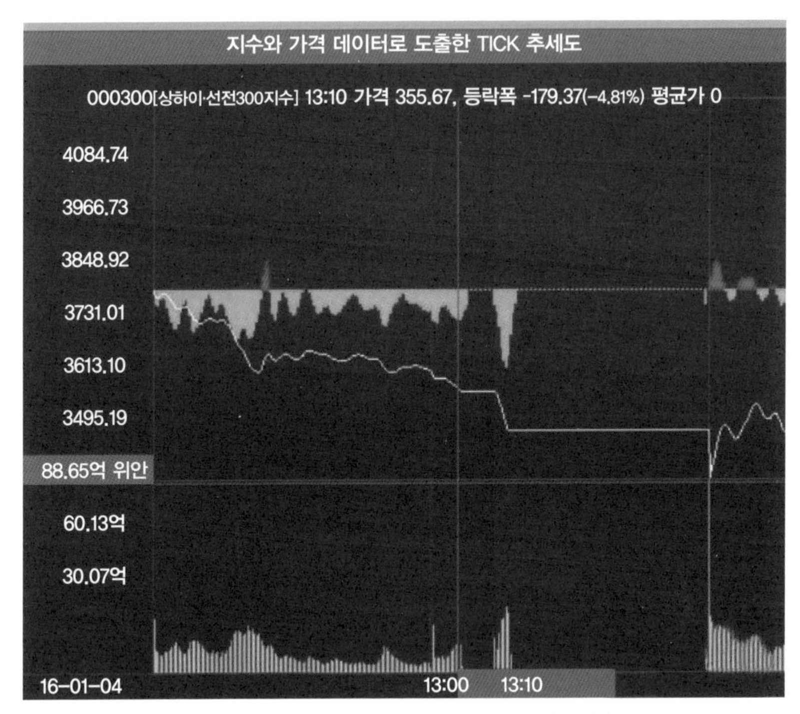

서킷브레이커가 두 번 발동하는 동안 일어난 절벽식 하락

동시성, 추종, 떼거리 행태

2015년 증시 재앙을 겪은 A증시는 2016년 서킷브레이커제도를 도입했다. 이는 미국이 1987년 증시 재앙을 겪고 1988년 서킷브레이커제도를 도입한 것과 비슷한 행보다. 자료에 따르면 미국시장은 서킷브레이커제도를 도입하고 네 번의 가격 변동폭 조정 끝에 7%, 13%, 20%의 3단계 문턱을 설정했다. 앞의 두 문턱을 넘으면 거래가 15분 동안 일시 중지되지만 20% 문턱을 넘으면 당일 거래가 완전히 중단된다.

미국 증시 역사에서 서킷브레이커는 도입 이후 1997년 10월 27일 정식으로 딱 한 번 발동했다. 다시 말해 약 6,000거래일 동안 겨우 한 번 발동했다. 발동 원인은 '낮은 확률 이벤트'[21] 때문이다.

1988년 이후 미국에서 딱 한 번만 발동했다고 하면 사람들은 '서킷브레이커제도가 대규모 증시 재앙을 효과적으로 막는구나'라고 생각한다. 2015년 폭락장을 경험한 뒤 중국시장에서는 과도한 변동성을 막고자 하는 열망이 활활 타올랐다. 이때 강한 압박을 받은 3대 거래소는 2015년 9월 7일 서킷브레이커제도 도입에 관한 초안을 작성하고 약 3개월 뒤인 12월 4일 정식으로 이 제도의 도입을 추진했다. 결국 그 제도는 2016년 1월 4일부터 시장에 적용했다. 제도를 구상하고 실시하기까지 90일이 채 걸리지 않았으니 이 정도면 거의 신들린 속도로 일을 추진한 셈이다.

두말할 것 없이 세계적인 선진 경험은 훌륭하다. 하지만 강남의 귤이 강북에 가서 탱자가 되지 않게 하려면 그 경험이 성장한 토양도 함께 살펴야 한다. 미국 증권시장은 이 행성에서 가장 크고 완벽한 제도를 갖춘 자본시장이다. 역사가 100년이 넘었고 기관투자자의 참여도가 높아 안정적이며 주가에 시장 뉴스를 잘 반영하는 한편 추격 매매가 성행하지 않는다. 물론 상·하한가제도도 없다.

젊고 무모한 A증시에 비해 미국 증시는 오르내림이 평온하다. 예를 들어 시장의 과도한 변동성을 막고자 따로 상·하한가제도를 두지 않는 미국시장의 월평균 변동성은 1995~2014년 4.26% 정도였다. 반면 상·하한가제도가 있는 중국 A증시의 월평균 변동률은 같은 기간 미국시장보다 2배 가까이 높은 8.36%였다. 특히 2015년 이후 A증시의 변동성은 거의 심장병 환자의 심전도 수준이다.

검색엔진 바이두의 고빈도 데이터로 살펴본 결과 2015년 6월 29일부터 7월 10일까지 2주 동안 서킷브레이커 발동 기준을 충족한 횟수는 10회였다. 변동성이 높은 시장에서 서킷브레이커의 발동 문턱을 너무 낮게 설정한 것은 상식적으로 이해하기 어렵다. A증시는 반복해서 서킷브레이커를 발동할 수밖에 없었는데, 자석 효과와 떼거리로 인해 1차 서킷브레이커 문턱인 5%를 넘으면 7%까지는 금세 하락하고 만다. 이것이 이른바 '낮은 확률 이벤트'다. 시장의 혼란을 초래한 서킷브레이커는 2016년 1월 8일 당국이 잠정 중단 결정을 내릴 때까지 며칠 동안 A증시에 일상적인 일이었다.

관리감독기관은 지나치게 평온한 시장을 꿈꾼 나머지 기본적인 금융 상식을 잊었다. 금융학의 많고 중요한 개념 중 동시성, 추종, 떼거리 행태라는 것이 있다. 현대금융 이론에 따르면 주가를 결정하는 것은 해당 기업의 미래 현금흐름이다. 시장이 효율적이면 기업의 미래 현금흐름 뉴스는 모두 주가에 빠르게 반영되고, 기업마다 그 흐름 예측이 달라 주가는 서로 다른 추세를 보인다. 다시 말해 주가의 동시성이 낮아진다.

그러나 시장에 불확실성이 커져 뉴스가 주가에 효과적으로 반영되지 않으면 방향성이 만들어진다. 일단 하나의 추세가 생길 경우 투자자는 다른 투자자를 모방하거나 따라가기 바쁘고(종합지수가 내려가면 다 같이 우르르 팔고 올라가면 따라서 매수하는 일이 늘 발생한다), 모든 주식은 우량성에 상관없이 다 함께 오르거나 빠진다. 중국 A증시는 전 세계에서 동시성이 매우 높은 자본시장 중 한 곳이다.

동시성이란 개별주식과 종합지수가 운명 공동체처럼 고락을 함께하는 것을 말한다(무수한 종목이 하한가로 떨어지면 종합지수는 대개 5% 이상 급락한다]. 같은 맥락에서 종합지수의 서킷브레이커제도와 개별주식의 상·하한가제도는 외모는 다르지만 유전자는 같은 이란성 쌍둥이나 마찬가지다.[22] 하지만 한 내부 인사는 국가위생계획출산위원회 직원이 아니면 '콘돔+정관수술'의 이중 피임법 효과를 잘 모르는 것처럼 일반투자자가 두 제도의 미묘한 효과를 느끼긴 어려울 것이라고 말했다.

이 밖에도 상·하한가제도는 줄곧 시장의 유동성을 해친다는 비판을 받아왔다. 2015년 레버리지가 붕괴되고 주가가 급락할 때 하한가에 강제 매도 물량이 쏟아지면서 시장 유동성은 크게 타격을 받았다. 최근의 연구와 시장 상황을 고려할 때 상·하한가제도가 중국 증시의 변동성과 유동성에 부정적 영향을 준다고 단정할 수는 없다. 그러나 5%와 7%의 문턱이 있는 서킷브레이커제도는 개별주식뿐 아니라 시장 전체의 변동성과 유동성에 큰 영향을 준다. 기존 제도의 효용성에 의문이 있는 상황에서 더 급진적인 정책을 성급히 추진하면 넓은 범주에서 시장 변동성을 합리적으로 조절하기가 더 어려워진다. 이상은 높지만 현실은 참혹한 중국의 상황이 안타깝다.

2,000여 년 전의 저서 《안자춘추》에는 "귤은 화이난에서 자라면 귤이 되고 화이베이에서 자라면 탱자가 된다. 둘은 잎사귀의 생김새는 비슷하나 열매의 맛은 서로 다르다. 왜일까? 물과 흙이 다르기 때문이다"라는 대목이 나온다. 제도는 생물의 일종이라 자신에게 맞는 환경에서만 좋은 제도로 남는다. 좋은 제도도 토양이 바뀌면 다른 과일이 된다.

5. 부동산 버블과 인구 충격

미국 중앙정보국CIA이 발간한 《월드 팩트북The World Factbook》의 최신 자료에 따르면 기혼여성의 평균 자녀 출산율 차트에서 하위 5위를 차지한 국가는 중국-타이완(0.9), 중국-마카오(0.91), 중국-홍콩(0.97), 싱가포르(1.09), 중국 대륙(1.22)이다. 전 세계 출산율 하위 5개국에는 공교롭게도 중국인이 사는 국가와 지역이라는 공통점이 있다. 역사적으로 중화민족은 세 가지 불효 중 자손이 없는 것을 가장 큰 불효라고 생각했다. 한데 어쩌다가 그 후손들은 자식을 많이 낳지 않게 되었을까?

2015년 11월 중국을 뜨겁게 달군 뉴스는 뭐니 뭐니 해도 '1가구 2자녀 전면 허용'이다. 이와 관련해 많은 사람이 인터넷에 자기 의견을 짤막하게 올렸다. 그중 어떤 사람은 "상반기에는 주가 하락 막느라 바쁘고 하반기에는 국민이 아이 낳게 만드느라 바쁘고, 정부도 참 쉴 틈이 없겠다"라고 위트 있게 비꼬았다.

일부는 1가구 2자녀 정책이 중국의 노령화 속도를 늦추고 GDP를 0.5% 높이는 효과를 낼 것이라고 전망했다. 그러나 많은 사람이 1가구 2자녀 정책의 주요 대상은 1970년대와 1980년대에 태어난 세대인데, 두 세대의 최저 연령이 이미 최적의 출산시기가 지난 30대 중반인 점을 들어 정책 실효성에 의문을 제기했다. 여기에다 양육비 때문에 아이를 낳고 싶어도 능력이 따라주지 않아 못 낳는 사람이 많을 것이라는 의견도 눈에 띄었다.

전 세계 각 나라와 지역 상황을 살펴보면 흥미로운 점이 나타난다. 미국 중앙정보국이 발간한 《월드 팩트북》의 최신 자료에 따르면 기혼 여성의 평균 자녀 출산율 차트에서 하위 5위를 차지한 국가는 중국-타이완(0.9), 중국-마카오(0.91), 중국-홍콩(0.97), 싱가포르(1.09), 중국 대륙(1.22)이다. 중국 대륙의 평균 출산율이 정확한 수치인지 의문은 있으나 가장 낙관적인 상황을 고려해도 1.8을 넘지 않는다.

전 세계 출산율 하위 5개국에는 공교롭게도 중국인이 사는 국가와 지역이라는 공통점이 있다. 정말 믿기 어려운 결과다. 인구 규모를 안정적으로 유지하려면 대체출산율이 2.1은 되어야 한다(즉, 일부일처제 상황에서 부부 한 쌍당 2명의 아이를 낳아야 다음 세대에 인구 규모가 안정적으로 유지된다). 전 세계 평균 출산율 2.5와 비교할 때 중국인이 사는 국가와 지역은 중동의 이슬람 국가는 물론 세계 평균 수준에도 크게 못 미친다.

어떤 사람은 이 추세대로라면 몇 세대 뒤 '중화 자손'은 급격히 줄어들고 자식을 서너 명씩 낳는 민족이 세계에 우뚝 설 것이라고 말한다. 인정하고 싶지 않지만 현재의 출산율을 고려하면 전혀 터무니없는 말은 아니다.

모두가 아는 것처럼 경제력이 늘어나면 출산율은 떨어진다. 가령 경제협력개발기구 국가의 평균 출산율은 세계 평균 출산율보다 낮은 1.7이다. 중국의 각 성 사이에서도 이 추세는 명확히 드러난다. 2000년에 실시한 인구조사 자료에 따르면 상하이와 베이징의 출산율은 각각 0.68과 0.67이다. 지난 10여 년 동안 출산율이 상승했다고 가정해도 기껏해야 1 정도다(주변 사람들을 보라. 나는 1 정도면 비교적 합리적이라고 생각한다. 친구들 중 아이를 2명 낳거나 딩크족(무자녀 맞벌이 부부 - 옮긴이)인 경우는 드물고 대부분 한 자녀를 뒀다).

사실 먼 곳에서 예를 찾을 것도 없다. 10년 후 중국의 모습이 궁금하면 일본을 보라. 일본의 길거리에는 어린이보다 노인이 더 많다. 양국이 어떤 현안을 놓고 토론할 때도 극명한 대비가 이뤄지는데, 중국 측 자리에는 대부분 청장년이 앉아 있지만 일본 측 자리에는 모두 백발노인이 앉아 있다. 일단 인구가 노령화 단계에 접어들면 사회 전체 모습이 빠르게 바뀐다(갑자기 일본에서 크게 유행 중인 모에문화(오타쿠문화에서 비롯된 것으로 본래 깜찍하고 앙증맞은 캐릭터 소비문화다. '모에'에는 대상에 강하게 끌리거나 매력을 느끼다, 열광하다, 특정 기호에 쾌감을 느끼다 등의 의미가 있다-옮긴이)가 생각난다). 어쩌면 일본은 노년 인구가 많아 사람들이 유치한 청춘을 더 강렬하게 갈망하는 것인지도 모른다.

중국의 GDP 총량은 전 세계 2위다. 그렇지만 국민 평균 수입이 아직 경제협력개발기구의 '고수입' 수준에 크게 미치지 못하는데, 부자가 되기도 전에 늙어버리면 어떡하는가. 역사적으로 세 가지 불효 중 자손이 없는 것을 가장 큰 불효로 생각하는 중화민족이 어쩌다 자식을 많이 낳지 않게 되었을까?

여기에는 다양한 해석이 존재한다. 물론 그 모든 해석마다 그럴싸한 논리가 있다. 《파이낸셜타임스》 인터넷 중문판에 실린 〈높은 아파트가격이 출산율을 낮춘다〉라는 칼럼에 따르면 전 세계 출산율 하위 5개 국가와 지역은 대개 심각한 부동산 버블을 겪었다. 홍콩의 부동산가격이 얼마나 높은지는 따로 설명하지 않아도 알 테고 일본, 한국, 타이완도 1980~1990년대에 심각한 부동산 거품을 겪었다. 위챗(중국 텐센트가 운영하는 모바일 메신저. 중국판 카카오톡-옮긴이)의 여학생 단체방에서 본 내용인데 홍콩에서 37m^2(약 11평-옮긴이) 크기의 집을 사려면 980만 홍콩달러(한화 약 13억 원-옮긴이)가 필요하다고 한다. 내가 홍콩의 샤톈(상하이의 난후이나 베이징의 다싱처럼 외곽에 위치해 있다]에 있는 중원대학교를 방문했을 때 한 친구는 그 대학교 근처의 집을 사려면 1m²(약 0.3평 – 옮긴이)당 10만 홍콩달러(약 1,360만 원 – 옮긴이)를 줘야 한다고 말했다. 홍콩에는 공공주택제도가 있지만 아이를 몇 명씩 낳아 '애지중지' 키우기에는 집이 비좁다.

《파이낸셜타임스》 인터넷 중문판 칼럼은 미국 경제분석국의 보고를 인용해 아파트가격이 10% 오르면 출산율이 1% 떨어진다고 주장했다. 중국은 특수하게도 엄격한 산아제한정책이 바링허우(1980년대 출생자 – 옮긴이), 지우링허우, 링링허우의 3대 '외동아이' 세대를 만들었다. 이 점에서 중국의 출산율은 지난 몇 십 년 동안 인위적으로 1에 맞춰져 있었다. 그런데 상하이, 베이징 같은 대도시는 1에도 미치지 못하니 어찌해야 하는가.

돌이켜보면 중국은 1998년 주택제도를 개혁하면서부터 집값이 오르기 시작했다. 특히 1선 도시(베이징, 상하이, 광저우, 선전 – 옮긴이) 집값은 더 미친 듯이 올랐는데 이것이 실제로 출산율에 영향을 주지 않았을까? 인구·노동경제학은 내 주요 관심 영역이 아니라서 각 지방 집값과 출산율의 관계를 자세히 계산해본 적은 없지만 직감적으로 부정적 관계에 있을 것 같다[집값과 경제발전 정도, 경제발전 정도와 출산율의 상호 관련성에 관해 나와 토론하고 싶은 학자가 있을지도 모르지만 그것이 이 글의 주된 내용은 아니므로 깊이 다루지 않겠다].

어느 저명한 학자는 학술논문에서 집값과 '장모' 사이의 경제관계를 연구했다. 중국의 1가구 1자녀 정책은 남아는 많고 여아는 적은 뜻밖의 후유증을 남겼다[개인적으로 남존여비 사상을 매우 싫어하지만 농촌의 풍습과 노동력을 고려할 때 농민이 아들을 선호하는 것이 이해는 간다]. 대표적으로 혼인시장에서 성비 균형이 깨지고 여자 품귀현상[괜히 여자아이를 '초상은행'이라 부르겠는가('招商'은 상인과 기업을 끌어 모은다는 의미 – 옮긴이)]이 발생해 남자들이 장모에게 "내 딸과 결혼하려면 집부터 장만하게" 같은 까다로운 요구를 듣고 있다. 집 없는 남자는 혼인시장에서 뒤처지기 일쑤다. 이로 인해 무리를 해서라도 집을 장만하다 보니 신혼집 가격이 하늘 높은 줄 모르고 치솟고 있다.

과연 1가구 2자녀 정책은 좋은 뉴스일까? 당신은 이 정책을 지지하는가? 개인적으로 나는 지지한다. 아이를 키우는 것은 인류의 기본 권리다. 그 점에서 모든 중국인이 자녀를 2명까지 낳을 수 있게 허용한 것을 환영한다. 그러나 대도시의 비싼 집값과 양육비를 생각하면 이 정책이 효과를 얻을지는 미지수다.

6. 평범한 사람들이 주식시장에 기대하는 것

위태로운 인구구조[노령화 사회], 미래의 부를 미리 당겨쓰는 식의 연금 시스템, 비싼 집값, 높은 양육비와 의료비 등 평범한 중국인이 불확실한 미래를 대비하는 유일한 방법은 저축을 많이 하는 것이다. 또한 있는 대로 한껏 달아오른 부동산시장을 제외하고 이제 막 걸음마를 시작한 재테크 상품과 주식시장에 투자하는 것은 돈을 불릴 거의 마지막 방법이나 마찬가지다.

A증시 동향은 여전히 무수한 투자자의 최대 관심사다. 모두가 아는 것처럼 중국 주식시장은 전 세계에서 개인투자자 비중이 가장 높다. 중국처럼 규모도 크고 개인투자자 비중도 높은 주식시장은 전 세계적으로 찾아보기 어렵다[개인투자자의 주식 보유율이 60% 이상이며 개인투자자가 전체 거래량에서 차지하는 비율은 80%가 넘는다].

중국의 평범한 사람들은 왜 이렇게 주식시장에 지나칠 정도로 열정적이고 민감할까? 그 원인을 역사적·문화적 배경에서 찾는 사람들은 "중국문화에는 원래 도박사의 심리가 있다"라고 말한다. 나는 이 분야의 전문가가 아니므로 이 분석이 옳은지 그른지 평가하지 않겠다. 그러나 개인적인 관점에서 더 단순한 논리가 있을 거라고 생각한다.

내가 볼 때 가장 중요한 원인은 지긋지긋한 가난에서 벗어나고 싶은 욕망에 있다. 지우링허우는 풍족하게 자라난 까닭에 물질적으로 부족한 것이 얼마나 힘든 일인지 잘 모른다. 반면 우링허우(1950년대 출생자-옮긴이)와 리우링허우(1960년대 출생자-옮긴이), 시골에서 자란 일부 치링허우(1970년대 출생자-옮긴이), 바링허우는 배고픔과 가난을 경험했다. 지금이야 탄탄한 경제력을 자랑하지만 사실 중국이 극도의 빈곤 상태에서 벗어난 지는 그리 오래되지 않았다. 통계국 자료에 따르면 1990년 중국 도시 근로자의 연평균 가처분소득은 1,510위안이었고, 농촌 주민의 연평균 수입은 685위안이었다! 가난하던 시절의 상징물인 배급표는 1993년 역사의 무대에서 사라졌다. 지금은 너무 많이 먹어서 다이어트를 하지만 배고픔의 역사는 줄곧 우리 손에 잡힐 듯 가까운 시간 거리에 있었다.

결핍, 배고픔, 가난이라는 말에 공포심을 느끼는 사람이 가장 믿을 수 있는 것은 무얼까? 저축이다. 이들에게 욜로(You Only Live Once의 앞 글자를 딴 용어로 현재의 행복을 가장 중시하는 태도를 가리킨다-옮긴이) 같은 생활양식은 사치에 불과하다. 평범한 중국인에게 저축은 줄곧 최고의 재테크 수단이었다. 2013년 중국인의 순저축액은 20억 위안이었고 1인당 평균 순저축액은 1만 4,000위안이었다. 정리하면 1인당 평균 수입은 미국의 20분의 1 수준이지만 저축은 2배 많이 했다.

개인적으로 나는 가까운 미래까지 중국의 저축률이 크게 떨어지지 않을 것으로 전망한다. 어떤 사람은 바링허우는 버는 족족 다 쓰는 과소비가 문제고 지우링허우는 바링허우보다 씀씀이가 더 커서 문제라고 말한다. 이것은 조금 성급한 판단이 아닌가 싶다. 사실 1980년대와 1990년대에 태어난 사람들의 저축률은 크게 상승했다. 그도 그럴 것이 바링허우와 지우링허우가 직면한 현실이 매우 팍팍하다. 이들이 집과 자동차를 사고 아이 양육에 부모 봉양까지 하려면 돈이 많이 든다. 아등바등 모아도 겨우 내 집 한 채 살까 말까이고 자녀 사교육비에 등골이 휘는 데다 한 푼이라도 아껴 노후자금을 마련해야 한다. 이처럼 크게 압박을 받는 현실에서 저축이나 투자를 하지 않으면 부모에게 경제적으로 의존하는 캥거루족이나 독신족이 되기 십상이다.

돈은 쓴 만큼 되돌아온다는 것은 치기 어린 생각이다. 어른이 되어 생활의 고단함을 느끼면 왜 돈을 자제해가며 써야 하는지 알게 된다.

물론 저축을 많이 해도 여전히 투자의 필요성을 느낄 수 있다. 이럴 땐 국채를 사야 할까, 아니면 저축액을 더 늘려야 할까? 시중의 3%대 금리에서 인플레이션율을 제하면 투자수익률은 약 1%대다. 여기에 물가상승률을 고려하면 10~20년 동안 부지런히 저축해도 재산은 푼돈만큼만 늘어난다. 반면 부동산가격은 현기증이 날 정도로 올랐다. 지난 10여 년 동안 10~15배 상승했으니 2000년 즈음 부동산시장에 투자한 사람은 대부분 재정적으로 자유로워졌을 것이다. 그러나 세월이 흐르면 세상도 많이 바뀌게 마련이다. 인구구조[서서히 노령화 단계에 진입]가 어떻고 경제구조[경기 하락 국면]가 어떻든 이제 중국 부동산시장에서 과거처럼 놀라운 투자수익률을 얻기는 어려워졌다.

이제 남은 것은 뭘까? 주식시장이다. 통계국 데이터에 따르면 2003년부터 최근까지 중국 도시 근로자의 평균 수입은 9,000위안[9,061위안]에서 3만 위안[2만 9,547위안]까지 올랐다. 여윳돈이 생기면 자연히 저축률이 높아진다. 그리고 지난 10년 동안 평균 인플레이션율은 3%였다. 결국 투자수익률이 3%보다 낮으면 통장에 차곡차곡 쌓인 돈이 시나브로 줄어드는 것을 가만히 지켜보고 있는 것과 같다. 그러니 평범한 사람들이 주식시장에 기대하지 않으면 어디에서 희망을 얻겠는가?

평범한 중국인이 주식시장의 오르내림에 왜 그토록 열정적으로 반응하는지 이해가 가지 않는가. 전문가들은 "투기하지 말고 투자를 하라", "이성적으로 가치 투자를 하라"라고 말한다. 위태로운 인구구조(노령화 사회), 미래의 부를 미리 당겨쓰는 식의 연금 시스템, 비싼 집값, 높은 양육비와 의료비 등 평범한 중국인이 불확실한 미래를 대비하는 유일한 방법은 저축을 많이 하는 것이다. 하지만 단순히 저축만 해서는 돈을 크게 불릴 수 없다.

지금과 같은 상황이면 앞으로 자산관리시장은 더 크게 성장할 가능성이 크다. 그러면 주식시장과 기타 금융상품을 향한 평범한 사람들의 '열광'은 사그라지기는커녕 더 뜨거워질 확률이 높다.

7. 창업과 혁신에서 화려한 장식을 떼어낸다면

나는 배에서 내려 기차로 갈아탄 뒤 집으로 돌아왔다. 광활한 국토를 가로지르며 논밭, 양어장, 수로를 비롯해 푸른 나무와 페인트칠이 희끗하게 벗겨진 담장이 절묘하게 조화를 이루는 풍경을 봤다. 공업도시들의 혼잡함과 시끄러움, 시꺼먼 매연도 봤고 굽이굽이 높고 낮은 산맥과 수천 킬로미터를 흐르는 장려한 대천도 봤다. 그리고 어디서든 만날 수 있는 명랑소녀들을 무수히 봤다. – 왕숴王朔, 《절반의 바닷물과 절반의 불꽃》 중에서

2016년 전 세계는 냉탕과 온탕을 오가는 복잡한 중국을 경험했다. 현재 중국의 가장 큰 고통은 전통 경제 침체다. 2015년부터 중국 경제는 과잉 생산 해소, 레버리지 정리 등 몸집 줄이기를 놓고 갈팡질팡했다. 평범한 사람들의 운명은 시대의 큰 흐름을 따른다. 우한강철의 구조조정과 합병, 솽야산 광부들의 임금체불 항의 시위 배경에는 철강·석탄·시멘트·건축재료·제조업 등 수렁에 빠져 허우적거리는 전통 경제의 어려움이 있다.

과거에 메이드인차이나의 기적을 이룬 제조업체들은 생존을 위해 발버둥 치고 있지만 IT와 SNS를 통한 소비는 지속적으로 늘어나는 추세다. 타오바오(淘宝, 알리바바그룹이 운영하는 인터넷 쇼핑몰 – 옮긴이), 징동(京東, 징동그룹이 운영하는 인터넷 쇼핑몰 – 옮긴이), 씨트립(攜程, Ctrip, 온라인 여행사 – 옮긴이), 취나얼(去哪兒, 온라인 여행사 – 옮긴이), 디디(滴滴, 차량 공유

서비스업체-옮긴이), 콰이디(快的, 차량 공유 서비스업체. 2015년 2월 디디와 콰이디는 합병했고 디디추싱으로 이름이 바뀌었다-옮긴이) 등의 신생업체가 승승장구 중이고 일부 젊은이는 자신의 사생활을 대중과 공유해 돈을 벌기도 한다. 최근 인터넷 스타 'Papi'는 라이브 방송을 한 번 하고 수만 위안을 벌었다. 이런 현상은 3, 4선 도시까지 널리 퍼졌고 대도시에서 가장 '핫'한 창업은 대부분 IT와 SNS를 통해 이뤄진다. 중관춘(중국판 실리콘밸리라고 불리는 IT기업단지-옮긴이) 거리를 걸어보시라. 쇠퇴하는 전통 경제에서 느껴질 법한 적막함 따위는 전혀 느껴지지 않는다.

절반의 바닷물과 절반의 불꽃이라. 구경제와 신경제는 물과 불의 만남처럼 서로 공존할 수 없을 것처럼 보인다. 하지만 자세히 들여다보면 침체의 늪에 빠진 구경제에서 신경제가 어떻게 부상했는지 알 수 있다.

첫 번째는 기술발전이다. 모바일 인터넷은 기술력과 응용 범위 확장으로 쌍방향 교류 비용[가령 검색과 매칭 비용]을 신속히 낮췄다. 특히 전통적인 노동집약형 산업과 지역 의존성이 큰 서비스 산업은 모바일 인터넷 기술 발달의 최대 수혜자다. 이들 산업은 업무 경영 방식을 재조정하는 과정에서 새로운 서비스 산업을 창출했다.

대부분의 제조업 종사자에게 모바일 인터넷 기술 발달은 희비가 엇갈리는 소식이다. 예전에 대형 기계설비 제조업자와 대화한 적이 있는데 그의 말이 오래도록 기억에 남는다. 핵심은 기업이 산업 시스템을 지능형 생산 시스템으로 과감하게 업그레이드하거나 신규 수요를 창출하면 기사회생할 수 있지만, 산업 수명주기를 숙명처럼 받아들이면 시장에서 퇴출당한다는 것이다. 산업이든 꽃이든 활짝 필 때가 있으면 시들 때도 있는 법이니 이는 어쩔 수 없는 일이다.

두 번째는 도시화다. 지난 30여 년간 중국과 전 세계의 경험을 살펴보면 경제성장은 사실 도시화 과정이라고 할 수 있다. 쉽게 말해 부가가치가 낮은 농업(1차 산업)에서 부가가치가 높은 공업(2차 산업)으로 넘어가고 다시 서비스업(3차 산업)으로 넘어가는 과정이다. 현재 중국이 직면한 것은 도시화 심화다. 여기서 '심화'란 도시화 확대와 산업 업그레이드, 즉 서비스업으로의 전환을 말한다.

1949년부터 중국은 기업 중심의 발전 노선을 따랐다. 국유은행이라는 독점적 시스템은 지극히 싼 가격으로(이를테면 인위적으로 낮춘 예금금리로) 국민의 현금을 대규모로 흡수한 뒤 각종 대출로 국가의 기둥산업과 주요 기업에 돈을 빌려줬다. 이때 소기업, 개인 소비, 서비스 시스템은 상대적으로 푸대접을 받았다. 그러나 1990년대부터 민간 부문은 척박한 돌 틈에서 싹을 틔우고 중국 경제의 절반을 차지하는 수준으로 성장했다. 중국인의 1인당 GDP도 1,000여 위안에서 5만 위안까지 상승했다. 경제구조가 변하고 사회 전체 자산이 늘어나자 과거에 억눌렸던 수요(소비 수요, 자산 증식 수요, 금융 서비스 수요 등)가 들불처럼 번져 나갔다.

이러한 거시적 배경과 기술이 기하급수적으로 발전하는 시대의 만남은 수소와 산소의 만남처럼 기묘하고 격렬한 화학반응을 일으켰다. 예전에 어느 신문기사를 보니 소매 판매 총액이 0위안에서 3조 위안이 되기까지 월마트는 54년이 걸렸지만 중국 민간경제와 함께 성장한 알리바바는 13년밖에 걸리지 않았다고 한다. 도시화와 기술발전의 선율은 중국처럼 고도로 통제를 받다가 서서히 느슨해지는 거대한 경제체에서 가장 신기한 춤사위를 보인다. 이처럼 도시화와 기술발전이 동시에 일어나는 일은 견우와 직녀가 1년에 한 번 만나는 것처럼 자주 보기 힘들다.

바링허우 세대로 창업 10년 차를 맞은 내 친구는 뜻밖에도 주차장을 관리하는 '구'산업에서 새로운 블루오션을 개척했다. 아마 주차장 관리

사업이 블루오션이 될 수 있으리라고 생각한 사람은 거의 없을 것이다. 그는 가장 단순한 형태의 기계식 주차장을 온라인 결제가 가능하고 주차비를 자산 증권화할 수 있는 지능형 주차장으로 바꿨다. 여기에다 민관 합작의 도시 주차장을 만드는 한편 여러 가지 사업모델도 개발했다. 경기가 좋지 않던 2014년과 2015년에도 10년 동안 한 우물을 판 뚝심과 모바일 인터넷 기술, 온라인 결제, 금융자본의 갑작스러운(혹은 필연적인) 도움을 받아 시쳇말로 '대박'을 터트렸다. 투박한 방식의 구경제는 내 친구의 손을 거친 뒤 갑자기 화려하고 정교한 신경제로 탈바꿈했다.

그렇다면 곰곰 생각해보자. 시가총액이 600억 달러에 이르는 마이진푸(螞蟻金服, 앤트파이낸셜, 알리바바그룹의 금융 계열사-옮긴이)는 오래된 민간대출과 담보대출에서 비롯되었다. 시가총액 200억 달러인 디디의 원형은 오래전부터 서비스를 지적받아온 택시산업이다. 요즘 많은 관심을 받는 지능형 생산 시스템도 기존의 생산 시스템에 통신 네트워크 기술을 도입한 결과다.

따지고 보면 구산업 중에 진짜 낡은 것은 없고 신산업 중에 진짜 새로운 것도 없다. 화려한 장식을 떼어내면 모든 창업과 혁신은 낡은 것에서 비롯되었거나 낡은 것을 개조·계승했다. 차가운 바닷물 밑에 뜨거운 마그마가 있듯 구경제도 조건이 맞으면 강한 에너지를 분출한다.

8. 경제성장의 급류에 휩쓸린 사람들

정책 당국이 짓는 그럴싸한 표어에는 무수한 국민의 기나긴 일생이 담긴다. 예를 들면 1950년대의 '베이다황(과거 헤이룽장성 일대의 광대한 황무지-옮긴이) 개발'과 '신장 생산 건설 병단 지원 사업', 1960년대의 전쟁과 자연 재해에 대비하기 위한 '3선(중국의 중남·서남 일대-옮긴이) 건설' 등이 있다. 모든 웅대한 전략 뒤에는 정든 고향을 떠나 가정을 이루고 자녀 교육에 공을 들인 무수한 국민의 희생을 비롯해 국가 산업의 희비와 운명을 같이한 숱한 국민의 삶이 있었다. 중국 정부는 더없이 의지가 굳고 낙관적인 중국인 개개인에게 영원히 감사해야 한다.

많은 정책 제정자와 연구자에게 '생산 능력 과잉 해소', '〔생산요소의 효율성 제고를 위한〕 공급 측 개혁' 같은 표어는 단순히 추상적 개념에 불과하다. 표어와 관련된 구구절절한 설명도 이들의 삶과는 크게 관계가 없고, 설령 춥고 배고픈 시절이 있어도 그 기간이 오래가지 않는다. 그렇지만 석유화학공업 도시나 철강 도시에서 나고 자라고 공부하고 일하는 보통사람에게 생산단지는 머리 위에 이고 있는 하늘이나 마찬가지다. 한데 안타깝게도 모든 사람이 독수리가 되어 그 하늘을 훨훨 나는 것도 아니고 또 다른 하늘을 찾을 수 있는 것도 아니다.

정책 당국이 짓는 그럴싸한 표어에는 무수한 국민의 기나긴 일생이 담긴다. 예를 들면 1950년대의 '베이다황 개발'과 '신장 생산 건설 병단 지원 사업', 1960년대의 전쟁과 자연 재해에 대비하기 위한 '3선 건설' 등이 있다. 모든 웅대한 전략 뒤에는 정든 고향을 떠나 가정을 이루고 자녀 교육에 공을 들인 무수한 국민의 희생을 비롯해 국가 산업의 희비와 운명을 같이한 숱한 국민의 삶이 있었다. 중국 정부는 더없이 의지가 굳고 낙관적인 중국인 개개인에게 영원히 감사해야 한다.

나는 2014년 말부터 르자오강철日照鋼鐵과 우쾅파잔五礦發展의 혼합소유제 개혁(국유기업의 생산력을 높이기 위해 국유기업에 민간 자본을 유치하는 것－옮긴이)을 연구할 목적으로 10여만 자에 달하는 철강산업 자료를 모았다. 아직 원고를 완성하지 못했지만 지금껏 중국 철강산업의 변천 과정과 경제성을 꽤나 잘 안다고 자부해온 터였다. 그런데 천다이시陳戴希의 〈그 공장과 그 도시〉를 읽고 그만 코끝이 찡해졌다. 동시에 무수한 데이터로 무장한 방관자의 연구가 얼마나 얕고 빈약한 소견인지 깨달았다.

한 세대, 길게는 몇 세대 운명과 인생을 어떻게 수치로 측정할 수 있겠는가. 1990년대 말 중국은 국유기업 개혁을 한 차례 단행했다. 이때 퇴직한(사실 실직당했다는 표현이 맞다) 노동자 중 일부는 자기만의 길을 새로 개척했으나 대다수는 자녀와 함께 역사의 거센 물줄기에 휩쓸려 떠내려갔다. 역사를 돌이켜볼 때는 '더 높고 위대하고 강한 것'에 대한 미련은 잠시 접어두고 보통사람의 입장에서 토론하는 것이 마땅하다.

1990년대 이전까지 대형 국유기업과 이들 기업에서 일하는 노동자 사이에는 암묵적인 계약서가 있었다. 극도로 낮은 임금을 받는 대신 높은 수준의 복리를 누리는 게 그것이다(가령 아프면 공장 부속병원에서 치료받고, 부속교육기관에서 자녀를 가르치고, 공장 기숙사에서 생활하고, 공장에서 사회보험을 들어줬다). 노동자는 저축을 꿈꿀 수 없을 만큼 낮은 임금을 받았지만 공장에서 제공하는 혜택을 받으며 그런대로 생활했다. 그러나 조대방소 개혁 이후, 그러니까 핵심 국유기업 위주로 대기업을 인수·합병하고 소기업은 민영화하는 개혁 이후 상황은 달라졌다. 퇴직한 노동자는 임금만 못 받게 된 것이 아니라 가정생활의 기반을 잃었고, 심지어 소속감과 인생의 존엄성마저 잃어버렸다. 국가 입장에서 노동자의 실직은 일시적인 진통에 불과하지만 평범한 가정에 가장의 실직은 불치병에 걸린 것과 맞먹는 정도의 고통이다. 생존을 위해 발버둥 쳐야 하는 그 고통은 당사자가 아니면 아무도 이해하지 못한다.

다행히 당시의 개혁에는 행운이 따랐다. 과거에 중국은 경제 규모가 작고 도시화 정도와 3차 산업 비중이 낮았다. 하지만 1998년의 주택 개혁과 2001년의 세계무역기구 가입으로 중국 경제는 초고속으로 성장했고, 거대해진 경제 규모는 과거에 실직당한 청장년을 대부분 흡수했다. 비록 부분적으로 어려움을 겪은 개인과 가정도 있었지만 이것이 사회적 재난으로 확대되지는 않았다. 반면 지금의 중국은 상황이 완전히 다르다. 1인당 GDP는 3,000여 달러까지 상승했으나 경제성장률은 서서히 하락하는 중이다. 여기에다 산아제한정책 후유증으로 인구 노령화가 앞당겨졌고 해마다 오르는 인건비 부담 때문에 많은 산업이 해외로 이전했다. 중국이 1990년대처럼 놀라운 속도로 경제발전을 이루거나 실업 인구를 대거 수용할 정도로 경제 규모가 확장되는 시대를 다시 맞이하기는 어려울 것이다. 앞으로 노동자와 그 자녀들의 미래는 어떻게 될까? 이것은 단순히 계산기를 두드린다고 해서 해결할 수 있는 문제가 아니다.

천다이시는 공장이 있는 그 도시를 벗어났지만 그의 옛 이웃들은 여전히 그곳에 남아 있다. 그곳은 누군가에겐 벗어날 수 없는 고향이고 또 누군가에겐 돌아갈 수 없는 고향이다. 높은 지위에 있는 정책 제정자는 역사를 돌이켜볼 때 단순히 역사적 사건만 기억할 것이 아니라 그 사건이 재현되지 않도록 노력해야 한다.

그 공장과 그 도시

천다이시[23]

철강 도시 판즈화

나와 쌍둥이 여동생은 1990년 판즈화라는 쓰촨성의 산간 도시에서 태어났다. '꽃'이라는 말이 들어 있지만 열아홉 살에 그곳을 떠날 때까지 나는 단 한 번도 고향의 지명이 아름답다고 생각해본 적이 없다. '고향' 하면 온통 벌거벗은 산밖에 기억나지 않는다. 그곳의 산은 바나듐, 티타늄, 자철석을 캐느라 여기저기 파헤쳐져 봄이 와도 푸른빛을 띠지 않았다. 중국 서남쪽의 불모지 판즈화는 제철소가 들어서면서 이민자 도시로 바뀌어갔다. 그 제철소의 이름은 판즈화강철공사攀枝花鋼鐵公司다. 어머니의 말씀에 따르면 마오 주석은 1964년부터 3선 지역에 속하는 중서부지역의 13개 성, 도시, 자치구에서 전쟁 대비 목적으로 대규모 건설 사업을 진행했고[24] 그 사업의 일환으로 판즈화에 판즈화강철공사가 들어섰다[표 1 참고]. 당시 전국 주요 철강회사에서 근무한 많은 노동자가 3선 건설을 지원하고자 판즈화로 이주했다. 특히 랴오닝성의

충칭 창안長安 자동차유한책임회사	중국 제2중형기계공장	허란산석탄생산기지
충칭 건설공업유한책임회사	시창위성발사센터	주취안강철공사
충칭 촨웨이川維그룹	판즈화강철그룹	주취안위성발사센터
충칭 촨이川儀유한책임회사	류판수이석탄공업기지	단장커우수력발전소, 류자샤수력발전소
충칭 강철유한책임회사	뤄양유리공장	시베이알루미늄가공공장
충칭 훙옌紅岩 자동차유한책임회사	중국 제2자동차제조공장	샹위襄渝철로〔샹판－충칭〕
충칭 다장大江공업그룹	장한江漢유전	칭장青藏철로1기 〔시닝－난산커우〕
충칭 주장珠江광전그룹	거저우바葛洲壩수리공사	샹첸湘黔철로〔주저우－구이딩〕
충칭 왕장望江선박그룹	산시 항공기공업유한회사	청쿤成昆철로〔청두－쿤밍〕
충칭 816핵공장	창칭長慶유전	자오즈焦枝철로〔자오쭤－즈청〕

[표 1] 1964~1980년 '3선 건설'의 주요 성과

안산제철소에서 근무하는 많은 사람이 동북지역에서 서남지역까지 중국 국토의 절반을 가로질러 이동해 새로운 땅에 뿌리를 내렸다. 내 할아버지와 할머니도 무단강 근처 국영농장의원에서 근무하다 판즈화로 옮겨왔다. 쓰촨성 출신 의사인 두 분은 1958년 '10만 관군으로 베이다황을 개발하자'라는 국가의 구호에 응답해 자발적으로 동북지역으로 이주했다. 그로부터 16년 뒤 다시 3선 건설 계획에 자원해 서남부 외지의 판즈화강철 부속병원으로 근무지를 옮겼다. 어릴 때 주변 친구들은

모두 동북지역 사투리를 썼고, 내가 입학한 판즈화강철 부속초등학교는 쓰촨 사투리를 쓰지 않았다. 나중에 알았지만 쓰촨성에서 이런 일은 흔하지 않았다[쓰촨성의 다른 초·중생은 수업시간 외에 모두 쓰촨 사투리를 썼다].

판즈화강철은 방대한 제철소 외에 물자조달기관, 병원, 학교, 유치원, 서비스 시설[쇼핑몰, 식당, 체육관, 레저센터] 같은 여러 부속기관도 같이 운영했다. 친구들 부모님은 판즈화강철의 제철소에서 일하거나 부속기관에서 일하거나 둘 중 하나였다. 판즈화 주민의 의식주는 작은 것 하나까지 모두 판즈화강철의 영향을 받았다.

쇠퇴의 징후

판즈화강철 1세대 직원의 여느 자녀처럼 아버지는 대학에서 제련을 전공한 뒤 판즈화강철에 입사해 부속직업교육센터에서 근무했다. 어머니는 친언니와 형부를 따라 판즈화로 이주했는데 두 분 모두 판즈화강철의 직원이었다. 훗날 어머니도 판즈화강철의 부속물자 조달기관에 취직했다. 1990년 나와 여동생이 동시에 태어난 뒤 부모님이 허리끈을 바짝 조이는 바람에 나는 열 살 때까지 좀 쪼들리게 살았다.

1995년부터 철강 수요가 부쩍 늘기 시작했다. 아버지 말씀에 따르면 당시 철재 1톤이 있을 경우 원가가 2,000~3,000위안이면 500~600위안씩 더 올려서 팔 수 있었다고 한다. 아버지와 동료들은 부업 삼아 직업교육센터에 소형 압연공장을 세우고 판즈화강철의 열간압연공장과 합작해 폐강재를 가공했다. 얼마 뒤 주변의 많은 어른이 소규모 철강 무역회사를 차려 사업을 했는데 아버지도 예외는 아니었다. 우리 집은

형편이 조금씩 나아져 시내에 있는 아파트로 이사하고 차도 샀다. 내가 중학생이던 2005년까지 부모님의 일은 안정적이었다. 어머니는 종종 시내에 새로 생긴 대형 마트에 가서 자동차 트렁크에 잔뜩 장을 봐왔고, 아버지는 미국에서 온 자원봉사자[산간벽지에 영어를 가르치러 온 미국인]를 집에 자주 초대해 식탁 가득 음식을 차려줬다. 이름이 린지Lindsey인 자원봉사자는 그녀의 고향 이야기, 특히 코닥이 파산한 뒤 고향[뉴욕주 로체스터]이 쇠퇴한 이야기를 들려주었다. 자세히 설명하지는 않았지만 코닥에서 오랫동안 일한 그녀의 할아버지와 아버지, 고향 친구들은 디지털카메라가 일으킨 새로운 변화에 모두 직장을 잃었다. 당시 나는 장차 비슷한 일이 내게 닥칠 줄도 모르고 그녀의 슬픈 이야기를 그저 우두커니 듣기만 했다.

산업 붕괴, 대규모 이전

내가 고등학교 1학년[2007년] 때 "임금이 너무 적다", "판즈화강철 수익이 예전보다 못하다"라며 불평 반 걱정 반 말하던 어머니는 1년 뒤 퇴직하고 전업주부가 되어 우리 자매를 보살폈다. 오래지 않아 아버지가 설립한 철강 무역회사에도 문제가 생겼고 직업교육센터에 차린 소형 압연공장은 가동을 멈췄다.

뒤이어 예상 밖의 일이 줄줄이 터지기 시작했다. 2008년 하반기부터 철강가격[그래프 1의 콘크리트 보강용 강철봉가격을 보자]은 눈사태처럼 흘러내렸다. 중국 정부가 실시한 4조 위안 부양책 덕에 2011년까지는 그럭저럭 더 큰 폭락은 없었지만 지속적인 약세로 철강가격은 배추 값보

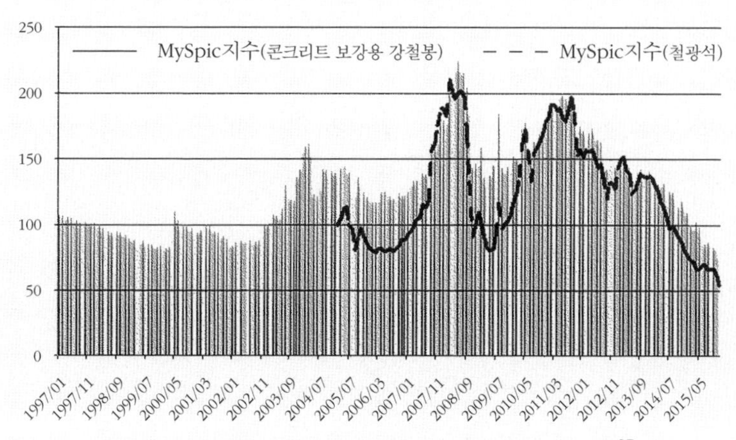

[그래프 1] 콘크리트 보강용 강철봉과 철광석의 가격지수(MySpic지수)[25]

출처: 윈드쯔쉰WIND資訊(금융·산업정보 제공업체 – 옮긴이)

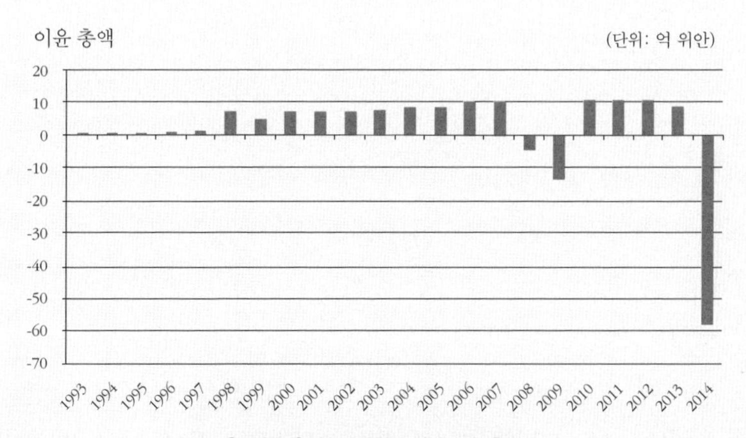

[그래프 2] 판즈화강철의 연간 이윤 총액

출처: 판즈화강철(000629. SZ) 연간 재무보고

다 못한 신세로 전락했다. 2015년 겨울 콘크리트 보강용 강철봉 1톤 가격은 1,800위안(1근에 9마오(1마오는 1위안의 10분의 1에 해당 – 옮긴이))까지 하락했는데, 같은 기간 배추 시세는 1근에 1위안 이상이었다. 판즈화강철은 2008년과 2009년 심각한 적자에 허덕이다가 2010년 안산제철소에 팔렸다. 그리고 핵심 업무는 철강 제련에서 바나듐, 티타늄, 자철석 개발로 바뀌었다(그래프 2 참고). 중국의 경제성장률이 둔화되자 전 세계 벌크 원자재 시세도 하락해 철광석 1톤[26]가격은 2010년 180달러에서 2014년 70달러까지 떨어졌다. 2014년 심각한 적자를 본 판즈화강철은 자회사에 감원을 권고했다.

2009년 우리 자매가 외지에서 대학에 들어간 뒤 아버지는 철강재 사업을 접고 직업교육센터에서만 일했고, 어머니는 청두에서 다른 직장을 찾았다. 아버지와 어머니 친구들도 판즈화강철을 떠나 외지에서 사업을 하거나 취직했고 일부는 아예 다른 지역으로 이사했다. 우리 가족은 2010년 청두로 이사했는데 고등학교 친구들도 대부분 청두로 이사해 여름방학이면 다 같이 고등학교 동창회를 열었다. 몇 년 사이 하늘과 땅이 뒤바뀐 것처럼 많은 변화가 일어났다. 정부 측 통계에 따르면 판즈화시 인구는 120만 명이고 여전히 상승세다. 그러나 내가 그곳에서 본 것은 온통 떠나는 사람뿐이었다(항간의 소문에는 4분의 1에 가까운 30만 명이 판즈화시를 떠났다고 한다). 실제로 2015년부터 세입자를 찾기가 어려워 판즈화시에 있는 우리 집이 텅텅 빌 때가 많다. 나중에 어머니와 여동생은 청두에서 취직하고 나는 베이징대학교에서 박사 과정을 밟느라 판즈화를 완전히 떠났다. 아버지는 아직까지 판즈화를 떠났다가 다시 돌아가기를 반복하고 있다.

마지막 몸부림

아버지의 청두 생활은 우울함 그 자체였다. 친구 분의 소개로 외국계 기업에 취직했지만 잘 적응하지 못했고 그렇다고 집에 가만히 있자니 그것도 고역인 듯했다. 여전히 철강산업을 지키는 친구들이 있어서인지 아버지는 줄곧 판즈화로 돌아가길 원했고, 결국 2015년 초 가족의 반대를 무릅쓰고 판즈화로 돌아갔다. 당시 아버지가 어떤 계획을 세우고 판즈화로 돌아갔는지는 아무도 몰랐다. 그래도 철강과 관계가 있을 것이라고 확신했는데 아니나 다를까, 아버지는 친구 분이 판즈화 바나듐-티타늄 공업단지에 나노 철입자 생산회사를 설립하는 일에 합류했다. 나노 철입자인지 뭔지는 첨단기술에 속하는 혁신제품 같았다. 우리 모녀는 지긋한 나이에도 국가를 위해 친구와 함께 창업하는 아버지를 말릴 수 없었다. 아버지는 전화 통화마저 느긋하게 할 수 없을 정도로 늘 회의를 하거나 늦은 시간까지 열정적으로 일했다.

판즈화는 바나듐과 티타늄 자원이 풍부한 곳이다. 이에 따라 이곳의 2차 산업은 철강 제련에서 '바나듐과 티타늄 자원 개발'로 바뀌었고 정부도 관련 기업을 육성하기 위해 이곳에 바나듐-티타늄 공업단지를 조성했다. 아버지와 친구 분이 창업한 나노 철입자 생산회사는 티타늄 관련 회사로 이 단지에 입주했다(나노 철가루는 황산을 이용해서 만드는 티타늄 파우더의 부산물이라 티타늄제품에 속한다). 아버지는 정부와 방산 관련 기관이 나노 철입자에 거는 기대가 크고 중신자산관리공사의 투자를 받았으며, 신삼판(新三板, 중소벤처기업을 대상으로 하는 중국의 장외 주식시장-옮긴이)에 상장하기 위해 투자은행과 접촉 중이라고 내게 말했다. 주말에 베이징에서 창업을 준비하는 친구들과 훠궈를 먹을 때 친구들도 신이 나서 내게 비슷한 이야기를 했다.

그런데 2015년 겨울 아버지 회사는 당시 절대다수의 기업이 그랬던 것처럼 자금부족 사태에 빠졌다. '총알'이 부족한 원인은 다양했다. 초기에 생산력 개선 연구에 지나치게 많은 자금을 쏟아 부었고(고가에 구입한 분말 개조 설비의 생산 효과가 기대에 미치지 못했다) 경기 둔화로 은행대출 기한 연장이 어려워졌으며, 성省정부에서 주는 보조금이 시정부의 심사 비준 과정에서 줄줄이 막혔다(나중에 결국 받긴 했다). 그래도 군수산업 시장에서 나노 철입자의 전망을 밝게 본 아버지와 친구 분은 끝까지 생산을 중단하지 않았다(판즈화 바나듐-티타늄 공업단지에 입주한 많은 기업이 이때 꽁꽁 얼어붙은 경기를 이기지 못해 제품 생산을 중단했다). 임금 체불을 비롯해 일부 주주와 공급업체의 원성처럼 생산을 중단해야 할 온갖 이유에도 불구하고 두 분은 작업장을 떠나지 않고 지금도 계속해서 투자처를 찾으며 생산력 개선에 힘을 쏟고 있다. 2016년 초 판즈화 방송국의 뉴스채널은 아버지 회사의 첨단기술과 경기 침체 속에서도 생산을 지속하는 이유를 자세히 소개했다. 이 보도를 보고 다른 사람들은 무한한 긍정 에너지를 얻었지만 어머니는 궁지에 몰린 동물의 마지막 몸부림을 보듯 안타까워했다. 어쨌든 전통산업에 종사하는 사람들 특유의 완강한 정신(또는 강골 정신)만큼은 본받을 만하다.

산업발전에 관한 소회

과잉 생산 해소, 공급 측 개혁, 산업 업그레이드 같은 말은 뭔가 구름 끝에 매달린 것처럼 대단하고 그럴싸해 보인다. 그러나 이런 말이 인간

세상에 떨어져 내게 아주 가까운 사람에게 영향을 주면 그 의미는 달라진다. 산업발전의 규칙은 뭘까? 그것은 내가 경험한 판즈화이자 린지가 경험한 로체스터다. 극단적으로 그것은 디트로이트일 수도 있고 오르도스일 수도 있고 하시마섬일 수도 있다. 도시화란 본래 경제요소를 한 공간에 모으는 것이다. 즉, 산업 공간에 인구, 자금, 기술을 집중하는 일이다. 산업구조가 바뀌면 도시발전 방식도 바뀌고 흥망하는 산업 생명주기 변화는 도시의 번영과 몰락에 직접적인 영향을 준다.

현재 중국 철강산업의 과잉 생산량은 3억 톤이고 생산설비 이용률은 67%이며(조강의 경우 12억 톤의 생산 능력이 있지만 2015년 생산설비 이용률의 70%에도 못 미치는 8억 톤만 생산했다), 손실 규모는 50% 정도다. 2015년 각 성省은 1억 2,500만 톤의 조강을 감산했다. 이 중 각각의 성정부가 계획적으로 감산한 양은 1,800만 톤이고 공장이 자체적으로 감산한 양은 1억 700만 톤이다. 철강산업 외에 리스크가 집중된 석탄과 시멘트 업계의 손실 규모도 각각 80%와 40%에 달한다.[27] 이 같은 손실 규모와 감산 계획 뒤에는 공장들이 있고, 이들 공장이 모여 있는 지역사회가 있고, 이 지역사회에 남을지 다른 곳으로 이주할지 고민하는 주민들이 있다.

사실 이들 산업은 과잉 생산 외에 고급제품 생산기술이 부족한 것도 문제다. 2016년 시무식 때 리커창李克强 총리는 산시에서 열린 업무 좌담회에서 "중국은 심각할 정도로 철강을 과잉 생산하지만 특수한 고급 철강재는 여전히 수입에 의존한다. 형강을 생산하지 못해 볼펜 촉도 수입해서 쓴다. 이것이 산업구조를 조정해야 하는 이유다"라고 말했다. 리 총리는 2015년 6월에도 똑같은 말을 한 적이 있다. 볼펜 촉은 볼과 볼 덮개로 나뉜다(두 개 모두 형강에 속한다). 조사 결과 중국은 볼 생산기

(단위: 만 톤)

지역	정부 계획	자체 감산	일시적인 생산 중단	영구 폐쇄	합계
안후이		59	59		59
충칭		365	365		365
푸젠		174		174	174
간쑤		110	110		110
구이저우	18			18	18
허베이		2429	1159	1270	2429
헤이룽장		171	171		171
허난		363	363		363
후난	10			10	10
네이멍구	170	250	98	322	420
장쑤	260	254	169	345	514
장시	60	100	100	60	160
지린		445	215	230	445
랴오닝		313	300	13	313
산시陜西		118	118		118
산둥	920	20		940	940
산시山西		3279	1226	2053	3279
쓰촨	180	329	329	180	509
톈진		382	382		382
신장	80	1199	1199	80	1279
윈난	117	383	383	117	500
저장	16			16	16

[표2] 2015년 전국(홍콩, 마카오, 타이완 제외) 성시별 조강 감산 상황 통계

출처: 2016년 3월 22일 발표한 모건스탠리 연구 보고서 〈전 세계 철강 수첩Global Steel Playbook〉

술은 보유했지만 볼 덮개 생산기술은 보유하지 못했다. 볼펜 촉 조립기술은 멀리 프랑스의 빅BIC, 스위스의 미크론Mikron, 독일의 오토 후트Otto Hutt 등의 수중에 있다. 중국은 스위스에서 볼펜 촉을 조립하는 정밀기계를 수입하고, 일본에서 볼펜 촉을 만드는 형강을 수입하며, 독일에서 잉크를 수입한 뒤 최종적으로 이익률이 지극히 낮은 볼펜을 만들어 외국에 수출한다.

과잉 생산은 산업 쇠퇴를 불러오지만 공급 측 개혁과 산업 업그레이드는 산업의 생명주기를 늘린다. 만약 로체스터에 있는 코닥이 1998년 디지털카메라 사업으로 과감히 전환했다면, 디트로이트의 3대 자동차 공장이 1970년 고배기량의 대형 자동차만 생산하는 단일 제조구조에서 탈피했다면, 판즈화가 2006년 단순 철강 가공으로 돈을 벌지 않고 [나노 철입자 같은] 첨단철강제품을 생산했다면 지금쯤 어떻게 되었을까? 산업 전환은 막을 수 없는 현상이자 반드시 겪어야 하는 진통이다. 앞으로도 제2, 제3의 로체스터·디트로이트·판즈화는 계속 생길 것이다. 그러나 산업의 집중과 전환은 서로 충돌하는 개념이 아니며 얼마든지 자연스러운 변화 과정일 수 있다.[28]

아버지와 동료 분들은 판즈화에 남았다. 어제 통화할 때 아버지는 철강산업이 몰락한 뒤 크게 오염되지 않은 판즈화를 여행산업의 메카로 키우기 위해 정부가 환경을 엄격히 관리해 판즈화의 공기가 맑아지고 하늘이 파래졌다고 했다. 마침내 내 고향은 아름답게 변했지만 우리 모녀는 다시 그곳으로 돌아가지 않았다.

2016년 4월 3일 내 웨이보 공식계정인 '샹솨이의 금융 강호'에 〈그 공장과 그 도시〉를 게재했다. 7,000자에 달하는 장문이지만 며칠 만에 10만 명이 넘는 네티즌이 이 글을 읽고 여기저기 퍼 나르며 각자의 생각을 공유했다. 고향이 판즈화인 독자들은 저마다 자신의 사연을 올렸고 쯔보, 둥베이, 허베이 등 석탄·석유 산지에 사는 독자들은 도시는 다르지만 운명은 서로 비슷한 것에 많은 공감을 표했다. 그리고 시짱西藏 2세대와 신장新疆 3세대[시짱, 신장 지역 개발을 위해 자발적으로 이곳으로 이주한 사람들의 자녀와 손주 세대. 주로 병단(중국의 변방에서 생산과 건설에 참여하는 부대-옮긴이), 농장, 산골의 공장에서 일한다]는 눈물을 흘렸다. 진실로 정책 당국이 짓는 그럴싸한 표어에는 무수한 국민의 기나긴 일생이 담긴다.

내 친구 단체방에 왕한성[王漢生, 베이징대학교 광화관리학원 교수]이 글을 남겼다. 그는 1970년대 중반 충칭시의 3선 지역인 장진에서 태어났다. 장진의 수재로 베이징대학교를 졸업하고 해외에서 공부한 그는 다시 중국으로 돌아와 베이징대학교의 스타 교수가 되었다. 화려한 학력에 가려 잘 알려지지 않았지만 사실 그는 '시짱 2세대'다. 다음은 그가 남긴 글이다.

지난 몇십 년 동안 중국에 많은 사연이 생겼다. 그 많은 사연이 국민 개개인에게 의미하는 것은 뭘까? 난 아버지와 어머니를 떠올리지 않을 수 없다. 부모님은 척박한 변경지역 시짱에서 20년 동안 고생하며 지역 개발에 공헌했다. 그곳에 청춘을 바쳤고 건강을 바쳤고 가족을 바쳤다. 하지만 국유기업의 말을 무조건 따라야 했고 그것은 퇴직하라는 말에도 마찬가지였다. 판즈화의 사연은 내게 매우 익숙하다. 그런 일은 충칭은 물론 3선의 작은 시골 마을인 장진에서도 있었다. 이후 내게 한 가지 습관이 생겼다. 난 어느 때든 특히 좋은 때일수록 눈을 더 크게 뜨고 사회 변화를 관찰한다. 그렇게 시시때때로 위기감을 느끼고 인내심을 키우며 끊임없이 공부하고 발전한다. 과거는 깨끗이 잊어도 괜찮지만 미래의 기회는 그냥 흘려버리면 안 된다.

여러 사람의 글을 읽는 내내 코끝이 찡하고 가슴이 아팠다. 어느 시대 어느 도시 어느 하늘 아래에서 태어났든, 고향을 등졌든 여전히 그곳을 지키든 모두에게 고마움을 전하고 싶다.

9. 저장성 경제의 추락과 부활

전통산업 쇠퇴와 신흥산업 발전은 동시에 일어났다. 쓰촨성 판즈화강철 이야기는 쇠락하는 전통산업이 생존을 위해 발버둥 치는 고난기를 보여준다. 저장성 이야기에도 제조업의 그림자가 어른거리지만 판즈화와는 다르다. 저장성 경제는 국가 산업이 일으키지 않았다. 그곳 경제는 돌 틈에서 자라난 야생초처럼 약한 듯해도 강인한 민간 부문이 일으켰다.

저장성은 내가 늘 사랑하는 곳이다. 풍요로운 평야지대〔자싱 일대〕가 있는 그곳은 왕궈웨이(王國維, 청나라 말기와 민국 초기의 고증학자-옮긴이)와 진융 같은 문인을 키워냈다. 지하자원이 부족하고 산과 강이 각각 성省 면적의 70%와 20%를 차지하지만 민간경제는 전국에서 가장 활기차다. 풀이 파릇파릇 돋고 꾀꼬리가 날아다니는 춘삼월에도, 하늘이 높고 상쾌한 가을에도 상하이에서 저장성까지 드라이브하는 동안에는 늘 풍요로움과 평화 같은 기분 좋은 느낌을 받는다. 베이징과 그 주변을 드라이브할 때와는 사뭇 다른 느낌이다.

그런데 2013년 말부터 "저장성의 기업은 끝났다"라는 말이 급부상하기 시작했다. 파산한 회사가 한두 개가 아니라는 둥 어느 회사의 오너가 부채를 갚지 못해 야반도주했다는 둥 이런저런 소문이 무성했다. 2008년 글로벌 금융위기 이후 수출가공업 중심의 저장성 제조업〔경공업]은 큰 타격을 받았다. 같은 기간 주장 삼각주에 위치한 제조업도 똑같이 타격을 받고 산업모델 전환에 어려움을 겪었지만 저장성처럼 회사가 대거 파산하거나 오너가 도망치는 사건은 발생하지 않았다. 2014년 경기 하락이 지속되자 저장성 회사는 더 큰 어려움에 빠졌다. 원저우에서 시작된 신용위기는 서서히 성 전체로 번져 나갔고, 회사가 줄도산하자 은행에 악성부채가 끊임없이 쌓였다.

저장성에서 무슨 일이 벌어진 걸까? 궁금해하는 사람이 워낙 많다 보니 확인되지 않은 소문만 무성하고 거침없이 성장한 저장성의 민간경제 DNA를 의심하는 목소리도 커졌다. 사실 2014년의 저장성은 어려움에 빠진 중국 제조업의 축소판이었다. 하지만 정작 저장성에 신용위기를 불러일으킨 것은 한때 '금융 혁신'이라고 높이 치켜세운 상호대출 시스템이다.

중국의 금융 시스템은 줄곧 대형 국유은행 천하였다. 1990년대에 문을 연 주식시장과 2000년대에 발전한 신용채信用債시장은 문턱이 높아 산골에 핀 개나리처럼 '변변찮은' 존재인 중소기업은 정식 금융 시스템의 혜택을 거의 못 받았다. 그러나 예전부터 경제가 발달하고 상업 유통이 활발하게 이뤄진 저장성은 일찍이 민간금융 시스템을 만들었다. 가령 종족문화가 깊이 뿌리내린 향촌사회라 이웃끼리 서로 돈을 융통해주는[이를테면 계모임 같은] 상부상조식 대출 시스템이 있었다. 1980년대부터 발달하기 시작한 이 금융 시스템은 저장성 민간경제 발전에 크게 공헌했다.

2000년 이후 은행이 대출정책을 완화하자 은행에서 대출을 받거나 대출 규모를 확대하기 위해 회사끼리 서로 보증을 서는 현상이 두드러졌다. 이 현상은 점에서 선으로 다시 면으로 확대되면서 복잡한 상호대출 네트워크를 형성했다. 경제가 고도성장하는 단계에는 이 교차식 레버리지가 회사의 확장 속도를 높여 경제 규모와 신용시장을 키우는 효과가 있다. 중국에서 회사끼리 서로 보증을 서는 일은 예전부터 있었지만 특히 업계와 학계 인사들의 주목을 받으면서 혁신적 금융모델이라는 찬탄을 받기 시작했다. 2009~2010년에는 대출 규모 확대라는 이점 때문에 대출에 어려움을 겪는 중소기업 사이에 널리 퍼져갔다. 이때만 해도 많은 전문가가 마치 중소기업의 대출난을 해결할 세계적인 방법을 찾은 것처럼 기뻐했다.

그런데 2010년부터 베이징대학교의 황이핑黃益平 교수와 쉬젠궈徐建國 교수 연구팀이 조사한 결과 현장 상황은 전문가들의 생각처럼 그리 낙관적이지 않았다. 실은 다른 회사의 보증을 서주기를 꺼려하는 회사가 많았고, 신용과 현금 사정이 좋지만 업계 분위기에 따라 보증 시스템 안으로 휩쓸려간 회사도 있었다. 사업가라면 누구나 잘 알겠지만 인정을 중시하는 중국에서 개인과 회사가 '주류'에 저항하는 것은 매우 어려운 일이다. 일부 사업가는 연구팀에 "차라리 우리 회사가 은행 블랙리스트에 올랐으면 좋겠습니다. 그러면 보증을 설 일이 없을 테니까요!"라고 무기력하게 말하기도 했다. 약 1년간의 자료 분석과 연구 끝에 연구팀은 중소형 민영은행과 민간금융 시스템의 중요성을 강조하며 당시 크게 유행한 상호보증 시스템에 보수적인 접근을 요구했다. 경기가 하락하기 시작하면[2012년 그 조짐이 보였다] 연좌식 신용 시스템으로 연결된 모든 회사와 은행이 줄줄이 위험해질 수 있기 때문이다. 이것은 그 무렵의 주류 관점과 크게 차이가 나는 결론이었다.

안타깝게도 연구팀의 이성적인 목소리는 사회의 주목을 받지 못했고 주류의 큰 목소리에 묻혀버렸다. 상호보증 시스템은 혁신적인 금융

모델로 주목받으며 저장성 전체에 널리 퍼졌고, 많은 회사가 돈을 쉽게 빌려 금융자산과 부동산 투자에 나섰다. 그러다가 2014년 레버리지 광풍이 가장 심하게 분 원저우에서 버블이 터지자 상호보증 시스템으로 연결된 크고 작은 회사들이 도미노처럼 줄줄이 쓰러져버렸다. 우량회사도 저장성을 휩쓴 교과서 같은 신용위기에서 무사하지 못했다. 놀랍게도 연구팀의 예언은 2년 만에 현실로 나타났다.

저장 출신의 지우링허우 세대이자 베이징대학교 박사 과정에 있는 루지아이陸佳儀는 자신의 글에서 연좌식 신용 시스템이 불러일으킨 재앙을 생생히 보여주었다. 루지아이에게 이 재앙은 단순한 이야기가 아니라 현실이자 가정 및 개인 운명의 변화이며 시대의 큰 흐름을 따르려는 노력과 선택이었다. 무엇보다 그 내용이 너무 진실해서 깊이 생각에 잠기도록 만들었다. 그렇지만 젊고 진취적인 루지아이가 본 것은 절망이 아니라 희망이었다.

저장성에 불어 닥친 기업계의 부도 바람에 푸얼다이(중국의 부유층 2세 – 옮긴이)와 기업 후계자들은 힘없이 나가떨어졌다. 한데 이것은 저장성 이야기의 결말이 아니라 시작에 불과하다. 2015년 저장성 회사들은 경기가 급격히 나빠지고 여전히 신용위기의 여진에 시달렸지만 서서히 부활하기 시작했다. 부활의 시동은 데이터, 미디어, 인터넷산업 중심의 3차 산업이 걸었고 그 주축은 힘없이 나가떨어진 기업 후계자들이었다. 소극적이든 적극적이든 저장성 경제의 세대교체와 산업 업그레이드는 안정적이고 꿋꿋하게 일어났다.

예전에 나는 연구를 위해 언니와 동업자들이 입주한 상하이의 TMT[29] 산업단지를 방문한 적이 있다. 젊고 부유하고 생기 넘치는 그 산업단지에서 나는 저장성 출신의 몇몇 푸얼다이와 지우링허우 창업자를 만났다. 그들의 부모는 현지에서 민간 회사를 경영하는 사업가로 몇 세대가 먹고살 수 있을 만큼 많은 부를 축적했다. 그러나 그들은 부모의 그늘을 벗어났고 안정적인 이익을 보장하는 기존 산업에서 탈피해 인터넷 광고, SNS, 게임, 전자상거래 같은 신흥산업 분야에서 경험을 쌓았다. 부족함 없이 자란 이들은 창업 과정에서 사기를 당하거나 기술팀이 해체되는 좌절을 경험하고 비좁은 사무실에서 일하는 어려움도 겪었으나 모두 이겨내고 지금은 안정적인 단계에 접어들었다. 다음은 루지아이가 쓴 글의 일부다.

> 산업 업그레이드는 기존의 것을 지키려 하는 윗세대와 기존의 것에서 벗어나려 하는 아랫세대의 틈에서, 각 가정의 세대 사이에서 미묘하게 발생했다. 부모에게 사업 DNA를 물려받은 무수한 젊은이들이 후계자의 왕관을 버린 채 창업자의 전투복을 걸치고 창업의 길로, 오피스텔의 좁은 컴퓨터 책상 앞으로, 인터넷 사회로 몰려들었다.

2016년 전 세계는 냉탕과 온탕을 오가는 복잡한 중국, 전통산업 쇠퇴와 신흥산업 발전을 동시에 이룬 중국을 경험했다. 쓰촨성 판즈화강철 이야기는 쇠락하는 전통산업이 생존을 위해 발버둥 치는 고난기를 보여준다. 저장성 이야기에도 제조업의 그림자가 어른거리지만 판즈화와는 다르다. 저장성 경제는 국가 산업이 일으키지 않았다. 그곳 경제는 돌 틈에서 자라난 야생초처럼 약한 듯해도 강인한 민간 부문이 일으켰다. 기업가정신과 사업 DNA가 있는 한 저장성 경제는 언덕 위의 무성한 풀처럼 봄바람을 타고 더 높이 더 푸르게 자랄 것이다.

사라진 후계자들

루지아이

나는 저장성 닝보지구에서 나고 자란 지우링허우 세대다. 고향 하면 '아! 사장님이 진짜 많은 곳'이라는 인상이 가장 먼저 떠오른다. 저장성은 중소기업과 산업단지가 많은 곳으로 특히 유명하다. 그래서인지 거의 모든 지역마다 그 지역을 대표하는 유명 상품이 있다. 2005년 주지시의 양말, 의우시의 생활용품, 융자현의 단추, 성저우시의 넥타이는 각각 중국 내수시장의 65%, 70%, 85%, 90%를 점유했고 원저우 라이터의 시장점유율은 80%가 넘는다. 이 밖에 융캉시는 철물제품, 사오싱시는 방직공업과 화학섬유, 하이닝시는 가죽제품과 의복, 타이저우시는 정밀화학공업 등으로 유명하다.

저장성 사람들에게 산업단지, 대규모 경제는 허황된 꿈이 아니라 현실이다. 내 고향은 저장성 동쪽의 산악지대와 북쪽 평야지대가 교차하는 곳에 위치해 농경지가 적고 항구가 없으며 천연자원이 빈약하다. 하지만 1980년대 후반 플라스틱 모형 산업단지가 조성된 이후 플라스틱 전국 판매량의 10% 이상을 꾸준히 차지하는 도시로 성장했다. 구체적으로 2015년 전국 플라스틱 거래량의 10%, 플라스틱 관련 산업 판매량의 7%를 차지했다. 내 고향은 일반인에게는 낯설지만 플라스틱 모형업계 사람들에게는 대단히 유명한데, 1999년부터 무려 17번의 중국 플라스틱 박람회가 그곳에서 열렸다. 박람회는 전시 판매 부스를 구하기 어려울 정도로 매번 성공했고, 전국에서 사람들이 몰려오는 바람에 시내의 몇몇 5성급 호텔은 한 달 전부터 예약이 꽉 찼다.[30]

중국의 대다수 민영 제조업처럼 저장성의 산업은 노동집약형에다 고도로 분업화되었다. 이럴 경우 회사 숫자는 많지만 규모는 작은 특징을 보인다. 저장성에는 회사가 많은 만큼 사업가도 많다. 어릴 때 친구들의 부모님은 죄다 소규모 공장이나 회사를 운영했고 규모에 상관없이 밖에 나가면 모두 '사장님' 소리를 들었다.

부모가 사장이면 자녀는 으레 푸얼다이가 되는 법이다. 세상 물정 모르던 어린 시절에도 친구들은 은연중에 누구네 부모님의 재산이 가장 많은지 알고 그 친구를 부러워했다. 당시는 한국의 꽃미남 이민호가 주연한 〈상속자들〉이 아직 중국에서 인기를 끌기 전이었으나 내 주변에는 어린 '상속자들'이 꽤 있었다. 이들은 자신의 부모가 어떤 회사를 운영하고 장차 자신이 그 회사에서 어떤 지위를 차지할지 잘 알았다.

훗날 내가 베이징대학교에서 본과와 박사 과정을 밟는 동안 친구들은 푸얼다이의 극본대로 차근차근 살아갔다. 그러다가 2013년 '상호보증'이라는 돌덩이가 내 고향에 격렬한 파도를 일으켰다.

사라진 후계자들

A는 어릴 때 나와 같이 뛰놀던 예쁘장한 동갑내기 친구다. 그녀의 부모는 1995년 플라스틱제품과 욕실설비를 생산하는 회사를 연이어 설립해 돈을 많이 벌었다. 비록 중간 중간 어려움이 있긴 했지만 20년 동안 고비를 무사히 넘기고 두 회사는 호황기에 거액을 벌어들이는 견실한 기업으로 성장했다. 내가 2013년 본과를 졸업하고 '고생'스럽게 박사 과정을 밟을 때, A는 부모의 회사에서 후계자 수업을 받았다. 동갑내기 친구들이 대학을 졸업하고 내 집 마련을 고민할 때 그녀는 부모에게 빌라를 선물로 받았다. A의 부모는 한창 성장하는 회사를 왕성하게 경영하며 후계자 교육도 일사분란하게 진행했다.

그러나 2013년 원저우에서 터진 신용위기가 온 저장성을 휩쓸 때 내 고향도 무사하지 못했다. 부채 바이러스가 상호보증 시스템 속으로 빠르게 퍼지자 저장성의 중소기업은 유행병이 돌듯 파산하기 시작했고, 면역력이 강한 우량회사마저 레버리지의 중압감을 이기지 못하고 위험해졌다.

A의 부모는 인맥과 회사의 현금흐름이 좋아 현지 은행장에게 최고의 보증 대상으로 꼽혔다. 이들은 거듭된 은행장의 설득과 친한 친구들의 부탁에 어쩔 수 없이 10여 곳 회사에 1억 위안에 가까운 금액의 보증을 서주었다가 그만 '덫'에 걸리고 말았다. 2014년 A의 사촌오빠가 경영하는 회사와 삼촌이 경영하는 회사가 연달아 파산하자 A의 가족회사는 거액의 채무위기에 빠졌다. 당시 A의 부모는 날마다 은행장과 채권자에게 부채 상환 독촉을 받았다. 스트레스가 어찌나 심했는지 A의 아버지는 그렇게 싫어하던 담배를 하루에 두 갑씩 피웠고 손도 덜덜 떨었다. 2015년

A 명의의 부동산마저 법원 경매에 넘어갔고 빚은 여전히 남았다.

수십 년 동안 고생해서 일으킨 회사가 허망하게 쓰러져가자 A의 부모는 다른 사업가들처럼 재기의 발판을 마련하기 위해 새로 회사를 설립해 기존 회사에서 일부 자산과 업무를 몰래 이전하기로 결정했다. 이는 본질적으로 채무 상환을 회피하는 것이라 매우 위험했다. 또 새로 설립한 회사가 정상 궤도에 올랐을 때 기존 회사와 실타래처럼 엮인 것이 드러나면 신용에 오점이 생기는 탓에 누구 명의로 하느냐가 중요했다.

A의 부모는 자신들의 이름이 이미 법원의 블랙리스트에 오른 상태라 어쩔 수 없이 A의 명의로 회사를 설립하려 했다. 하지만 사회생활을 시작하자마자 막대한 신용 리스크를 떠안기 싫었던 A는 고심 끝에 부모의 계획을 거부했고, 다행히 A의 부모는 그 마음을 이해해줬다. 결국 A의 아버지는 연로한 자기 아버지 명의로 다시 회사를 설립해 잠시나마 빚 청산 운명에서 벗어났다. 그러나 불경기에 새 회사의 사업이 잘될 리는 없었다. 1년 동안 노력해도 사정이 나아지지 않자 A는 아버지 회사를 떠나 작은 일식 레스토랑을 차렸다. 최근 A의 레스토랑에서 그녀를 만났는데 그녀는 남자친구와 함께 앞치마를 두르고 직접 테이블을 닦는가 하면 피크 타임에 대비해 정성껏 식사를 준비했다. 레스토랑 입구에는 '배달합니다'라는 팻말이 걸려 있었다.

B도 지우링허우 세대다. 유복한 가정에서 온순하게 자란 그녀는 대학을 졸업하자마자 고향의 푸얼다이인 C와 결혼했다. 결혼식이 어찌나 호화스러웠는지 온 동네가 다 떠들썩할 정도였다. C 집안의 사업 규모는 어마어마했다. 그는 영국에서 공부를 마치고 귀국해 가족회사의 부사장으로 일하며 해외영업 업무를 맡았다. 일하는 솜씨가 똑 부러지고 과감해서 그는 일찌감치 후계자로 지목받았다. A의 가족회사처럼 현금흐름

이 좋고 신용이 높던 C의 가족회사도 상황에 밀려 어쩔 수 없이 상호보증 시스템에 발을 깊이 담그고 말았다. 결국 C의 가족회사는 2013년 보증을 서준 회사가 연쇄부도로 쓰러질 때 1억여 위안의 부채를 떠안았다. 재앙은 항상 겹쳐서 온다고 했던가. 거액의 부채가 생기자 신용도는 급격히 하락했고 대출 상환 독촉에 시달리던 와중에 공급처와의 거래가 끊겼다. 비틀거리던 회사가 최종 부도로 무너지기까지는 1년여의 시간이 걸렸고, C 가족회사의 모든 자산은 법원 경매로 넘어갔다. 하루아침에 견실한 회사와 전 재산을 잃고 빚만 떠안은 C의 아버지는 상심해서 "하루아침에 30년 노력이 물거품이 되다니, 모든 것이 개혁개방 전으로 돌아가고 말았어"라고 말했다.

하룻밤 새에 부유한 후계자는 빚쟁이로 전락했다. 평소 얌전하고 여성스럽던 B는 집안이 기울자 2014년 말 남편과 함께 고향을 떠나 항저우에서 인터넷 쇼핑몰을 차리는 강인함을 보였다. 이 부부에게 남은 것은 건강한 몸과 두뇌뿐이었고 그 많던 인맥은 부도와 함께 사라졌다. B와 C는 해외에서 유명 브랜드 영양제를 구매 대행해 판매하는데 지금은 사업이 많이 안정되었다.

D는 해외 명문대에서 컴퓨터공학을 전공했다. 성실하고 근면한 그의 아버지는 1980년대 말 회사를 설립하고 전원電源제품 생산을 주도해 성省은 물론 중국 전역에서 명망이 높았다. 주주 명단에 일찌감치 아들의 이름을 올린 D의 부모는 D가 인재로 성장해 회사를 물려받기를 바랐다.

2008년 무렵 장쑤성 화이안시가 친親기업정책을 펴며 기업을 유치하자 D의 아버지는 그곳에 공장을 짓고 프로젝트를 진행했다. 화이안시는 기업 유치 성과를 홍보하기 위해 D 아버지의 회사명으로 공장 앞 도로 이름을 지었다. 시 정부가 예우하고 현지 은행장이 전폭적으로 지원하자 D의 아버지는 투자 규모를 확대해 그곳에 생활용품 시장을 조성하고 호텔을 건설했다. 사업의 가짓수가 늘어나면 그만큼 자금이 더 필요한 법이다. 2014년 저장성에서 신용위기가 발생하자 자금난은 더 심해졌다. 엎친 데 덮친 격으로 경기가 나빠지면서 화이안시 정부는 D 아버지의 공장 부지를 사들이기로 한 계획을 취소했다. 자금줄이 바짝 마른 D의 가족회사는 신용위기의 폭풍우를 온몸으로 맞으며 버티는 수밖에 없었다. 그나마 D의 아버지가 아들의 이름이 신용 블랙리스트에 오르기 전에 주주 명단에서 D의 이름을 뺀 것이 천만다행이었다. 대학을 졸업한 D는 아버지의 뒤를 이어 제조업에 뛰어들지 않고 미래가 밝은 인터넷산업으로 눈을 돌렸다. 전문 지식을 갖춘 데다 흥미도 있어서 충분히 승산이 있어 보였다. 그는 동업자들과 인터넷 게임을 개발했는데 첫 작품이 크게 인기를 끈 덕분에 게임 유저들을 안정적으로 확보해 벤처 투자자의 지원을 받았다.

이상의 세 이야기는 내 고향에서 일어난 일이다. 사라진 후계자들 이야기는 배경과 주인공만 다를 뿐 지금도 저장성에서 날마다 발생하고 있다.

레버리지 정리와 36계 줄행랑

저장성의 민간 중소기업은 가정에서 수공업 방식으로 작게 시작한 경우가 많다. 또 대체로 노동집약형 산업이고 마진율이 매우 낮다. 이제 막 사업을 시작한 회사는 자본이 부족한 탓에 성장에 어려움이 생기면 외부에서 돈을 융통할 방법을 찾는다. 이때 주식이나 채권을 발행하는 것은 문턱이 너무 높고 그나마 쉬운 방법이 은행대출을 받는 것이다.

하지만 규모가 작고 실력을 증명하지 못한 중소기업이 은행에서 돈을 빌리기는 결코 쉽지 않다. 원래 은행은 '부자'를 좋아한다. 즉, 신용도와 영업이익이 높고 자산이 풍부한 대형 국유기업은 좋아하지만 중소기업에는 인색하다. 소규모에다 시장점유율이 낮고 정보공시를 늦게 하는 중소기업에 돈을 빌려줄 때 은행은 보증이나 담보 대상을 까다롭게 요구한다. 가뜩이나 자본, 자산, 특허권 가치가 빈약한데 은행이 담보물 가치를 원래보다 70% 이상 낮게 책정하면 중소기업은 지푸라기라도 잡는 심정으로 다른 회사를 보증으로 세운다. 이때 보증을 서주는 회사는 자사의 이익을 보호하고자 상대에게 자사 보증을 부탁해 서로 보증을 서는 관계에 놓인다.

저장성 회사들의 보증 사슬은 선線, 환環, 망網의 3종 형식으로 연결되었다. 이른바 '선'은 앞서 설명한 일대일 보증관계고 '환'은 여러 회사가 연합해서 보증을 서주는 것을 가리킨다. 마지막으로 '망'은 그룹 대 그룹 또는 그룹 내 회사끼리의 보증을 말하는데 모회사 대 자회사, 자회사 대 자회사, 모회사 대 모회사의 3종 관계로 복잡하게 얽혔다.

모든 중소기업은 선, 환, 망의 교차식 보증 네트워크를 비롯해 서로 다른 단계에서 보증관계로 얽혀 레버리지 효과를 높인다. 그런데 우량회사와 불량회사가 한데 엮인 탓에 어느 한 곳에 위기가 닥치면 다함께 영향을 받을 위험이 있다. 보증 사슬은 부채 리스크나 마찬가지지만 경기가 상승 국면일 때는 호황에 가려버리고 오히려 중소기업의 숨통을 틔워주는 역할을 한다. 이때 상호보증, 연합보증은 모두에게 이익을 주는 상생 모델이다. 반면 경기가 하락하면 부채 리스크는 극도로 높아진다.

내 고향의 경우 2015년 말까지 1,270억 위안의 인민폐·외화예금 중

600억 위안 정도가 제조업체에 대출자금으로 흘러들어갔는데, 이 중 3분의 1이 담보대출이었다. 대출금이 1억 위안 이상인 중소기업은 대부분 보증 사슬로 얽히고설켰다. 가령 대출금이 10억 위안 이상이면 10갈래로, 대출금이 5억 위안 이상이면 20여 갈래로, 대출금이 1억 위안 이상이면 수십 갈래로 수백 개의 회사가 서로 복잡하게 얽였다. 따라서 어느 한 회사에 금융 리스크가 발생해 은행이 대출금 조기 회수에 나서면 리스크가 다른 회사로 번져 파산 도미노가 일어나는 악순환이 발생할 가능성이 컸다.

기어코 위기는 찾아왔다. 오랫동안 가치 사슬의 말단에 있던 제조업체는 토지, 노동력 등의 자원 우세에서 서서히 밀려 내우외환의 이중고를 겪었다. 2008년 글로벌 금융위기는 저장성의 전통 제조업체에 퇴각의 서곡이나 마찬가지였다. 해외 주문량이 급감하자 영업이익이 크게 감소했고 제조업체가 장기간 의존해온 저비용의 우세가 빠르게 사라졌다. 회사의 이익만 빼고 임금, 사회보험, 세금, 은행금리, 원자재가격이 모두 상승하자 저장성 사업계에 "이러다가 벼룩의 간까지 빼먹게 되는 것 아닌가"라는 말이 돌았다.

전통 제조업체 경기가 나빠지자 많은 회사가 투자 쪽으로 눈을 돌렸다. 마침 2009~2010년 부동산가격이 폭등하자 많은 투자자가 시세차익을 노리고 부동산시장에 몰려들었다. 저장성 제조업체들도 은행에서 받은 대출금을 제조업에 쓰지 않고 부동산에 투자했다. 중국의 부동산시장이 호황일 때 '원저우 부동산 투기단' 얘기를 한 번쯤 들어봤을 것이다. 사업가들 사이에 한때 부동산 투자가 유행처럼 번졌는데 부동산 매물의 주인 명단을 보면 대부분 제조업체 사장이었다. 서서히 몰락하던 제조업체는 활기찬 부동산시장과 높이 부풀려진 자산가격 커튼 뒤로 슬그머니 숨어들었다. 이때 은행도 인터넷 대출 문을 활짝 열어 뜨겁게 불붙은 부동산시장에 기름을 부었다.

신용위기가 닥쳤을 때 가장 먼저 수렁에 빠진 곳은 민간금융을 많이 쓴 원저우다. 2010년 하반기 들어 정부가 레버리지 정리 정책을 펴자 중앙은행은 27차례에 걸쳐 지급준비율을 올리고 대출기준을 강화했다. 또한 정부는 하늘 높은 줄 모르고 오르는 부동산가격을 잡기 위해 부동산 대책을 속속 내놨다. 그 여파로 버블이 터지면서 부동산가격이 하락했고 회사의 채무 부담이 늘어 다른 회사까지 연쇄적으로 영향을 받는 악순환이 일어났다. 회사 입장에서는 채무 부담이 없을 때 부동산을 처리해 자금을 회수하는 것이 가장 좋다. 채무 부담을 이기지 못해 너도 나도 부동산을 처리하려 하면 부동산가격이 더 떨어지기 때문이다.

당시 은행의 정책은 우물에 빠진 사람에게 돌을 던지는 격이었다. 자본금이 보잘것없어도 다른 회사가 보증만 서주면 돈을 빌려주던 은행은 갑자기 기존 정책을 바꿔 대출금 상환 독촉에 나섰다. 또 회사가 대출금을 상환해도 재대출을 거부해 생산과 경영에서 자금난에 허덕이게 만들었다. 설령 재대출을 승인해도 계속 심사기한을 연장하거나 대출 조건을 변경했다. 회사는 코앞에 닥친 자금 문제를 해결하기 위해 어쩔 수 없이 민간대출을 이용했는데, 이는 결국 스스로 경영비용과 리스크를 높이는 꼴이었다. 2011년, 그러니까 원저우 민간대출 시장이 무너지기 전 은행의 무리한 대출 상환 독촉은 위기를 더욱 부채질했다. 이후 저장성의 3선 도시에서는 '부동산 가치 하락 - 담보물 가치 하락 - 은행의 대출금 조기 회수 - 채무회사 부담 가중 - 상호보증 시스템을 통한 부채 확산 - 투매로 인한 부동산 가치 하락'의 악순환이 일어났다.

신용위기가 커지고 상호보증 시스템의 높은 레버리지에 따른 중압감이 커지자 저장성의 중소기업주들은 리스크를 줄이고자 '자산 대이동' 신공을 발휘했다. 즉, 그들은 시간을 질질 끌면서 '자산 지키기 전쟁'을 벌였다. 2014년 저장성의 콧대 높은 은행들은 전국에서 부실대출비율과 부실대출 잔고가 가장 높았다. 불명예스럽지만 부인할 수 없는 사실이다. 앞서 말했듯 사업가들의 대표적인 '36계 줄행랑'은 기존 회사의 자산과 업무를 새로 설립한 회사에 몰래 이전하는 일이다. 새로운 회사는 자신이 실질적인 사장이지만 부모, 자녀, 친척 명의로 등록하고 풍랑이 지나갈 때까지 제3자를 내세워 경영한다. 여기에다 명의를 빌려준 제3자와 사전에 장기임대 계약을 체결해 회사자산이 경매로 넘어가는 것을 막아 실질적으로 자산 사용권을 장악한다. 또 허구의 부채를 만들어 다른 채권자의 이익을 침해하거나 법원 경매에 넘어간 회사자산을 다시 저가로 매입함으로써 채무 규모를 크게 줄이는 방법도 있다(대체로 법원의 경매가격은 평가가격의 55%까지 낮아진다). 더 이상 손 쓸 방법이 없을 때는 줄행랑치는 게 상책이다. 이로 인해 한동안 '사장 도주'가 인터넷의 핫 키워드로 오르기도 했다.

최근 몇 년 동안 저장성에서는 기업 금융사건이 빈번하게 발생했다. 내 고향의 경우 2015년 상반기에만 500건의 금융사건이 발생했는데 사건 연루 금액이 수십억 위안에 달한다. 2012년부터 저장성은 부실대출비율이 급증했고 (장부에서 삭제한 방대한 규모의 대출을 빼도) 전국에서 부실대출 잔고가 독보적으로 높았다. 그 이후 어려움에 처한 사업주가 레버리지를 편법으로 정리하는 방법을 몸소 생생하게 '가르쳐주는' 수업이 등장하기도 했다.

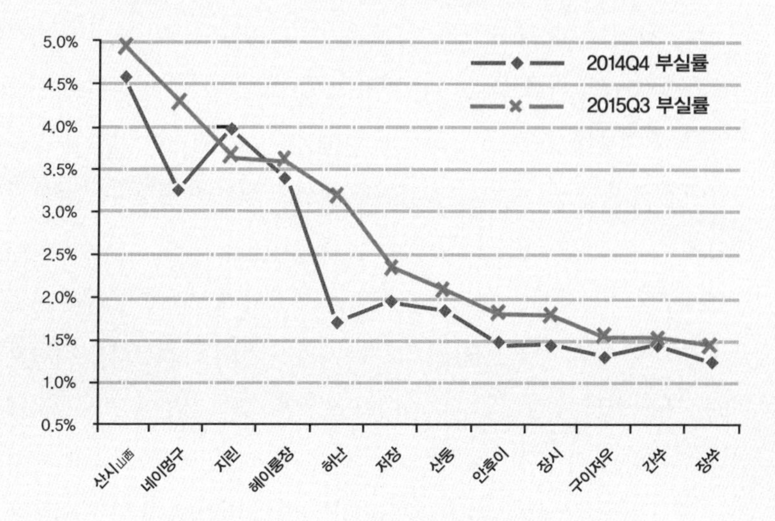

저장성 등지의 2014년 사사분기와 2015년 삼사분기 부실대출비율

출처: 윈드쯔쉰

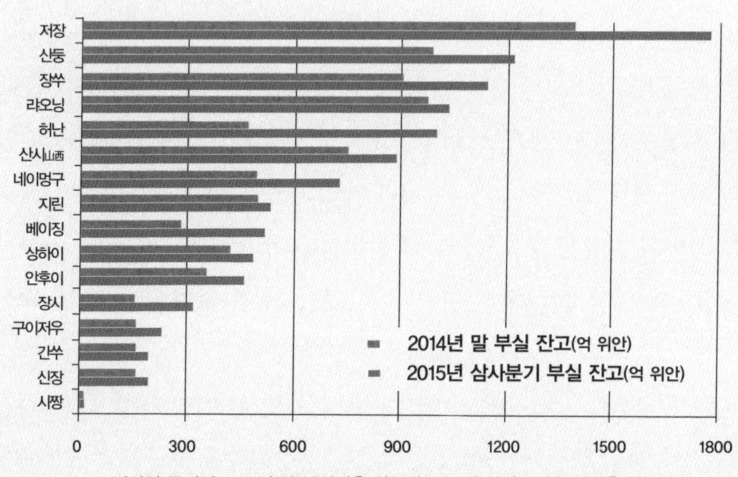

저장성 등지의 2014년 말 부실대출 잔고와 2015년 삼사분기 부실대출 잔고

저장성에 피어오른 불꽃

금융 시스템의 허점, 신용 시스템의 결함, 보증위기가 지역경제에 준 악영향, 기업주의 편법 등 저장성의 역사적인 신용위기는 여전히 많은 사람에게 교훈을 준다. 그러나 폐허 속에서도 새로운 생명력은 꿈틀거렸다.

예로부터 저장성에는 의로움과 이익을 똑같이 중시하고 공업과 상업을 농업만큼 중요시하는 전통이 있다. 개혁개방 이후 저장성은 지하자원, 국가 차원의 투자, 정책적 혜택이 모두 부족한 상황에서 시장경제 발전의 기선을 잡았다. 성省 주민들은 사업 DNA를 한껏 발휘해 창업가를 꿈꿨는데, 실제로 일부는 중소기업 사장이 되었고 또 다른 일부는 배짱 좋고 식견이 높은 사업가가 되었다. 기업가정신 덕분에 저장성 곳곳에는 많은 산업 도시가 탄생했다. 그렇지만 중국 경제가 뉴노멀(New Normal, 투자 중심의 고성장기를 거친 뒤의 새로운 안정 성장시대 – 옮긴이)시대에 진입한 뒤, 자원과 노동력에 의존하고 모방이 쉬우며 창의력이 부족한 저장성 민간경제는 저장성의 경제발전을 가로막는 걸림돌이 되었다. 낙후된 산업구조와 기술력 부족이 문제였다. 레버리지 정리의 배후에는 이처럼 낮은 생산 능력과 전통적인 성장 동력을 정리하고, 저장성 사람들의 사업 DNA와 사업가 등의 인력자본을 활용해 창업 및 혁신 정신을 강화하려는 의도가 있다.

내가 생각하는 레버리지 정리의 핵심은 세 가지다. 첫째, 다른 기업을 위해 보증을 섰다가 부채를 떠안은 우량회사에 중압감의 그늘에서 벗어나 재기할 기회를 준다. 둘째, 레버리지 정리 후 부실자산을 신속히 활성화해 새 기업에서 더 큰 작용을 일으키게 한다. 셋째, '레버리지

(단위 %)

	베이징	톈진	허베이	산시山西	네이멍구	랴오닝	지린	헤이룽장	상하이	장쑤	저장	안후이
2016년 목표	6.5	9	7	6	7.5	6	6.5~7	6~6.5	6.5~7	7.5~8	7~7.5	
2015년 목표	7	9	7	6	8	6	6.5	6	설정하지 않음	8	7.5	8.5
2015년 증가 속도	6.9	9.3	6.8	2.8	7.7	2.7	6.3	5.5	6.9	8.5	8	8.7
2014년 증가 속도	7.3	10	6.5	4.9	7.8	5.8	6.5	5.6	7	8.7	7.6	9.2
변화	−0.4	−0.7	0.3	−2.1	−0.1	−3.1	−0.2	−0.1	−0.1	−0.2	0.4	−0.5
	상하이	장쑤	저장	안후이	푸젠	장시	산둥	허난	후베이	후난	광둥	광시
2016년 목표	6.5~7	7.5~8	7~7.5		8.5	8.5	7.5~8	8	9	8.5	7~7.5	7.5~8
2015년 목표	설정하지 않음	8	7.5	8.5	10	9	8.5	8	9	8.5	7.5	8
2015년 증가 속도	6.9	8.5	8	8.7	9	9.1	8	8.3	8.9	8.6	8	8.1
2014년 증가 속도	7	8.7	7.6	9.2	9.9	9.7	8.7	8.9	9.7	9.5	7.8	8.5
변화	−0.1	−0.2	0.4	−0.5	−0.9	−0.6	−0.7	−0.6	−0.8	−0.9	0.2	−0.4
	하이난	충칭	쓰촨	구이저우	윈난	시짱	산시陝西	간쑤	칭하이	닝샤	신장	
2016년 목표	7~7.5	10	7	10	8.5	10	8	7.5	7.5	7.5	7	
2015년 목표	8	10	7.5	10	8.5	12	10	8	8	8	9	
2015년 증가 속도	8.2	11	7.9	10.7	8.3	11	8	8.1	8.3	8	8.6	
2014년 증가 속도	8.5	10.9	8.5	10.8	8.1	10.8	9.7	8.9	9.2	8	10	
변화	−0.3	0.1	−0.6	−0.1	0.2	0.2	−1.7	−0.8	−0.9	0	−1.4	

2014~2015년 전국 각 성省과 시市의 실질 GDP 성장 속도

정리'라는 폭풍우가 지나간 뒤 우량회사의 인력자본과 우량자산이 시너지 효과를 내게 한다.

기존 회사의 자산과 업무를 새 회사에 몰래 이전하는 것은 불명예스럽지만 과도한 대출로 수렁에 빠진 저장성 실물경제를 다시 일으키기 위한 몸부림의 일환이라고 볼 수 있다. 쇠락의 길로 접어든 풍전등화 신세의 전통 제조업에는 무수한 가정의 애환이 서려 있다. 그러나 절망 속에서도 희망은 보였다. 산업 업그레이드라는 새로운 발전 추세가 생겼기 때문이다. 경기 하락과 담보위기 이후 저장성 경제가 그대로 무너졌다고 생각하면 큰 오산이다.

2015년 전국 각 성의 경제성장 속도는 대체로 2014년보다 낮다. 그렇지만 저장성의 실질 GDP 성장 속도는 8%로, 2014년의 7.6%보다 높고 연초 성 정부가 정한 목표인 7.5%보다도 높다. 어떻게 이런 결과가 나왔을까? 분명한 사실은 이것이 비실비실한 2차 산업이 아니라 막 고치를 벗어난 3차 산업의 성과라는 점이다[2015년 제조업 성장 속도는 5.4%로 크게 떨어졌다. 이것은 2014년 대비 1.4% 낮아진 수치다]. 2015년 저장성 서비스 산업의 생산총액은 2조 1,347억 위안이 늘었다. 이는 전년 대비 11.3% 성장한 것이며 GDP 성장 기여율은 65.7%다. 1차·2차·3차 산업 비율은 2014년 4.4:47.7:47.9에서 2015년 4.3:45.9:49.8로 바뀌었는데, 이 중 서비스업[3차 산업] 비중이 1.9% 높아진 점은 눈여겨볼 만하다. 특히 정보경제 산업은 1년 사이 생산총액이 3,310억 위안이나 늘어 15.1% 성장했고, GDP에서 차지하는 비중은 전년보다 0.6% 상승한 7.7%를 기록했다.

사실 레버리지를 정리할 때 저장성의 산업구조는 매우 빠르게 바뀌었다. 어떤 의미에서 상호보증 시스템 붕괴는 레버리지를 빨리 정리하

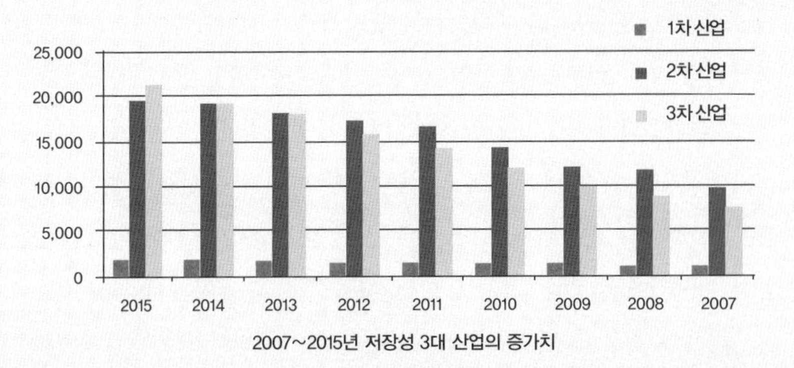

2007~2015년 저장성 3대 산업의 증가치

2015년 저장성 3대 산업 생산총액비율

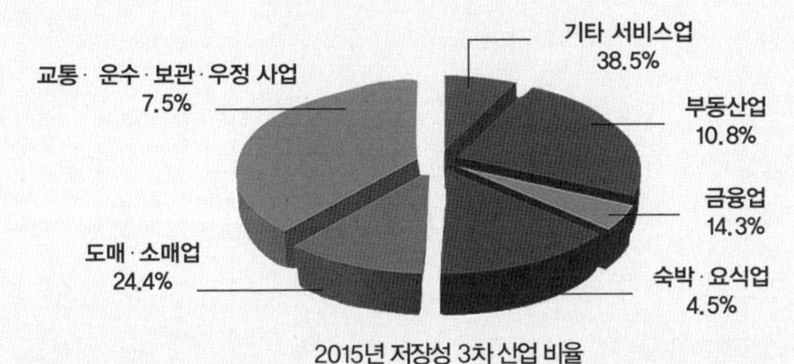

2015년 저장성 3차 산업 비율

2015년 저장성 3대 산업 점유율과 3차 산업의 세부적인 점유율고 늪에 빠진 저장성 경제를 되살리는 계기로 작용했다. 나아가 이것은 신구新舊의 전환, 산업의 세대교체를 앞당기는 촉매제였다.

그런데 저장성에서 3차 산업이 빠르게 부상한 원동력은 무얼까? 저장성 경제의 희망은 어디에 있을까? 마윈의 알리바바? 셀 수 없이 많은 전자상거래업체? 나날이 새로워지는 기술·미디어·통신TMT 산업? 신흥 인터넷회사, 모바일 게임, 스마트폰 앱? 내가 목격한 바에 따르면 저장성 이야기에 등장하는 A, B, C, D처럼 지식과 능력과 용기를 갖춘 바우허우와 지우링허우는 레버리지 정리로 가족회사가 위태로워지자 부모에게 물려받은 사업 DNA를 발휘하기 위해 창업 전투복을 걸치고 부모의 회사를 떠났다. 그리고 전국 각지에서 동업자를 찾고 사모펀드나 벤처캐피털의 투자를 받아 도심의 비좁은 사무실에서 인터넷 산업의 길로 또는 알리바바 같은 전자상거래 산업의 길로 들어섰다.

창업의 불길은 저장성에서 다시 한 번 뜨겁게 타올랐다. 2015년 저장성의 창업 건수는 전년보다 32.4% 늘어난 1,364건이었다. 전국혁신대회에서도 저장성은 상위 40%를 휩쓸었다. 저장성의 37개 '특색 마을'에는 1,900여 개의 창업팀이 모여 있다. 2015년 '인터넷+창업·혁신'을 주제로 열린 윈치 대회(알리바바 본사가 위치한 윈치雲棲에서 열리는 알리바바 개발자 대회 – 옮긴이)에는 4만 명 이상이 참가했다. 젊은 창업자 중에는 저장성 중소기업 사장의 자녀가 많다. 대부분 해외에서 공부한 이들은 저장성의 전통 상공업과 다른 사상, 이념, 산업모델을 접한 경험을 바탕으로 자기만의 플랫폼 개발에 뛰어들었다.

물론 이들은 무수한 창업자 중에서도 행운아에 속한다. 어려서부터 부모에게 사업 노하우를 배우고 경제적으로 여유가 있어서 해외 선진 기술을 배웠으니 말이다. 여기에다 부모가 각종 수단을 동원해 몰래

'빼돌린' 일부 자산으로 창업 자금을 마련할 수 있었다. 산업 업그레이드는 기존의 것을 지키려 하는 윗세대와 기존의 것에서 벗어나려 하는 아랫세대의 틈에서, 각 가정의 세대 사이에서 미묘하게 발생했다. 무수한 우링허우와 리우링허우가 백발이 되는 동안 숱한 지우링허우가 쑥쑥 자라났다. 세대에서 세대로 전해진 것은 자본이고 대물림한 것은 기업가정신이다.

많은 후계자가 사라졌다. 그렇지만 기업가정신이 살아 있는 한 새로운 '창업 성공 세대'가 빠르게 성장할 것이다. 저장성 후계자 이야기의 최종 목표가 여기에 있지 않을까 싶다.

10. 중국판 서브프라임모기지 사태는 없다

중국판 주택저당증권이 등장한 주요 이유는 주택공적금(근로자와 고용주가 각출해서 적립하는 개인주택기금-옮긴이) 대출을 시범으로 유동화를 촉진하기 위한 것이다. 아직 주택가격에 충격을 줄 정도로 대출규모(100억 위안 정도)가 크지는 않다. 그러나 대출 규모가 커지면 주택공적금의 대출금리가 일반 상업은행의 주택담보대출금리보다 1~2% 싸기 때문에 사실상 대출금리 인하 효과가 생긴다.

2015년 12월 5일 오전, 뉴스에서 〈중국판 양대 국책 주택담보금융업체 채권 탄생! 상하이까지 분 주택공적금 증권화 바람〉이라는 제목의 기사를 보도했다. 상하이 주택공적금관리센터가 12월 4일 69억 6,300만 위안 규모의 개인주택담보대출 증권을 발행했다는 소식이었다.

양대 국책 주택담보금융업체는 페니메Fannie Mae와 프레디맥Freddie Mac, 즉 미국 연방저당권협회FNMA와 연방주택금융저당회사FHLMC를 가리킨다. 두 금융기구 모두 미국 정부가 출자해 설립했고 미국인에게 저금리 개인주택담보대출을 제공한다는 점에서 중국의 주택공적금관리센터와 성격이 비슷하다.

1970년대부터 두 기구는 주택저당증권MBS, Mortgage-Backed Security이라 불리는 부동산담보대출 기반의 증권상품을 대량 발행했다. 이 상품은 양대 국책 주택담보금융업체의 대출 규모를 크게 키웠고 쉬운 대출을 기반으로 서브프라임 시장을 활성화했다. 또한 부동산대출시장의 유동성과 금융기구의 대출 능력을 크게 개선해 부동산시장과 채권시장 성장에 기여했다.

미국 채권시장에서 MBS와 그 관련 상품은 거래가 활발한 주류 상품이다. 21세기 초반 채권시장의 30% 이상을 차지했을 정도다. 서브프라임모기지 사태 이후 거래량이 눈에 띄게 줄었다가 최근 다시 상승세로 돌아섰는데, 2014년 말 미국 채권시장에서 20%의 점유율을 기록했다. 미국 주택가격지수[S&P-케이스실러지수]는 1970년대에 125로 시작해 2007년 최고 180까지 올랐다. 서브프라임모기지 사태 때 130까지 떨어졌지만 2015년 다시 175 수준을 회복했다. 이로 인해 많은 사람이 중국의 MBS시장에 버블이 끼면 미국처럼 부동산시장에 위기가 생길까 걱정한다.

중국판 MBS를 발행한 주요 이유는 주택공적금 대출을 테스트하고 이 대출의 유동화를 촉진하기 위해서다. 아직은 주택가격에 큰 충격을 줄 정도로 주택공적금의 대출 규모가 크지 않다[백억 위안이 안 된다]. 그러면 미국은 왜 그렇게 큰 충격을 받았을까? 당시 미국은 부동산 수요가 부진하고 은행이 대출을 꺼리는 상황에서 MBS가 두 가지 문제를 직접 해결하는 역할을 맡았다. 중국에는 지금껏 이런 문제가 발생한 적이 없다. '장모님 경제'(신혼집 수요)가 있는 한 부동산 수요는 꾸준한 데다 최근 10년 동안 부동산가격이 급등하여 부동산 수요가 높다. 특히 베이징과 상하이처럼 교육·의료 자원이 고도로 집중된 곳의 부동산은 늘 인기가 많다. 따라서 MBS 발행이 부동산시장에 주는 영향은 그리 크지 않을 것이다.

중국에는 은행의 대출 기피 문제도 존재하지 않는다. 중국에서 부동산 대출은 줄곧 은행의 최우량 자산이었다. 미국은 다르다. 미국은 소비율은 높고 저축률은 낮기 때문에 주택 구매 시 대부분 보유한 현금의 몇 배에 달하는 융자를 받는다. 이는 실직으로 융자금을 갚지 못하면 거리에 나앉게 된다는 것을 의미한다. 반면 중국인은 알뜰하고 저축을 사랑한다. 주택을 구매할 때도 주택가격의 최저 20~30%를 계약금으로 지불하며, 융자를 받아도 얼른 돈을 모아서 갚는다. 지금의 상황으로 볼 때 중국에서 대규모 대출금 상환 불능 사태가 일어날 가능성은 거의 없다.

그럼 이것을 숫자로 비교해보자. 2013년 말 미국인의 순저축액과 주택대출금 잔액비율은 1 대 16이다. 다시 말해 미국인은 통장에 있는 돈을 몽땅 찾아도 주택대출금의 6% 정도밖에 갚지 못한다. 중국은 어떨까? 1 대 0.42다. 주택대출금을 모두 갚고도 남을 만큼 예금이 많다. 조금 과장해서 말하면 중국에서 부동산 대출은 은행의 최우량 자산이자 무위험 자산이다! 중국인은 대출상품조차 보수적으로 소비하는 경향이 있는데, 중국 주택공적금의 대출금리는 3~4%고 상업은행의 부동산 대출금리는 5~6%다(기준금리를 몇 차례 인하한 지금은 4% 이상이다). 중국인에게 전 세계적인 현상인 저금리, 심하게는 마이너스금리는 거의 보물 같은 존재라고 할 수 있다. 지금까지 중국에서 은행의 대출 기피 현상이 발생한 적은 한 번도 없다. 따라서 MBS시장을 개방해도 금융기구의 대출에 미치는 영향은 그리 크지 않을 것이다.

현재의 상황으로 볼 때 중국판 모기지 채권 발행이 주택가격에 주는 영향은 제한적일 것이라는 게 내 판단이다. 물론 영향이 아예 없을 순 없다. 하지만 주택가격에 영향을 주는 주요 요소는 평균 수입, 토지 공급, 인구 밀도, 교육·의료 자원 등이다(물론 화폐정책도 부동산가격에 영향을 준다].

과연 MBS는 '서브프라임모기지 위기'를 일으킬까? 누군가가 이렇게 묻는다면 나는 "걱정도 팔자군요"라고 대답할 것이다. 1980년대부터 금융업이 발달하자 부채담보부증권CDO, Collateral Debt Obligation과 신용부도스와프CDS, Credit Default Swap 같은 자산담보증권 기반의 파생상품이 등장했다. 세분화한 담보대출을 한데 묶은 이들 상품은 레버리지비율이 매우 높다. 따라서 주택가격이 하락하면 부실한 주택대출 자산 때문에 채무불이행 위험이 급격히 높아지면서 시장의 레버리지가 연쇄적으로 무너질 가능성이 크다. 미국에서 서브프라임모기지 사태가 심각해진 원인은 리스크가 높은 CDO상품[서브프라임모기지 상품]에 문제가 생긴 데 있으며, MBS와는 크게 관계가 없다. 중국은 서브프라임모기지 상품을 판매하지 않는다. 주택대출금 잔액과 순저축률을 비교할 때 주택가격이 하락해도 대규모 채무불이행 사태가 일어날 가능성은 낮다. 오히려 중국은 부동산대출시장의 채무불이행 위기보다 대규모 자금 지원을 받는 좀비기업[은행이나 정부의 지원을 받아 간신히 파산을 면하고 있는 부실기업–옮긴이]의 높은 레버리지비율을 걱정해야 한다.

주택공적금 대출을 증권화하면 어떤 효과가 생길까? 일단 주택공적금 대출의 유동성이 높아진다. 애초에 미국시장도 같은 동기로 MBS를 발행했다. 주택공적금 대출은 대출기한이 길어서 유동성이 떨어지지만 이것을 증권으로 만들면 유동성이 크게 좋아진다. 이 밖에 주택공적금 대출증권을 순조롭게 발행하면 주택공적금관리센터의 대출 규모가 커지고 대출 상한선이 높아질 수 있다. 현재 주택공적금 대출 상한선은 120만 위안인데 베이징, 상하이, 광저우의 주택가격에 비하면 어림도 없는 규모다. 주택공적금관리센터의 대출 규모가 커질 경우 더 많은 사람이 주택공적금 대출을 이용해 집을 살 수 있다. 일반적으로 주택공적금 대출금리는 일반 상업은행의 주택대출금리보다 1~2% 낮다. 주택공적금 대출 규모가 커지면 사실상 대출금리 인하 효과가 생겨 실수요자의 주택구매력이 효과적으로 상승할 것이다.

물론 이러한 결과를 얻기 위해서는 두 가지 전제조건을 충족해야 한다. 첫째, 주택공적금 대출증권을 대규모로 발행해야 한다〔지금은 안개비 수준이다〕. 그러면 증권상품을 거래하는 서브프라임모기지 시장이 활기를 찾고 상품가격을 공평하게 책정한다. 둘째, 관리감독 당국이 주택공적금 대출 규모 확대를 허가해야 한다. 그렇지 않으면 모든 가정은 한낱 백일몽으로 끝나고 만다. 여하튼 꿈은 없는 것보다 있는 게 낫지 않은가. 어쩌면 이루어질지도 모르니 말이다.

11. 중국 인터넷산업의 웅대한 포부[31]

씨트립과 취나얼의 로맨스를 추억하는 것은 중국 인터넷산업의 파란만장한 발전사를 돌아보는 것과 같다. 각각의 인터넷 사업은 전성기일 때도 있고 침체기일 때도 있으며, 열정이 솟구치거나 물러날 때도 있다. 자본은 변함없이 이익을 추구하고 신랄한 돈은 잠들지 않는다. 기업 간의 애증은 인터넷산업의 웅대한 포부와 자본시장의 변화무쌍함을 반영한다.

중국의 인터넷 이야기를 하려면 15년 전으로 거슬러 올라가야 한다. 전세계적으로 인터넷 버블이 최고조에 달했던 2000년 5월, 막 걸음마를 시작한 중국 인터넷업계에 샤웨이티탄鯊威體壇이라는 참신한 사이트가 등장했다. 당시 시나닷컴과 유명세를 다툰 이 스포츠 뉴스 사이트는 새천년에 1,500만 달러의 몸값을 받고 TOM에 팔렸다. 이후 샤웨이티탄을 운영하며 인기를 끈 프리츠 데모폴로스Fritz Demopoulos, 좡전차오莊辰超, 더글러스 쿠Douglas Khoo는 자취를 감추고 별처럼 흩어졌다.

다른 한편에서는 씨트립이 존재감을 알렸다. 시작부터 의기양양하게 투자자의 눈을 사로잡은 씨트립은 창립 서너 달 만에 몸값이 200만 달러까지 뛰었다. 이것은 창업자본보다 무려 8배 많은 수준이다. 씨트립은 미국 인터내셔널데이터그룹IDG에서 50만 달러의 첫 벤처 투자금을 유치한 데 이어 소프트뱅크그룹, 상하이 실업그룹, 미국 오키드펀드,

홍콩 천싱캐피털과 IDG의 5개 투자사에서 500만 달러의 벤처 투자금을 유치했다. 500만 달러는 씨트립 가치의 30%에 조금 못 미치는 금액으로 이미 이때 씨트립의 기업 가치는 1,600만 달러를 넘어섰다.

씨트립은 인터넷 버블 붕괴라는 시련을 겪은 뒤 서둘러 여행업에 진출했다. 씨트립의 창립자 중 1명이자 기술과 경영의 천재로 평가받는 량젠장梁建章은 2~3년이라는 짧은 기간에 씨트립의 모든 업무 라인을 완성했고, 또 다른 창업자 선난펑沈南鵬은 투자은행 출신답게 자본을 꼼꼼하게 '굴렸다'. 이들이 이끄는 씨트립은 베이징 해안 항공권 예약센터, 화청 서남여행사 등의 경쟁업체를 차례로 인수·합병하고 온라인 여행업 강호를 통일했다.

2003년 12월 9일 씨트립은 미국 나스닥에 정식 상장했다. 상장 전 로드 쇼(Road Show, 유가증권 발행회사가 투자기관에 자사 주식을 마케팅하는 투자설명회 – 옮긴이)에서 10여 배 넘는 초과 응모를 받은 덕분에 상장가격은 14~16달러에서 16~18달러로 뛰었다.

1999년 설립 초기에 씨트립의 등록 자본은 200만 위안이었다. 그런데 나스닥 상장 당일 주가가 37.35달러까지 상승하고 시가총액이 5억 5,000만 달러를 넘는 등 씨트립은 창업 몇 년 만에 '상장 신화'를 이뤘다.

그러나 씨트립의 독식구조는 오래가지 못했다. 2005년 베이징대학교 천재로 서른 살도 안 된 좡전차오와 샤웨이티탄의 경영팀이 다시 뭉쳐 취나얼을 창업한 것이다.

중국의 인터넷 세계에서 2005년은 매우 뜨거운 해였다.

- 2005년 네티즌 사이에 시나닷컴의 블로그를 개설하는 것이 유행처럼 번졌다.

- 2005년 언론과 자본시장의 관심을 가장 많이 받은 개념주는 인터넷 게임회사다.
- 2005년 알리바바가 야후차이나를 인수한 뒤 타오바오와 이베이의 본격적인 경쟁이 시작되었다.
- 2005년 MSN과 구글이 중국시장에 공식 진출했다.
- 2005년 훗날 인터넷업계 3대 기업이 된 BAT[32] 중 한 곳인 바이두가 증시에 상장했다.

이상은 언론매체가 2005년 중국 인터넷 강호를 회상할 때 빼놓지 않고 설명하는 부분이다. 동시에 2005년은 중국 인터넷업계의 미래를 책임질 수장들이 두각을 나타내기 시작한 해이기도 하다.

양하오용楊浩湧은 2004년 크리스마스 때 미국에서 귀국해 2005년 3월 베이징에서 간지왕(赶集網, 종합 생활정보 서비스 사이트－옮긴이)을 설립했다. 완왕(萬網, 애플리케이션 서비스 제공업체－옮긴이)을 떠난 야오진보姚勁波는 2005년 58퉁청(58同城, 온라인 생활정보 제공 사이트－옮긴이)을 설립했다.

저우훙이周鸿祎는 2005년 두 번째 창업에 나서 치후360(奇虎360, 보안 소프트웨어 개발업체－옮긴이)을 설립했다.

이 밖에도 왕싱王興과 리쉐링李學凌은 각각 런런왕(人人网, 중국판 페이스북－옮긴이)과 YY(인터넷 생방송 플랫폼－옮긴이)를 설립했다. 왕웨이王微·야오신姚欣·저우쥐엔周娟은 각각 투도우왕(土豆網, 알리바바그룹의 동영상 사이트－옮긴이), PPTV(인터넷 동영상 사이트－옮긴이), 56왕(56網, 인터넷 동영상 사이트－옮긴이)을 설립했고 양보楊勃는 도우반(豆瓣, 영화 정보 사이트－옮긴이)을 설립했다.

좡전차오에게 2005년은 더없이 좋은 해였다. 2005년 5월 좡전차오의 품에서 태어난 취나얼은 쟁쟁한 업체들이 대거 등장한 인터넷이라는 새롭고 낯선 세계에 단단히 뿌리를 내렸다.

취나얼의 급부상

씨트립이 중국 온라인 여행시장을 선점한 상황에서 새로운 도전자가 시장의 독식구조를 깨고 씨트립을 추월하려면 어떻게 해야 할까? 좡전차오는 평면 플랫폼 개념을 이용했다. 씨트립은 중국 최초의 온라인 여행 검색엔진이다. 씨트립이 생긴 뒤 중국 여행자는 인터넷에서 각종 항공권 가격, 호텔 숙박비 및 서비스 수준을 편리하게 비교할 수 있었다. 좡전차오의 말을 빌리면 "인터넷 검색에서 씨트립은 다른 업체보다 확실히 우위에 있었다."

지금은 인터넷 검색으로 국내외 항공사의 저가 항공권은 물론 3선 도시에 위치한 특가 호텔도 쉽게 찾아내는 시대다. 인터넷으로 검색하면 그렇지 않을 때보다 10배 더 많은 호텔과 50% 더 많은 저가 항공권을 찾을 수 있는데, 사용자는 여러 가지를 비교해보고 자신이 원하는 상품을 고르면 그만이다.

선택은 자유를 의미하고 중국인에게는 일말의 자유도 매우 소중하다. 취나얼은 창립하자마자 고객이 폭발적으로 늘었다. 2005년 6월부터 처음 3개월 동안 2주에 거의 50% 이상씩 고객이 증가했다. 2년 뒤인 2007년 5월 취나얼의 방문자수는 500만 명이 넘었고 10월에는 1,200만 명, 2008년 8월에는 2,400만 명을 돌파해 중국에서 가장 인기 있는 신흥 여행업체로 발돋움했다.

취나얼의 성장 속도를 높이기 위해 창립자들은 투자금 유치에 적극 나섰다. 그 결과 2006년 7월 실리콘밸리의 저명한 벤처캐피털 메이필드Mayfield펀드와 진사장벤처스金沙江創投, GSR Ventures에서 250만 달러를 투자했고, 2007년 11월에는 리먼브러더스 주도로 840만 달러의 투자가 더 들어오면서 취나얼은 정식으로 '화려하게' 변신했다.

고객이 늘고 자본이 확대되자 업무방식도 많이 달라졌다. 설립 초기 취나얼의 주요 업무는 고객이 저가 항공권과 호텔상품을 편리하게 찾도록 각각의 온라인 여행사OTA, Online Travel Agent에서 판매하는 항공권과 호텔가격 정보를 한곳에 모아놓는 정도였다. 하지만 나중에는 항공사와 호텔의 공식 사이트를 링크해 직접 상품을 구매할 수 있게 바꿨다.

판매상품이 늘어나고 고객도 증가하자 취나얼은 각각의 온라인 여행사에 클릭당 비용CPC, Cost Per Click이라 불리는 수수료를 부과했다. 또한 상품정보 배치와 거래, 지불내역 등을 종합적으로 관리하는 토털 솔루션Total Solution을 도입했다. 이것은 훗날 스마트폰이 대중적으로 쓰일 모바일 인터넷 시대에 대비한 '서비스형 소프트웨어SaaS, Software-as-a-Service로의 진화다.

2005~2010년 중국인의 수입 증가로 중산층이 두터워지자 온라인 여행사는 모두가 군침을 흘리는 황금알을 낳는 거위가 되었다. 씨트립, 이룽藝龍 등의 온라인 여행사가 생긴 뒤 망궈芒果, 퉁청同程이 이 대열에 합류하면서 온라인 여행사의 경쟁은 매우 치열해졌다. 이 중에서 취나얼은 수직형 검색엔진(채용, 부동산, 의료 등 전문적인 정보를 검색하는 데 유리한 검색엔진 – 옮긴이)을 이용한 가격비교 서비스를 제공해 온라인 여행산업의 새로운 복병으로 급부상했다. 시장이 커지고 고객이 성숙해지자 2008년에는 온라인 여행사의 세분화와 사회화 속도가 더 빨라져 뤼

마마驢媽媽, 투니우途牛 등의 휴가 전문 온라인 여행사와 마펑워螞蜂窩 같은 자유여행 전문 온라인 여행사가 큰 인기를 끌었다. 전통 전자상거래업체, 항공사, 호텔도 온라인 여행 플랫폼 대열로 속속 비집고 들어왔다.

시장이 커지고 경쟁이 최고조에 달하자 온라인 여행업도 중국의 여느 산업모델처럼 가격 경쟁의 늪에 빠졌다. 이와 동시에 온라인 여행업 자원의 재통합 발걸음도 빨라졌다.

2011년 바이두, 알리바바, 텐센트도 이 싸움에 뛰어들었다. 1년에 걸친 교섭과 협의 끝에 2011년 6월 바이두는 취나얼의 주식을 매입하고 취나얼과 전략적 제휴를 맺는다고 발표했다. 이때 바이두는 취나얼에 3억 200만 달러를 투자하고 61%의 절대지분을 얻는 대신 취나얼의 경영에 관여하지 않기로 약속했다.

취나얼 경영팀은 전략적 제휴를 맺고 바이두에 61%의 주주권을 내줬지만(그렇다고 경영에 필요한 통제권까지 포기한 것은 아니다) 3억 200만 달러의 투자금을 받고 사업을 대규모로 확장할 기회를 얻었다. 취나얼의 기업 가치가 5억 달러 문턱을 넘는 동안 인터넷업계의 선두 다툼은 더욱 치열해졌다.

당시 3억 200만 달러는 바이두의 단일 투자에서 사상 최대 규모였다. 이처럼 바이두가 통 크게 투자한 이유는 서로 기술의 뿌리와 사업모델이 비슷해 시너지 효과를 낼 수 있었기 때문이다. 검색엔진으로 사업을 일으킨 바이두와 취나얼은 서로 공통점과 배울 점이 많았다. 또한 취나얼의 발전 속도와 기업 가치로 볼 때 온라인 여행시장의 전망이 매우 밝았는데, 마침 현금 보유량이 많은 바이두에 대외투자 수요가 있었다. 그야말로 좋은 시기에 서로 기막히게 잘 만난 셈이다.

2011년은 씨트립에 중요한 분수령이었다. 그 무렵 씨트립은 중국 여행시장의 60%를 차지할 정도로 순조롭게 발전했다. 그러나 모바일 인터넷 시대에 뒤떨어지는 낡은 콜센터 시스템 때문에 운영비가 급상승하고, 호텔과 항공사에서 직접 예약하는 비율이 늘면서 씨트립의 고객 충성도가 점점 낮아지고 있었다. 엎친 데 덮친 격으로 가짜 보험증서를 만들면서까지 무리한 경쟁에 나선 것이 밝혀져 시장과 투자자의 신뢰를 크게 잃었다.

가장 큰 위협은 경쟁업체 취나얼의 상승세였다. 2012년 하반기부터 취나얼은 선불 예약 서비스를 제공하기 시작했다. 선불 요금제는 호텔의 숙박비용을 크게 낮췄고 이때부터 시장우위를 잃은 씨트립은 취나얼과 끝없이 가격 경쟁을 벌였다. 증시 상장을 준비하던 취나얼은 씨트립의 공격이 심해지자 2013년 11월 2일 서둘러 나스닥에 주식을 상장했다.

10년 전 취나얼은 존재하지도 않았고 씨트립도 장차 취나얼이라는 경쟁사가 생길 줄은 몰랐다. 하지만 10년 뒤 둘은 먼 길을 돌아 같은 증권거래소에서 만났다.

시장점유율을 사수하라!

말하자면 씨트립과 취나얼은 '너 죽고 나 죽자'의 관계다.

2006년 말 씨트립은 새내기 여행사 취나얼을 고소했다. 취나얼에서 여행사 간 상품가격을 비교할 때 씨트립의 상품이 최저가격 검색에 뜨지 못하게 조치한 것이 문제였다.

2년 뒤 씨트립은 자사 고객의 호텔 이용후기를 무단 이용한 혐의로 또다시 취나얼을 고소했다. 비록 씨트립과 취나얼의 사장들이 직접 나서서 싸우진 않았지만 양사 사이에는 일촉즉발의 긴장감이 감돌았다.

2011년 양사의 충돌은 더 격렬해졌다. 취나얼은 씨트립의 '무료 여행 추첨권' 광고가 허위광고이며 씨트립이 업계의 독점적 지위를 이용해 취나얼과 맺은 비밀 합의를 일방적으로 파기했다고 폭로했다. 씨트립은 비밀 합의의 존재를 부인했고 취나얼에 악의적인 비방을 멈출 것을 요구하며 합법적 권익을 지키기 위해 법적 조치를 취하겠다고 발표했다.

5개월 뒤 충돌의 불씨는 양사 창업자들에게로 직접 옮아갔다. 취나얼의 CEO 좡천차오는 웨이보에 "씨트립 창립 12주년 기념일에 씨트립 본사에서 직원을 여럿 스카우트했다"라는 글을 올렸다. 그러자 씨트립은 "앞으로 씨트립은 더 나은 서비스를 제공하기 위해 노력할 것이고, 경쟁업체가 일으키는 소모적인 설전에는 일절 참여하지 않겠다"라고 응대했다.

2012년 상황은 더 나빠졌다.

1월 취나얼은 '탈출'과 '밤도깨비'라는 상품을 출시했다. '호텔가격, 이제는 여러분이 정하세요'라는 슬로건을 내세운 탈출은 소비자가 가격을 제시하고 호텔이 경쟁 입찰에 임하는 방식이다. 이 과정에서 소비자는 최대 30%의 가격 혜택을 받을 수 있다. 밤도깨비는 오후 6시마다 호텔의 빈방을 세일가격으로 만날 수 있는 라스트 미닛Last Minute 방식의 스마트폰 전용 상품이다. 씨트립은 취나얼의 영업방식을 목을 축이기 위해 독주도 마다하지 않고 마시는 꼴이라고 비난했다.

7월 씨트립은 딱 1년 동안 저가 판촉 활동을 하겠다고 공식 발표했다. 그 활동에 투입한 금액은 5억 달러〔당시 환율 기준으로 약 32억 위안에 해당하는 금액〕였다. 1년여의 준비기간과 충분한 자금력을 바탕으로 한 이 활동에는 중국에서 인기가 많은 여행상품이 모두 포함되었다. 비슷한 시기에 취나얼은 3,000만 달러를 투자해 여행 지능화 서비스 플랫폼을 구축하고 모든 온라인 여행사에 무료로 개방하겠다고 발표했다. 여기에 구식 온라인 시스템이던 이룽과 망궈가 즉시 취나얼의 판촉 활동에 합세하면서 두 여행사 간의 본격적인 힘겨루기가 막이 올랐다.

가격 경쟁 결과 두 여행사는 모두 손해를 봤다. 특히 씨트립은 전통적으로 강세였던 호텔 예약 분야에서 또다시 점유율을 빼앗겼다. 2014년 취나얼은 호텔 공동구매 분야의 신흥 강자로 떠오른 메이퇀(美團, 중국의 소셜커머스 앱 – 옮긴이)의 무서운 성장세를 막기 위해 안간힘을 썼고, 씨트립은 순이익이 제로를 넘어 마이너스가 되든 말든 시장점유율을 지키는 데 사활을 걸었다.

한바탕 혈전을 벌인 끝에 양사는 적대관계에서 우호관계로 돌아섰다. 2014년 4월 16일 씨트립과 취나얼이 1:2 비율의 주식교환 방식으로 합병하는 내용의 양해각서를 체결했다는 소식이 들려왔다. 그런데 세간을 떠들썩하게 만든 이 소식은 중간에 흐지부지되고 말았다. '혼인 파탄'의 원인은 취나얼 경영팀의 일관된 태도에 있다는 소문이 돌았다. 이들은 샤웨이티탄 때부터 '구속은 No! 자유는 Yes!'의 원칙을 고수했고, 씨트립과 결혼하는 것에 큰 관심을 보이지 않았다.

전세는 더 나빠졌고 나중에는 온라인 여행사뿐 아니라 여행상품 공동구매 업계까지 가격 경쟁의 화염에 휩싸였다. 모든 여행업계는 가격 경쟁의 늪에 빠져 추운 겨울을 보냈고 어디에서도 봄의 그림자를 찾을 수 없었다. 그러나 2015년부터 온라인 여행업계에 슬슬 온기가 돌고 재조정 바람이 불기 시작했다. 연초에 시장은 막대한 돈을 잡아먹는 여행업계의 가격 경쟁에 깊은 우려를 표했고, 이 같은 우려를 반영해 취나얼과 씨트립의 주가는 변동성이 커졌다. 특히 취나얼이 씨트립의 공개매수(경영권 취득이나 강화를 위해 특정 기업 주식을 주식시장 외에서 공개적으로 매수하는 적대적 인수·합병 방식 – 옮긴이)를 거부한 6월 2일 씨트립의 주가는 5.62% 하락하며 6월 이래 최대 낙폭을 기록했다.

출혈경쟁이 막을 내리다

취나얼과 씨트립은 결국 결혼에 골인했다. 둘의 결혼은 바이두가 중간에서 다리를 놓아주고 씨트립이 끈질기게 구애한 끝에 이뤄졌다.

어려서부터 컴퓨터 신동이던 량젠장은 푸단대학교를 졸업하고 미국에서 인터넷 기술을 공부한 뒤 중국에 돌아와 씨트립을 설립했다. 씨트립을 증시에 성공적으로 상장한 후 그는 씨트립의 CEO에 올랐지만 서른여덟 살이던 2007년 돌연 사직서를 냈다. 이어 그는 미국 스탠퍼드대학교에서 인구 문제를 전문적으로 연구하는 경제학 박사 과정을 밟았고 2011년 박사 학위를 취득한 뒤 베이징대학교 교수가 되었다. 그런데 2013년 초 량젠장은 씨트립이 후발업체들의 맹추격을 받고 위기에 빠지자 다시 씨트립의 대표이사 겸 CEO의 자리로 복귀했다. 이후 2년 동안 씨트립은 모바일 인터넷 영역의 구조를 크게 바꿔놓았다.

공대생에게는 쉽게 포기하지 않는 특유의 정신이 있다. 2014년 슬쩍 찔러보는 구애 작전이 실패로 끝나자 량젠장은 더 이상 취나얼에 직접적으로 '집적거리지' 않았다. 대신 에둘러 만날 방법을 찾았다. 많은 사람이 아는 것처럼 취나얼은 2011년 바이두의 '수하'로 들어갔다. 다시 말해 취나얼의 진짜 주인은 바이두다. 2011년 바이두는 세간의 이목을 끌며 3억 200만 달러에 취나얼 주식의 61%를 취득했다. 그러나 해마다 손해를 보는 것도 모자라 2015년에는 주가마저 크게 하락하자 바이두는 추운 겨울을 나기 위해 '이윤'이라는 연료에 신경 쓰지 않을 수 없었다.

비록 바이두는 2011년 취나얼의 경영에 관여하지 않기로 약속했으나 61% 지분이라는 패를 쥐고 있는 쪽은 바이두였다. 다시 말해 이 패를 어떻게 쓰느냐는 전적으로 바이두의 몫이었다.

2015년 10월 26일 저녁 마침내 '너 죽고 나 죽자'의 연극은 막을 내렸다. 바이두, 씨트립, 취나얼이 상하이에서 주식교환 방식의 합병을 추진한 결과 바이두는 씨트립 의결권의 25%를 보유하고, 씨트립은 취나얼 의결권의 45%를 보유하며 취나얼의 최대 주주가 되었다. 이와 동시에 바이두의 리옌훙李彦宏·예줘둥葉卓東, 씨트립의 량젠장·쑨제(孫潔, 씨트립의 CEO – 옮긴이)는 각각 씨트립과 취나얼 이사회의 일원이 되었다.

혹시 눈치 챘는가? 취나얼과 씨트립의 결혼 과정에서 좡천차오를 포함한 취나얼 경영팀의 존재감은 어디에도 없었다. 화친을 맺기로 결정한 이상 공주의 마음이 어떤지는 부왕이 신경 쓸 바가 아니었다. 또한 가격 경쟁을 끝냈으면 이제는 서로 손잡고 돈을 버는 것이 사업의 왕도다.

씨트립과 취나얼의 결혼 소식은 각 언론사의 헤드라인을 빠르게 장식했다. 시장은 박수를 치며 환영했고 골드만삭스는 씨트립에 즉각 매수 의견을 냈다. 미국 주식시장이 문을 연 월요일 씨트립은 30% 가까이 급등했고 취나얼은 약 20% 급등했다. 2015년 내내 약세를 벗어나지 못했던 바이두의 주가도 큰 폭으로 상승했다.

씨트립과 취나얼의 결혼은 앞으로 온라인 여행업계에서 큰돈이 드는 출혈 경쟁이 사라질 것임을 의미했다. 사실 2015년의 인터넷업계를 회상할 때 씨트립과 취나얼의 결혼은 뜻밖의 사건이었다. 이 밖에 디디와 콰이디, 58퉁청과 간지왕, 메이퇀과 다중뎬핑(大眾點評, 생활 포털사이트-옮긴이)도 마침내 결혼했다. 인터넷업계에서 어제의 적은 오늘의 '배우자'가 되었고 서로 친하게 지내기 바람은 꽁꽁 얼어붙은 업계 분위기를 따뜻하게 녹였다. 밑 빠진 독에 물을 붓는 출혈 경쟁을 더 이상 지속할 수 없을 때는 서로 감싸고 협력하는 것이 최상이다.

한편 인터넷업계에서 BAT 중심의 발전 추세는 더욱 공고해졌다. BAT 대군은 온라인 여행시장에서 음으로 양으로 실력을 발휘하는 중이다. 어느 한 곳이 조금만 나태해져도 시장 판도는 금세 바뀌고 만다. 바이두 산하의 누어미왕糯米網은 원래 생활 서비스 플랫폼의 중심이었고, O2O[33]는 바이두가 지향하는 사업 방향이다. 그런데 2015년 9월 업계 1위인 메이퇀과 2위인 다중뎬핑이 알리바바의 품에 안기자 바이두는 큰 압박감을 느꼈다. 결국 바이두가 씨트립의 지분을 획득한 것은 메이퇀과 다중뎬핑이 요식업에서 온라인 여행업으로 사업을 확장하는 것을 막기 위한 방어 전략이라 할 수 있다.

BAT 중 한 곳인 텐센트는 씨트립과 함께 이룽, 퉁청망에 공동 투자해 온라인 여행시장의 급행열차에 올라탔다. 알리바바의 영향력 확대를 막는 방위전이 막 시작되었다.

중국 인터넷업계의 거두들은 어렵게 결혼한 만큼 서로를 소중히 여겨야 한다.

12. 싼이그룹, 오바마를 고소하다

싼이그룹, 오바마 대통령, 미국 외국인투자위원회CFIUS의 갈등은 마침내 일단락되었다. 그렇다고 해외 진출을 꿈꾸는 중국기업 앞에 꽃길만 펼쳐지지는 않을 것이다. 거리의 풍경이 아름다워도 여전히 진창에 빠질 때도 있고 슬플 때도 있으리라.

2015년 말 마침내 중국 싼이그룹이 오바마 대통령을 기소한 사건의 결론이 나왔다.

"랄스(싼이그룹 임원 2명이 소유한 싼이그룹의 미국 내 관계 회사-옮긴이)사의 오리건 주 풍력 사업 프로젝트를 놓고 법적 갈등을 빚은 중국 싼이그룹과 미국 정부가 전면 화해했다. 랄스사는 오바마 대통령과 미국 외국인투자위원회 소송 건을 취소했고, 미국 정부는 랄스사에 대한 사업금지령을 철회했다."

이 사건은 거의 2년 동안 언론의 집중적인 관심을 받았다. 싼이그룹은 2013년 1심 판결에서 패소하자 곧바로 항소했다. 2014년에 열린 2심은 "오바마 대통령이 싼이그룹에 내린 사업금지령은 헌법의 합당한 절차를 위반한 것"이라고 판결해 싼이그룹의 손을 들어줬다. 그러자 중국인은 "세상에, 중국기업이 미국 대통령을 고소하다니! 역시 중국인은 대단해"라며 흥분했다.

표면적으로 보면 이 사건은 약 1,000만 달러 때문에 벌어진 단순한 싸움이다. 그러나 그 내용을 찬찬히 뜯어보면 정치, 법, 투자 환경 같은 배경요소가 마구 뒤얽힌 복잡한 싸움이다. 당시 중국인의 이목을 끈 것은 오바마 대통령이 아니다. 강아지가 오줌을 싸는 것까지 소송을 거는 미국에서 대통령을 고소하는 것쯤은 대수롭지 않은 일이다. 그렇지만 싼이가 고소한 또 다른 피고, 즉 소송 상대가 미국 외국인투자위원회라면 사정은 완전히 다르다. 미국에 투자하는 해외기업에게 이 기관은 거의 신 같은 존재다. 싼이는 해외기업 최초로 이런 신 같은 존재를 상대로 소송을 걸었다.

오바마를 법정에 세우다

사실 이 사건의 경위는 복잡하지 않다. 2012년 초 싼이그룹 산하의 미국기업 랄스는 오리건 주에서 버터크리크Butter Creek 풍력 사업 프로젝트를 진행할 목적으로 부지를 매입하고 풍력발전소를 지었다. 이 사업에 투자한 돈은 1,300만 달러다. 그런데 한창 공사를 진행하던 중 갑자기 외국인투자위원회의 조사를 받게 될 거라는 미 국방부의 통지를 받았다.

7월 외국인투자위원회는 미국의 안보를 위협한다는 이유로 랄스의 버터크리크 풍력 사업 프로젝트에 1차 사업금지령을 내리는 동시에 공사를 중단하고 즉각 조사받을 것을 요구했다. 오래지 않아 외국인투자위원회는 다시 2차 사업금지령을 내리고 공사 부지를 다른 곳에 양도하는 것을 금지했다. 이후 이 금지령은 오바마 대통령의 비준을 받았다.

외국인투자위원회의 이해할 수 없는 조치에 랄스의 버터크리크 부지는 폐허가 되었다. 부지를 이전할 수도, 이용할 수도, 팔 수도 없다 보니 싼이그룹의 모든 투자수익과 예상이익은 물거품으로 돌아갔다. 더 답답한 점은 사업금지령을 내린 구체적인 이유를 모른다는 것이었는데, 미국 외국인투자위원회에는 조사 결과를 외부에 공개하지 않아도 무방한 특수 권한이 있었다.

투자금 약 1,000만 달러는 문제가 아니었다. 만약 미국의 안보를 위협한다는 죄명이 떨어지면 싼이그룹의 [생산관리구역과 사무지역을 포함한] 미국 내 모든 산업시설은 현행 해외투자관리법에 따라 미국 정부의 조사를 받아야 한다. 여러 번의 중재 요청이 아무런 소용이 없자 싼이그룹은 벼랑 끝에 선 심정으로 오바마 대통령과 외국인투자위원회를 고소했다.

어떤 의미에서 중국 민영기업이 미국 대통령과 외국인투자위원회를 고소하는 것은 계란으로 바위를 치는 격이었다. 외국인투자위원회는 지난 30여 년 동안 한 번도 외부의 도전을 받아본 적이 없었다. 그러나 싼이그룹은 후난성 기업이고 후난성 사람들의 몸에는 강한 승부사의 피가 흐른다[후난성 사람들의 표현을 빌리면 '난폭하다']. 고소를 결정할 때 싼이그룹의 량원건 회장은 말했다.

"미국의 제도가 얼마나 민주적인지 어디 한번 봅시다."

회장이 결심을 굳히자 싼이그룹은 본격적으로 고소의 화살을 쏘아 올렸다.

전략상의 난폭함은 결코 경솔함을 의미하지 않는다. 싼이그룹은 전 검찰총장, 전 사법부 차관 등 미국 정부의 내부조직을 잘 이해하는 전문인사로 막강한 변호인단을 구성했다. 원활한 소통을 위해 변호인단 단장은 화교 변호사인 샤팅캉夏廷康에게 맡겼다. 사실 싼이그룹 사건은 큰 소송이 아니었으나 변호인단은 대단한 흥미를 보였다. 왜일까? 미국 사법부는 판례를 중시한다. 한데 외국인투자위원회 소송 건은 참고할 만한 판례가 전혀 없었다. 이것은 소송에서 이길 경우 변호사는 장차 비슷한 유형의 판결에 큰 영향을 주는 첫 판례를 남긴 변호사로서 유명해질 수 있음을 의미한다.

논의 끝에 싼이그룹은 오바마 대통령이 헌법 제5조에 보장하는 합당한 절차를 지키지 않은 것에 중점을 두고 소송을 진행하기로 결정했다. 랄스는 재조사를 요청하거나 사업금지령이 내려진 근거에 반박할 정당한 기회를 얻지 못했다. 또한 오바마 대통령이 랄스에 사업금지령을 내린 것은 명백한 차별이었는데, 같은 지역[비행 금지구역]에 총 일곱 곳의 풍력발전소가 있고 모두 외국산 풍력 터빈을 설치했으나 오직 싼이그룹만 제재를 받았다. 외국인투자위원회 소송 건은 직권 남용 및 행정절차법과 1950년의 안전생산법 위반에 중점을 두고 이뤄졌다. 변호인단은 오바마 소송 건에 무척 공을 들였다. 이유인즉 미국 사법부는 원칙적으로 헌법의 권위를 존중하기 때문이다.

2013년 10월 미국 콜롬비아특구 연방법원은 1심에서 싼이그룹에 패소 판결을 내렸다. '난폭'한 후난성 사람들은 결과를 고분고분 받아들이지 않고 즉각 항소했다. 2014년 동 법원은 랄스가 외국인투자위원회와 오바마 대통령을 상대로 재차 제기한 소송에서 오바마 대통령이 헌법의 합당한 절차를 어기고 사업금지령을 내렸다는 판결을 했다.

사실 이 판결에는 숨은 흥미로운 요소가 많다. 2012년 미국은 대선으로 뜨겁게 달아올랐다. 당시 공화당 대선 후보 미트 롬니Mitt Romney

는 중국을 대하는 오바마의 태도가 매우 유약하다고 지적했다. 그러자 오바마 대선팀은 중국을 강경하게 대하는 이미지를 만들려는 작업에 나섰고 때마침 랄스의 프로젝트가 눈에 들어왔다. 한마디로 랄스는 운이 없었다.

오바마의 대중국 자세를 지적한 롬니의 대선팀은 재밌게도 랄스를 방문해 함께 대선 광고를 찍자고 제안했다. 광고 내용은 한쪽에선 중국의 직접투자를 유치하기 위해 애쓰지만 다른 한쪽에선 미국을 돕는 기업[랄스]에 사업금지령을 내리고 제재를 가하는 오바마 정부의 정책 혼란과 불연속성을 감정적으로 비꼬는 것이었다.

싼이그룹은 그 진흙탕에 발을 들이지 않았다. 싼이그룹 변호인단은 제한적인 상황에서 항소 법원을 신중히 고르다가 결국 콜롬비아특구 연방법원에 항소하기로 결정했다. 지역적 제한 외에 당시 콜롬비아특구 연방법원 대법관이 공화당 사람인 점을 고려한 결정이었다.

미국 정치권의 파워게임에 휩쓸린 싼이그룹 소송 건은 1심에서 패소했으나 2심에서 승소하며 2015년 일단락되었다. 랄스와 미국 정부는 정식으로 화해했다. 화해 조항에 따라 랄스는 네 곳의 풍력 사업 프로젝트 부지를 제3자에게 양도할 수 있었다. 또한 화해 조항은 랄스가 미국에서 진행하는 기타 풍력 사업 프로젝트도 미국의 안보를 해치지 않으며, 이 같은 사실을 외국인투자위원회가 이미 인정했다고 명시했다. 이로써 싼이그룹과 랄스는 명예 바로잡기와 양도에 관한 두 소송에서 모두 만족스러운 결과를 얻었다.

미국에 투자하는 해외기업에게 이 사건은 상징성이 크다. 어떤 사람은 빈틈없는 외국인투자위원회의 철옹성에 작은 구멍이 생겼을 것이라고 말했다.

외국인투자위원회라는 돌부리

외국인 투자자에게 미국 외국인투자위원회는 생사를 결정하는 권한을 쥔 '하느님'이다. 1975년 설립된 외국인투자위원회는 원래 재무부 소속이지만 사실상 부서를 초월해서 일하며 재무부장관, 국무부장관, 국방부장관, 상무부장관, 사법부장관, 대통령 고문 등 12명의 주요 구성원이 외국인 투자가 미국의 안보를 해치는지 관리감독한다(보통 재무부장관이 위원장을 맡는다). 지난 30여 년 동안 외국인투자위원회는 미국 안보에 영향을 주는 외국 정부(또는 기업)의 미국 내 기업 인수·합병·관리를 모두 조사할 정도로 권한이 막강해졌다.

1988년부터 2011년 말까지 외국인투자위원회는 총 161개 사건을 조사했지만 미국 국방 생산법에 근거한 정보 보안권에 따라 조사 결과를 외부에 공개하지 않았다. 일단 외국인투자위원회의 강제 조사가 시작되면 해당 기업 또는 그 기업의 거래에 미국의 안보를 해치는 요소가 있다는 판결이 내려진 것이나 마찬가지다. 이 때문에 조사를 받는 외국 기업은 보통 사업 철수나 거래 중단을 선택한다.

외국인투자위원회는 두 가지 특수한 상황일 때 현직 대통령에게 조사 결과를 보고한다. 먼저 조사 결과를 놓고 이렇다 저렇다 결정할 수 없을 때 대통령에게 최종 결정을 맡긴다. 그다음은 사업금지 결정을 내렸을 때다. 미국 법률에 따르면 사업금지령은 반드시 대통령의 확인을 거쳐 발표해야 한다.

1988년부터 2011년까지 미국 대통령에게 보고된 34건의 사례 중 딱 2건만 사업금지령이 내려졌다. 하나는 1990년 2월 부시 전 대통령이 중국항공기술수출입총공사의 미국 맘코MAMCO사 인수를 금지한 것인데, 이는 미국에서 최초로 내려진 사업금지령이다. 나머지 하나는 앞서 설명한 오바마 전 대통령의 랄스 사업금지령이다.

이 밖에 2005년 레노버가 IBM PC 사업부를 인수할 때도 외국인투자위원회가 제동을 걸었다. 결국 레노버는 외국인투자위원회와 미국 정부의 고객에 관한 엄격한 비밀보장협의에 서명한 뒤 IBM PC 사업부를 최종 인수했다. 2005년 중국 해양석유총공사가 미국의 유노컬 인수를 놓고 셰브런과 경쟁할 때도 외국인투자위원회가 강하게 개입해 인수에 실패했다. 2001년부터 2011년까지 10년 동안 화웨이華為는 스리콤3Com, 스리리프시스템3Leaf System 인수를 시도했으나 외국인투자위원회의 반대에 부딪혀 실패했다. 미국 스프린트Sprint사 인수를 놓고 중싱(中興, ZTE, 통신장비업체－옮긴이)과 경쟁 입찰할 때도 똑같이 외국인투자위원회의 '돌부리'에 걸려 넘어졌다.

외국인투자위원회는 권한이 막강해 업종, 지역, 국적, 금액에 관계없이 모든 것을 조사할 수 있다. 또한 위원회 구성원 중 단 1명이 의문을 제기해도 해당 해외 관련 거래를 조사한다(미국에서 해외기업 또는 미국기업 내 외국인 직원이 진행하는 모든 거래는 해외 관련 거래에 속한다). 해외 관련 거래가 '미국의 안보'를 위협할 경우 사업 금지 결정을 내린 구체적인 이유를 밝히지 않아도 되는데, 이 때문에 미국에 투자하는 많은 외국인이 외국인투자위원회의 조사를 '블랙박스'라고 비난한다.

어떤 의미에서 권리와 이익은 스스로 쟁취하는 것이다. 최근 중국기업은 미국에 투자할 때, 특히 대규모 프로젝트성 투자를 진행할 때 종종 멸시와 차별을 받았다. 그러나 중국기업은 푸대접을 받아도 개의치 않는 인내력을 타고났다. 중국이라는 광활한 땅에서 도광양회韜光養晦, 즉 재능을 감추고 때를 기다리는 전략은 줄곧 민간기업의 발전 비법이었다. 그렇지만 옛말에 "강남의 귤이 강북에 가면 탱자가 된다"고 하지 않던가. 기업이 이국땅에 단단히 뿌리를 내리려면 그 지역의 구체적인 실정에 맞게 적절한 대책을 세울 필요가 있다.

싼이그룹은 고된 소송으로 자신들을 옭아맨 밧줄을 풀고 미국 외국인투자위원회의 블랙박스를 열었다. 그 일 이후 일부에서는 앞으로 외국인투자위원회의 조사가 더 투명해질 것이라고 예상했다. 랄스 사건의 당사자인 우지아량(吳佳梁, 싼이그룹의 부사장 겸 랄스의 CEO - 옮긴이)은 "싼이그룹의 승소는 미국 사법부가 매우 공정하고 헌법 권위를 잘 수호한다는 증거다"라고 말했다.

샹원보向文波 싼이중공업 회장은 말했다.

"이번 소송으로 싼이그룹은 중국기업이 세계화 과정에서 반드시 받아야 하는 수업을 받았습니다. 진정한 세계화는 기존 사고방식을 버리고 세계적 관점에서 각종 문제를 생각하고 처리하는 것입니다."

싼이그룹, 오바마 대통령, 미국 외국인투자위원회의 갈등은 마침내 일단락되었다. 그렇다고 해외 진출을 꿈꾸는 중국기업 앞에 꽃길만 펼쳐지지는 않을 것이다. 거리의 풍경이 아름다워도 여전히 진창에 빠질 때도 있고 슬플 때도 있으리라.

13. 완커와 바오넝의 지분 전쟁

이것은 중국 금융업, 중국기업, 중국 기업가에게 좋은 공동 수업이다. 좋든 싫든 지금은 자본이 왕인 시대다. 시장이 존재하는 한 인류는 늘 자본이 왕인 시대를 맞이할 테고 그 속에서 자본과 함께 발전할 것이다.

2015년 말에도 완바오[완커万科 대 바오넝寶能] 전쟁은 이어졌다. 세력을 넓혀가는 자와 입지가 좁아지는 자부터 권세 높은 자본주의와 국제 돈세탁 그룹의 놀라운 음모까지 소재·재미·감동 면에서 인기 드라마 〈미월전芈月傳〉보다 더 흥미로운 완바오 전쟁 이야기에 SNS 스타, 음모론 애호가, 가십을 즐기는 호사가, 경제 뉴스 구독자 들의 부신피질호르몬은 급격히 상승했다.

개혁개방 이래 완커가 중국 최고 기업의 하나임에는 아무도 의문을 제기하지 않는다. 기업의 평균 수명이 고작 2~7년인 중국에서 20년 이상 지속적이고 안정적으로 경영해온 점만으로도 충분히 인정받을 만하다[중국 소기업의 평균 수명은 2.5년, 중대형기업의 평균 수명은 7년 정도다]. 상대적으로 투명한 경영 시스템, 모두가 칭찬하는 풍부한 건설 경험, 전설적인 경영진 덕에 왕스(王石, 완커그룹 회장-옮긴이)와 완커는 이 시대 중국기업의 '신앙'에 가깝다.

많은 사람에게 왕스는 단순히 일개 사업가가 아니라 격동의 시대를 대표하는 축소판이다. 사회주의 계획경제 탈피, 고속성장시대, 주택제도 개혁, 여기에 왕스의 개인적인 매력[마라톤, 등산, 카누 등의 스포츠를 즐기고 하버드에서 공부했으며 외모가 도회적이다]까지 지난 30년 동안 그가 걸어온 길은 모두 핫 키워드였다.

찬찬히 생각해보자. 왕스, 장원(姜文, 중국의 영화감독 겸 배우－옮긴이), 천카이거(陳凱歌, 중국의 영화감독－옮긴이), 펑샤오강(馮小剛, 중국의 영화감독, 배우, 시나리오 작가－옮긴이) 등 이 연배의 남자들은 모두 정신적 기질이 비슷하다. 엘리트 문화, 개혁개방 정신, 중국 영화 〈햇빛 쏟아지던 날들陽光燦爛的日子〉에 나타난 이상주의 감성과 은근한 우월감이 바로 그것이다. 이 같은 이상과 감성은 시대 변화와 거대한 성공이라는 후광을 업고 왕스 같은 세대의 독특한 매력으로 자리 잡았다.

그러나 자본은 탐욕적이고 이성적이다. 감성을 따지지도 않고 개인의 매력에 넘어가지도 않는다. 이 점에서 바오넝이 완커에 눈독을 들인 것은 조금도 이상하지 않다. 오히려 그동안 아무도 완커에 군침을 흘리지 않은 것이 더 이상할 따름이다.

완커처럼 상징성 있는 기업을 인수·합병하는 것은 정육점에 진열된 고기 중에서 가장 좋은 고기를 고르는 것과 같다. 완커의 보고서를 살펴보자. 2012~2014년 완커의 자기자본수익률(ROE, 투자한 자기자본으로 얼마만큼 이익을 올렸는가를 나타내는 기업의 이익창출 능력－옮긴이)은 각각 21.49%, 21.49%, 19.08%다. 같은 시기 부동산업계의 평균 자기자본수익률은 10.38%, 10.84%, 5.9%다. 즉, 완커의 자기자본수익률은 동종 업계에 비해 2배나 높다. 특히 경기가 얼어붙은 2014년에는 3배 이상 차이가 났다. 총자산순이익률(ROA, 기업의 총자산에서 당기순이익을 얼마나 올렸는가를 측정하는 지표-옮긴이)이나 유동성지표 같은 기타 재무지표도 동종 업계를 크게 웃돈다. 완커의 데이터를 보면 위량(郁亮, 완커그룹 사장-옮긴이)과 완커의 경영진에게 박수갈채를 보내고 싶다.

반면 주식시장 관점에서 완커의 상황은 조금 답답하다. 2013~2015년 A증시에서 완커의 평균 주가수익률은 11.45%였다. 같은 기간 중신中信부동산의 주가수익률은 18.72%였다. 다시 말해 지난 몇 년 동안 완커의 주가수익률은 형제뻘 부동산기업보다 40% 낮았다! 2005~2015년 상황도 별반 다르지 않은데 A증시에서 완커의 주가수익률은 줄곧 동종 업계보다 평균 25% 정도 낮았다.

금융학 용어로 완커의 주식을 저평가주라고 부른다. 완커는 주식만 저평가된 것이 아니라 지분도 분산되어 있다. 이는 미모의 젊은 여성이 결혼하면서 예물도 별로 못 받고 혼수를 잔뜩 가져가고도 새신랑에게 사랑받지 못하는 것과 같다. 정말 이상하지 않은가? 사실 1994년 쥔안증권이 완커의 최대 주주로 등극하려다 실패한 뒤 최근까지 완커가 무사히 발전해온 것은 대주주, 즉 완커의 배후에 있는 막강한 화룬華潤그룹 덕분이다. 쉽게 말해 미모의 젊은 여성이 남자들에게 인기가 없는 것은 세상 남자가 다 성인군자라서가 아니라 후견인이 무시무시하기 때문이다.

최근 몇 년 동안 화룬그룹은 사업 다각화를 꾀하며 완커의 '후견인' 역할을 게을리 한 경향이 있다. 따라서 바오넝그룹이 아니어도 분명 다른 그룹 자본이 완커를 넘봤을 것이다. 솔직히 미국시장에 완커처럼 캐시 카우(Cash Cow, 성장 가능성은 낮지만 시장점유율이 높아 현재 수익창출이 안정적인 제품 및 산업-옮긴이)가 있는 저평가된 회사가 있으면 진작 각종 자본이 달려들어 인수하고도 남았을 터다.

우샤오보(吳曉波, 중국의 경제평론가, 사업가 – 옮긴이)는 "2015년 중국은 새로운 금융 비즈니스 시대에 접어들고 기업의 증권화와 인수·합병은 기업발전의 중요한 방식이 될 것"이라고 말했다. 나는 이 말이 사안의 핵심을 찔렀다고 생각한다. 인수·합병 전략 면에서 바오넝그룹 야오전화姚振華 회장의 '완커 습격 사건'은 교과서에 나올 법한 사례다.

바오넝 산하의 첸하이생명前海人壽과 쥐성화鉅盛華는 5번에 걸쳐 수백억 위안을 투입해 완커의 지분을 늘렸다. 자금 출처는 다양한데 펀드사의 자산운용상품, 일시금보험, 주식담보대출, 주식스왑(지분 맞교환 – 옮긴이), 주주권 저당대출, 신용대출 등 모든 금융수단을 총동원했다[당국의 정상적인 관리감독을 받는 합법적인 금융수단이라는 점에서 비난할 것이 없다]. 또한 앞선 3번의 지분 확대는 증시가 폭락할 때인 7월 상순과 8월 하순에 이뤄진 점에서 그 시점이 적절했다.

2015년 8월 바오넝은 15.04%의 지분을 소유해 완커의 1대 주주가 되었다. 그러나 오래지 않아 간발의 차이로 화룬에 다시 1대 주주 자리를 내주었다. 12월에 최대 주주 자리 재탈환에 나선 바오넝은 낙엽을 쓸어버리는 가을바람의 기세로 2주 동안 주식시장에 나온 완커의 주식을 모조리 쓸어 담았다. 그 결과 완커 A주 가격은 14위안에서 24위안까지 상승했고 바오넝의 지분은 22.45%까지 늘어났다. 화룬보다 7% 정도 더 많은 수치다.

최대 주주 재탈환전은 신속하고 매끄럽게 이뤄졌다. 완커의 주가가 24위안까지 상승했을 때 바오넝은 이미 지분 전쟁에서 불패의 지위를 차지했다. 바오넝이 완커의 주식을 매입한 시점으로 추측컨대 앞선 15% 지분의 평균 매입단가는 14위안 이하이고 나중에 매입한 7% 지분의 평균 매입단가는 18위안 정도다. 계산하면 바오넝은 주당 15.4위안에 완커의 주식을 매입한 셈이다(자료에 따르면 바오넝은 12월 16일 14.37~19.8위안에 4.97%의 주식을 마지막으로 매입했다). 바오넝이 약 15위안에 완커 지분의 22.45%를 손에 넣은 것은 아무리 생각해도 기막히게 좋은 전략이다.

당시 예상할 수 있는 결과는 이랬다. 첫째, 바오넝이 원하던 대로 완커의 최대 주주가 된다. 둘째, 왕스의 측근들(경영진)이 지분 확대에 나서서 주가가 상승하면 바오넝이 차익을 실현하고 완커 경영에서 손을 뗀다. 셋째, 인터넷에 떠도는 포이즌 필 플랜(Poison Pill Plan, 경영권을 노리는 기업이 쉽게 인수하지 못하도록 독약을 삼키는 듯한 효과를 낸다는 의미 - 옮긴이), 즉 완커가 저가에 신주를 발행해 바오넝의 지분을 희석한다. 신주발행에는 이사회 결정이 필요한데 나머지 소액주주들이 모두 왕스를 지지하면 모를까 바오넝이 최대 주주인 상황에서 신주발행 안건이 통과될 확률은 매우 낮다. 물론 소액주주들이 슈퍼 대리인(경영진)의 이념을 위해 자신의 이익을 희생할 가능성은 거의 없다. 넷째, 아무도 모르게 제3의 기업이 나타나 최대 주주가 된다(놀랍게도 이상의 시나리오는 은연중에 현실로 나타났다).

맹렬히 공격하는 바오넝 앞에서 완커의 대응은 예상 외로 굼뜨고 무신경했다. 2015년 8월부터 12월 중순까지 4개월여 동안 완커는 바오넝의 공격에 아무런 반응도 보이지 않았다. 사실 증시 재앙 때 완커의 경영진은 13위안까지 떨어진 주가의 안정을 도모하고자 100억 위안을 투입해 자사주를 매입하겠다고 발표했으나 실제로 투입한 금액은 1억 6,000만 위안이 전부였다. 기업금융에서 경영진은 자사 주가가 심하게 저평가될 경우 자사주 매입으로 주가 안정을 꾀한다. 자사주 매입은 경영진이 '기업을 잘 경영할 자신이 있다'라고 시장에 신호를 보내는 것과 같다.

11월 30일 완커의 주가는 15.07위안이었다(이 숫자를 볼 때마다 나는 금융전문가로서 바오닝 금융팀의 솜씨에 절로 감탄이 나온다). 모두가 알고 있듯 주식을 대규모로 사고팔 때 가장 걱정스런 문제는 '가격 충격'이다. 대량 매수로 주가가 상승하면 원하는 가격에 주식을 살 수 없어 문제고, 대량 매도로 주가가 하락하면 원하는 가격에 주식을 팔 수 없어 문제다. 바오닝이 완커 지분을 15%까지 늘리는 동안 완커의 주가는 13위안에서 15위안까지 딱 2위안 올랐다. 누구인지 모르지만 지분 확대를 주도한 바오닝의 트레이더는 거래의 고수임에 틀림없다.

4개월여 동안 완커의 경영진은 무대응으로 일관했다. 이 공백기는 애석함과 함께 여러 의혹을 불러일으킨다. 완커의 경영진은 이 상황을 대수롭지 않게 받아들였을까? 자신감이 지나쳤던 것일까? 실은 바오닝이 지분을 확대하며 주가를 견인할 때 경영진을 제외한 완커의 많은 주주는 속으로 쾌재를 불렀다.

먼저 화룬그룹은 크게 잃을 것이 없었다. 명목상의 최대 주주 지위를 누리는 것 외에(최대 주주지만 결정권은 없다) 국유자산 보호·증식에 기여하고 여러 개의 선물옵션을 갖게 되었으니 말이다. 만약 왕스가 반격에 나선다면 완커는 분명 저가에 신주를 발행할 것이다. 사실 왕스는 바오닝이 최대 주주가 될 경우 언제든 차익을 실현할 수 있다.

다음으로 소액주주는 흥분했다. 아침에 눈만 뜨면 주가가 올라 2주 만에 거의 2배 가까이 상승했는데 어찌 기쁘지 않겠는가. 내 제자의 어머니 한 분도 완커의 소액주주였는데 주식 시세창을 볼 때마다 좋아서

입이 다물어지지 않고 꿈을 꾸다가도 미소를 지었다고 한다.

마지막으로 완커의 경영진은 어떨까? 완커에는 1,320명으로 구성된 잉안파트너스盈安合夥라는 기금 형태의 사업 파트너가 있다. 잉안파트너스는 2014년부터 자산관리계획(궈신증권 진펑1급 집합자산관리계획)을 세우고 사업 파트너들을 위해 완커의 지분을 서서히 늘렸다. 이 계획의 특징은 메자닌캐피털(Mezzanine Capital, 지분과 차입의 중간적 성격을 띤 재원을 통칭 - 옮긴이)을 이용하는 복잡한 구조에 있다. 결과적으로 왕스와 1,320명의 사업 파트너는 28%의 후순위 자본[34]으로 4배에 가까운 레버리지비율을 이용했다. 이것은 무얼 의미할까? 상한가 한 번에 40%의 이익을 얻는다는 것을 말한다. 이처럼 엄청난 이익 앞에서 1,320명의 사업 파트너가 왕스와 한마음으로 야오전화 회장을 문전박대할 수 있을까? 나는 그런 일은 일어나지 않을 거라고 생각한다.

12월 20일 저녁 완커는 늦어도 2016년 1월 18일에는 주식거래를 재개하겠다고 공시했다. 하늘 아래 새로운 것은 없다더니 옛말이 딱 맞다. 쥔안증권과 왕스가 한창 '전쟁'을 벌인 1994년 3월 31일 위량은 4월 1일까지 완커의 주식거래를 일시 중단해달라고 선전증권거래소에 요청했다. 30년 전처럼 왕스에게는 시간이 필요하다. 수십 년 동안 쌓은 인맥, 인기, 인품, 지혜를 이용해 지분 전쟁에 대응할 시간과 전략을 짜고 '군량'을 모을 시간 말이다. 앞으로 완커의 지분 전쟁이 어떤 식으로 전개될지는 아무도 장담할 수 없다.

자본이 감성을 이기든 이성이 자본을 이기든 완커의 사례는 중국 자본시장의 순조로운 발전을 알리는 신호탄이다. 그동안 중국은 담합거래, 은밀한 조작, 스캘퍼가 공공연하게 이루어졌다. 지금은 모두 정정당당하게 자본으로 말하고 전략으로 싸운다. 증감회가 보고서에 명시한 것처럼 법의 테두리 안에서 이뤄지는 모든 거래 행위는 법의 보호를 받는다. 나는 이것을 중국 자본시장이 발전한 상징으로 받아들인다. 사실 세계적인 관점에서 인수·합병은 한 기업이 다른 기업을 지배할 수 있는 중요한 수단이다. 기업 경영진이 주주들의 이익을 위해 더 발전적 조치를 취하도록 커다란 압력을 행사한다면 그가 야만인이면 어떻고 문명인이면 어떤가.

중국 주식시장에서 완커 같은 블루칩(수익성, 성장성, 안정성이 높은 초우량 기업의 주식 –옮긴이) 종목은 수년째 저평가 상태를 못 벗어나고 있지만 실적 없는 중소형주 주가는 며칠이고 상한가를 친다. 정말 이해하기 어려운 현상이다. 투자자도 중소형주의 실적이 미미하다는 것을 알지만 이익을 추종하기에 남이 사면 따라서 산다. 존 메이너드 케인스John Maynard Keynes 이론에 따르면 미인대회 심사위원들은 자신이 생각하는 최고의 미녀가 아니라 대중이 가장 좋아할 듯한 미녀를 우승자로 뽑는다.

때로 이성적으로 행동하지 않는 것은 인류의 공통적인 특성인데, 단기차익을 노리는 분위기가 강한 중국시장에서 이 특성은 더욱 두드러진다. 중국시장에서 좋은 기업의 주가는 합리적으로 형성되지 않는다. 모두가 '가치 투자'를 강조하면서도 현실에서 '가격 투기'가 일어나는 것은 충분히 이성적이지 못해서다. 완커 같은 상장기업은 응당 자본시장의 박수갈채를 받아야 하고, 가치 투자를 한 주주들도 마땅히 보상받아야 한다. 인수·합병 과정에서 인수자 측은 기존 주주의 보유 주식 매도를 유도하기 위해 높은 가격을 제시할 필요가 있다. 시장을 신뢰하는 투자자는 시장가격을 신뢰한다. 장기적으로 저평가된 주식과 기업은 반드시 자본의 사냥감이 되는데, 이는 현대 자본시장이 내놓은 효과적인 해결책이다.

그러면 바오넝의 가장 큰 약점은 뭘까? 정책이다. 바오넝의 계열사 첸하이생명은 자금이 대부분 유니버설보험에서 나온다(유니버설보험은 일반적인 보험보다 변형된 투자상품에 가깝다). 현재 유니버설보험은 각종 문제가 꾸준히 불거지는 상황이고 정책적으로도 불확실성이 높다.

최근 몇 년 사이 중국 금융시장은 많은 면에서 혁신을 이뤘다. '삼회', 즉 은감회, 증감회, 보감회의 입김도 과거보다 세졌다. 이와 동시에 관리감독 사각지대와 공백지대도 늘어나 모두의 노력으로 금융의 바닷길을 열고도 투자자들은 여전히 장거리 항해를 꺼린다. 여하튼 첸하이생명은 현행 법률의 틀 안에서 유니버설보험을 판매하도록 허가를 받았다. 원래 시장이 발전하려면 제도와 관리감독의 허점이 필요하다. 낙후된 관리감독체제는 혁신의 필요성을 불러일으키고 뒤이어 끊임없는 문제 개선이 이뤄진다. 시장은 늘 이런 식으로 발전한다. 추측건대 야오전화는 유니버설보험으로 지속적인 이익을 보장받기 어렵다는 것을 알고 장기적으로 안정적인 이익을 얻고자 좋은 '상품'을 급히 찾아 나섰을 것이다.

이 밖에 첸하이생명의 자금은 레버리지비율이 높다. 높은 레버리지비율 자체는 문제될 것이 없지만 이른바 차입매수(LBO, 자금 여력이 충분치 않아 인수할 기업의 자산을 담보로 금융기관에서 돈을 빌려 기업을 인수하는 것-옮긴이)를 하면 많은 부채를 떠안는다(가장 유명한 '문 앞의 야만인' 사례는 미국의 투자전문 회사 콜버그크래비스로버츠KKR다. KKR의 차입매수 레버리지비율은 10배였다). 지금 바오넝의 가장 큰 문제는 부채자산 기한이 매우 짧다는 것이다. 몇몇 자산관리상품의 만기는 2~3년이고 주주권 저당, 은행대출, 주식담보대출의 기한은 이보다 더 짧다. 더구나 금융비용도 매우 높은데 예를 들어 유니버설보험은 자금 원가가 8~9%다(5%

의 수익률과 3%의 수수료]. 아마도 야오전화는 왕스가 버티고 저항하는 것보다 저항하지 않는 것을 더 걱정했을 수도 있다. 완커의 지분을 순순히 획득하고 최대 주주가 되면 야오전화는 당장은 기쁘다. 그러면 부동산 경기가 나빠졌을 때 어떻게 완커의 실적을 유지하고 투자수익률을 꾸준히 높일 것인가? 바오넝이 완커의 최대 주주가 되면 [완커의 주식 같은] 대량의 자기자본이 생겨 바오넝의 재무상태표 구조에 변화가 생긴다. 한데 완커의 지분은 당장 현금화할 수 없는 장기자산이다. 이럴 때 비싼 금융비용을 지불해야 하는 단기채무는 어떻게 갚을 것인가? 이것은 단기대출을 받아 장기투자를 하는 셈이고 그 만기불일치는 리스크로 이어진다. 따라서 야오전화는 완커의 최대 주주로 남고 싶은 마음이 그리 크지 않고 22.45%의 지분은 협상을 위해 준비한 빅카드일 가능성이 높다. 물론 이것은 어디까지나 내 추측이다.

이 글을 쓰는 지금도 완커의 주식은 거래가 일시 중단된 상태다. 완커와 바오넝의 지분 전쟁을 자세히 분석하는 것은 중국 금융업, 중국기업, 중국 기업가에게 좋은 공동 수업이다. 좋든 싫든 지금은 자본이 왕인 시대다. 시장이 존재하는 한 인류는 늘 자본이 왕인 시대를 맞이할 테고 그 속에서 자본과 함께 발전할 것이다.

14. 주주권과 지배권을 둘러싼 논쟁

금융자본이 빠르게 발전하는 중국의 정치·사업 환경에서 지분구조와 지배구조의 균형을 맞추는 것은 현재는 물론 미래의 사업가가 반드시 풀어야 하는 문제다.

지난 30여 년 동안 일어난 '중국의 기적'은 시장의 기적이자 화웨이, 완커, 완다萬達, 알리바바, 텐센트 같은 민영기업의 기적이다. 이들 기업은 돌 틈에 뿌리를 내리고 들풀의 생명력으로 왕성하게 자라났다.

2016년 여름 일흔두 살의 런정페이(任正非, 화웨이 회장-옮긴이), 예순두 살의 왕젠린(王健林, 완다그룹 회장-옮긴이), 쉰두 살의 마윈(马云, 알리바바그룹 회장-옮긴이), 마흔네 살의 마화텅(馬化騰, 텐센트 회장-옮긴이)은 자신들이 세운 제국의 최정상에서 미소를 지은 채 시대 변화를 관찰하고 있다. 업계의 글로벌 리더 위치를 꾸준히 지키는 화웨이의 2015년 매출액은 전년 대비 33% 성장한 3,950억 위안이다. 완다가 자산경량화 쪽으로 전략의 방향을 트는 중에도 왕젠린 회장은 후룬연구소가 발표한 부호 순위에서 1위를 차지했다. 알리바바 제국의 규모는 한층 더 커졌고 계열사 앤트파이낸셜의 기업 가치는 B라운드에서 600억 달러로 나타났다. 꾸준히 고속성장 중인 텐센트는 42%의 순이익을 유지했고, 웨이신은 추격자가 보이지 않을 정도로 앞서 나갔다.

그러나 2015년 말부터 중국 주식시장의 모범생 완커는 끊임없이 루머에 시달렸다. 바오넝, 화룬, 안방安邦보험, 선전메트로 등 옛 사랑과 새 사랑이 공백기 없이 주마등처럼 완커를 스쳐 지나갔다. 2016년 1월 '개혁개방 및 주식회사 영혼의 대부' 격인 왕스는 민영기업이 완커의 최대주주가 되는 것을 거부한다고 공개적으로 발표해 여론을 들끓게 만들었다.[35] SNS에 재치 있는 글을 올리는 사람들은 왕스의 부적절한 발언을 패러디했다. 2016년 6월 17일 왕스가 가장 신뢰하는 화룬[완커 지분 15.4% 보유]이 완커가 증자를 통해 선전메트로의 자산을 매입하는 것에 반대했고 이러한 분열은 외부에 알려졌다. 2016년 6월 23일 저녁 완커의 최대 주주이자 왕스가 공개적으로 배척한 '야만인' 바오넝[완커 지분 22.45% 보유]은 완커의 증자에 반대한다고 확실하게 공고했다. 뒤이어 화룬도 증자에 반대한다고 재차 명확히 밝혔다. 6월 26일 바오넝이 왕스 등을 이사직에서 파면할 것을 요구하며 대주주와 완커 경영진의 싸움은 더 격화되었다. 그동안 높은 실적이 주가에 반영되지 않아 마음고생을 한 소액주주들은 일찌감치 바오넝 편에 섰고 여론도 왕스와 대립각을 세웠다.

예순다섯 살의 왕스는 불현듯 커튼이 반쯤 내려진 텅 빈 무대에 혼자 우두커니 서 있는 자신을 발견했다. 젊은 시절에 입던 군복을 다시 꺼내 입고 군도를 쥔 채 이허위안[이화원]의 얼음판 연못에 뛰어들어 때 아닌 영웅주의 '공연'을 펼친 중국 영화 〈노포아老炮兒〉 속 육형이 영락없는 왕스의 모습이었다.

기업을 일으키기 위해 온갖 고생을 다한 왕스가 어쩌다 20년 뒤 이런 푸대접을 받게 되었을까? 현재 완커가 겪는 어려움을 이해하려면 잠시 시곗바늘을 1980년대로 돌려볼 필요가 있다.

'전문 경영인'이 된 창립자

완커의 전신인 선전 과학교육기구판매센터는 1988년 2,000만 위안을 들고 경쟁 입찰에 참여해 땅을 사들였다. 이것은 완커가 부동산 개발업체로서 정식으로 새 시대를 맞이한 출발점이었다. 1991년 1월 29일에는 선전증권거래소에 상장해 중국 최초로 자본시장을 바탕으로 고속 성장하는 회사가 되었다. 완커가 주주제로 재편하는 과정에서 왕스는 몇 가지 이유로 자신에게 할당된 지분을 포기하고 '노동 청년'이 되기로 결정했다. 왕스가 이끄는 완커는 비핵심 분야 사업을 통폐합하고 전략적으로 부동산 전문화의 길을 걸었다. 이들의 꾸준한 실적 상승은 주가 상승으로 이어져 1990년대 말 명실상부한 선전시장의 주도주로 부상했다. 왕스 체제의 완커 경영진은 A증시에서 가장 전문적인 경영진으로 유명세를 탔다. 2015년 완커의 경영진과 1,320명의 사업 파트너로 구성된 기금의 완커 지분율은 4.4%였다. 최대 주주 화룬과 완커의 경영진은 [11개의 이사직 중] 각각 3개의 이사석을 보유했는데 왕스도 그 중 하나를 차지했다.[36]

한편 1988년 북쪽 도시 다롄에서는 시강 부동산개발회사가 완다로 새롭게 재편했다. 완다의 이사장 겸 회장직을 맡은 인물은 왕젠린이다. 군인 스타일의 왕젠린은 왕스와 달리 완다 지분의 98% 이상을 보유했다.

이보다 조금 빠른 1987년 런정페이는 선전에서 화웨이를 창립하고 종업원지주제를 실시했다. 즉, 화웨이는 처음부터 직원이 회사의 주식을 보유한 민영기업으로 출발했다. 2015년 12월 31일까지 총 79,563명의 화웨이 직원이 종업원지주제에 참여했고 이들 중에서 이사를 선출했다. 1.4%의 지분을 보유한 런정페이는 이사회에서 한 표의 거부권을 행사할 수 있다.

1999년 마흔아홉 살의 왕스는 대표이사직만 유임하고 회장직을 위량에게 물려줬다. 뛰어난 두 경영인을 둔 완커는 중국 부동산산업의 폭발적인 성장과 함께 전성기를 맞았다. 실제로 1999년부터 2009년까지 완커 A주의 시가총액은 53억에서 1,200억까지 늘어났다. 2010년 말 왕스는 예순 살의 '고령'에 하버드로 유학을 떠났다. 이후 뤼디綠地, 바오리保利, 헝다恒大 등이 중국 부동산산업을 나눠가졌고 부동산산업은 슈퍼 리치를 낳는 온상이었다. 이때도 완커는 여전히 부동산업계의 리더이자 양심 있는 브랜드 지위를 유지했다.

1999년부터 2010년까지 왕스의 명성은 하늘 높은 줄 모르고 올라갔다. 완커의 놀라운 실적부터 '건강'한 사생활(마라톤, 카누, 히말라야 등반, 활발한 SNS 활동)과 박수칠 때 떠나는 용기까지 왕스는 완커의 상징을 넘어 격변의 시대를 상징하는 인물이었다. 왕스는 동시대 사업가인 런정페이와 왕젠린에 비해 경영 열정은 부족했으나 대중의 교사이자 정신적 대부로서 탁월한 역할을 했다.

시간이 지나고 나서 보면 모든 일은 시작하는 역사적인 순간에 결과를 미리 예고한다.

완커의 지배구조 개편

어떤 의미에서 지금의 완커를 만든 것은 경영진 문화다. 그 배경에는 왕스가 줄곧 자부심을 느낀 지분구조, 즉 지분 분산 및 소액투자자와 대주주의 지원이 있다. 완커의 경영진은 별다른 지분이 없는 상황에서 이 구조로 10여 년 동안 완커의 지배권을 확실하게 장악했다.

1988년 주식제로 바뀐 뒤 모회사인 선전특구발전공사는 30%의 지분으로 완커의 최대 주주가 되었다. 2000년에도 여전히 가장 많은 주식을 보유했으나 완커의 발전과 함께 완커의 주식이 계속 증가하는 바람에 지분율은 8.11%로 희석되었다. 실력파 경영진과 최대 주주 사이의 갈등도 서서히 불거졌다. 왕스를 중심으로 한 완커의 경영진은 자금력이 막강하고 동원 가능한 자원이 많으며 경영에 간섭하지 않는 대주주를 원했다. 이 기준에서 선전특구발전공사는 불합격이었다. 완커와 선전특구발전공사의 갈등이 불거지자 왕스는 문제해결을 위해 많은 기업과 접촉했다. 결국 선전특구발전공사는 홍콩 화룬그룹의 자회사인 베이징 화룬즈디華潤置地에 8.11%의 완커 지분을 모두 양도했고 화룬은 완커의 새로운 최대 주주가 되었다(기존에 보유한 2.71%의 지분까지 합쳐 화룬은 총 10.82%의 지분을 보유했다). 최대 주주가 바뀌자 왕스는 주주제 전환 이후 또 하나의 새로운 이정표가 탄생했다고 말했다. 선전특구발전공사와의 힘겨루기는 쥔안증권에 이은 두 번째 힘겨루기였다. 이번에도 운명의 저울은 예전처럼 왕스 쪽으로 기울었다.[37]

완커는 2000년 지분구조를 개편하고 몇 가지 목표를 이뤘다. 첫 번째는 지분 분산이다. 2000년에 최대 주주 화룬의 완커 지분율은 12.37%였고, 상위 10대 주주 총 지분율은 23.32%였다(2015년 삼사분기까지 상위 10대 주주는 완커 지분의 37.42%인 54억 4,896만 2,600주를 보유했다]. 나머지 절반 이상은 무수한 소액투자자들이 보유했는데 금융자본이 약세를 면치 못한 21세기 초 왕스는 개인적인 매력으로 소액투자자라는 대규모 숭배자와 추종자를 끌어 모았다. 두 번째는 닝가오닝寧高寧 체제의 화룬그룹이 완커를 전폭 지원하면서도 경영에 일절 관여하지 않은 점이다. 여기에다 중앙기업(중앙정부의 관리감독을 받는 국유기업. 지방정부의 관리감독을 받는 국유기업은 지방기업이라 부른다-옮긴이)이라는 화룬의 배경은 외래 자본의 공격을 막아주는 백그라운드로 작용했다.

완커의 소유권과 지배권은 분산된 지분과 말을 아끼는 최대 주주 덕에 순조롭게 분리되었다. 왕스와 경영진은 소규모 지분으로 대자본을 운용하는 동시에 지배권을 이용해 자신들의 이념을 경영에 완전히 관철했다.

냉정하게 말해 완커의 전문 경영진은 중국 자본시장에서 매우 우수한 집단 중 하나다. 왕젠린, 런정페이, 마윈, 마화텅 같은 창업형 사업가인 이들은 완커의 발전에 중요한 역할을 했다. 덕분에 완커는 선전의 일개 소기업에서 세계적인 부동산 개발회사로 성장했다. 지난 30년 동안 이들은 시장에서 시종일관 좋은 평가를 받았고 동종업체에 비해 상대적으로 경영 시스템이 투명했으며, 경영 스타일이 안정적이고 눈에 띄는 실적을 쌓았다. 이것이 아무 경영진[경영인]이나 할 수 있는 일인가? 신생기업[가]에게 완커와 왕스를 포함한 경영진은 거의 신의 조합에 가깝다.

많은 세상사가 참 역설적이다. 일찍 성공해 눈부신 후광을 얻으면 오랫동안 고생한 기억을 깡그리 잊는 것도 그중 하나다. 사업가에게 가장 위험한 곳은 스스로 가장 안전하다고 생각하는 곳이다.

량원건, 종칭허우(宗慶後, 와하하그룹 회장－옮긴이), 마윈 등은 풀뿌리 창업형 사업가다. 이와 달리 왕스는 엘리트 출신으로 그 기질이 장원, 천카이거와 비슷하다. 엘리트 문화와 개혁개방 정신의 혼합물인 이들에게는 〈햇빛 쏟아지던 날들〉에 나타난 이상주의 감성이 있다. 왕스는 그 감성에서 나오는 은근한 우월감을 떨쳐버리지 못했다. 한마디로 그는 뼛속까지 철저하게 민영사업가가 아니다. 시스템을 바꾸고 싶은 마음과 유지하고 싶은 마음의 충돌은 한편으론 성공의 원동력이었으나 다른 한편으론 그를 옭아매는 굴레였다. 왕스의 성공은 시스템을 바꾸고 싶은 마음에서 비롯되었지만 그 이면에서 그는 시스템에 지나치게 집착했다. 선전특구개발회사부터 화룬까지 왕스에게 '국유기업 대주주'는 시장과 정부 사이에서 자유롭게 운신하도록 해주는 카드였다. 왕스의 성공은 시대적 배경과 개인적 능력이 낳은 결과다. 그 점에서 그의 선택에는 옳은 것도, 잘못된 것도 없다.

왕스가 설계한 지분구조에서 화룬이 최대 주주가 되어 완커를 전폭 지원한 것은 신의 한 수였다. 안타깝게도 지금은 제도적·환경적으로 국유기업이 대주주가 되어 전폭 지원해주길 기대하기 어렵다. 1958년에 태어난 닝가오닝은 중국 중앙기업을 주무르는 사업가 중 시장정신이 풍부한 사업가에 속한다. 그는 1987년 〔홍콩〕 화룬그룹에 둥지를 튼 뒤부터 왕스와 가깝게 교류하며 오랫동안 친분을 쌓았다. 1999~2004년에는 화룬그룹 이사회 부의장으로서 완커의 주식을 매입하고 최대 주주가 되었는데, 실질적으로 그는 완커에 완전한 방임 전략을 쓰는 재무적 투자자(기업 경영에 참여하지 않고 오직 수익을 위해 투자자금을 조달해주는 투자자－옮긴이)였다. 2004년 닝가오닝은 중량中糧그룹 회장으로 자리를 옮겼고 그의 뒤를 이어 쑹린宋林이 화룬그룹의 이사장이 되었다. 떠도는 루머에 따르면 닝가오닝은 최측근인 쑹린에게 깊은 은혜를 베풀었다고 한다.[38] 화룬을 떠나기 전 닝가오닝은 쑹린에게 몇 가지를 부탁했는데, 그중 하나가 완커 경영진의 독립적인 정책 결정을 존중하라는 것이다. 이 루머의 진위가 어떻든 쑹린시대(2005~2014년)의 화룬그룹은 완커에 '불간섭' 정책을 유지했다.

지난 10년 동안 중국 A증시에서 전문 경영진이 주도하는 이사회의 영향으로 국유기업 대주주가 지배권을 포기한 것은 극히 드문 일이다. 닝가오닝 시대(그리고 포스트 닝가오닝 시대)의 화룬과 왕스가 중심인 완커 경영진 사이의 묵약은 제도나 계약이 아니라 사업가 사이의 신뢰, 심하게는 개인의 처세 스타일에 기반을 둔 것이라 취약할 수밖에 없다. "천자가 바뀌면 신하도 모두 바뀐다"라는 중국 속담처럼 인정이 다스리는 환경에서 모든 인사와 권력은 게임규칙처럼 쉽게 바뀌고 만다. 2016년 왕스는 바오넝을 '야만인'으로 취급하며 민영기업이 최대 주주가 되는 것을 거부한다고 말했다. 그러나 중앙기업 화룬과 '야만인'은 일찌감치 서로의 천사가 되어주기로 결정하고 완커 경영진을 불리한 위치로 몰아넣었다.

완커가 궁지에 몰린 원인은 어쩌다 한 번 온 우연을 필연으로 여기고 인정을 제도로 삼은 데 있다. 혼합소유제 개혁을 앞당긴 지금의 제도로 운영하지 않는 기업은 완커의 사례를 참고할 필요가 있다.

주주권과 지배권: 현대기업의 영원한 명제

하늘 아래 새로운 일은 없다. 모든 명제는 사실 오래된 명제다. 완커의 어려움에 내포된 문제는 기업의 영원한 명제, 즉 주주권(모든 권한)과 지배권 사이의 갈등이다.

왕스는 1988년 주주권을 포기했다. 다시 말해 모든 권한을 포기했다. 지분 분산을 위해 노력한 그는 넓은 인맥과 동원 가능한 자원을 이용해 완커의 이익을 적절히 분산함으로써 지배권을 장악했다. 포스트 왕스 시대에도 완커의 지분구조는 전혀 바뀌지 않았다. 완커는 주주의 기업으로 주주에게 고용된 완커의 경영진은 주주를 대신해 경영권을 행사한다. 이것은 완커의 경영진이 주주의 최대 이익을 위해 제도적으로 노력해야 한다는 것을 의미한다.

현실세계에서 지분을 분산한 회사의 경영진에 공석이 생기면 종종 경영진과 주주 이익이 충돌하는 일이 발생한다. 이럴 때는 각종 방법(스톡옵션, 사외이사, 인수·합병 등)으로 서로의 이익이 일치하게 만들어야 한다.

현대사회에서 기업은 단순히 자본의 힘만으로 강대해지는 것이 아니다. 때로 창업자는 자금융통을 위해 지분을 매각했다가 지배권을 잃기도 한다. 애플의 설립자 스티브 잡스가 이사회 결정으로 애플에서 쫓겨난 것과 야후의 설립자 양쯔위엔(楊致遠, 제리 양)이 쫓기듯 CEO 자리에서 물러난 것은 유명한 사례다. 갑자기 궁금증이 생긴다. 기업의 성패를 좌우하는 것은 뭘까? 새로 설립한 기업의 성패는 무엇에 달렸을까? 무엇이 중국에서 창업한 기업의 성패를 결정할까?

그것은 시대의 흐름, 전략적 방향, 무엇보다 사업가의 능력에 따라 달라진다. 특히 중국처럼 제도의 탄력성이 크고 불확실성이 많은 환경에서 사업가의 능력은 거의 핵심 자원이라 할 수 있다.

많은 사람이 회사 경영에서는 사업가의 능력과 정신이 매우 중요하다고 말한다. 그러나 그것이 얼마나 중요한지 피부에 크게 와 닿지 않는 것도 사실이다. 크고 작은 회사가 모래알처럼 많은 상황에서는 심지어 같은 분야에서도 어떤 회사는 두각을 나타내지만 절대다수의 회사는 경제의 심해에 가라앉는다. 왜일까? 단순히 운으로 치부하기엔 뭔가가 더 있는 것 같다. 그럼 마윈이 없는 알리바바, 런정페이가 없는 화웨이, 종칭허우가 없는 와하하를 생각해보자. 이들이 없었으면 알리바바나 화웨이, 와하하가 지금처럼 성장할 수 있었을까? 왕스가 없었으면 굴곡 많은 A증시와 이익 사슬이 거대한 부동산업계에서 완커를 20여 년 동안 투명하고 건강하게 경영할 수 있었을까?

같은 맥락에서 나는 초기에 왕스가 완커의 사업적 틀을 정하고 경영진이 지난 20여 년 동안 경영에 힘쓰며 직업적 품격을 지킨 점을 존중한다. 지분구조와 기업지배권 사이에서 어떻게 균형을 잡느냐는 사업가, 특히 중국의 모든 사업가가 학습해야 하는 과제다.

왕젠린, 량원건, 궈광창(郭廣昌, 푸싱그룹 회장-옮긴이) 등 중국에서 창업한 사업가는 대부분 창업자가 절대 지분을 소유하는 길을 걸었다. 이런 지분구조는 창업팀의 지배권을 보장받아 정책 결정 과정에서 경영진의 이익을 침해받는 일이 드물다. 그렇지만 초기에는 자신들이 원하는 방향으로 사업을 진행하기 위해 더 많은 리스크와 압박을 짊어져야 한다.

텐센트와 알리바바는 다른 길을 따랐다. 텐센트는 2004년 홍콩 증시에 상장했다. 최대 주주는 남아공 미디어기업 나스퍼스Naspers의 자회사인 MIH 투자회사(33.52%의 지분 보유)다. MIH는 재무적 투자자로 텐센트의 지분을 차지했다. 나스퍼스는 텐센트 외에 러시아의 인터넷 기업 디지털스카이테크놀로지DST, 페이스북, 소셜게임 개발업체 징가Zynga 등 다수의 소셜미디어 기업에 투자했는데 나스퍼스의 관심은 투자수익에 있지 기업지배권이 아니다. 마화텅을 비롯한 텐센트 경영진의 지분율은 30.73%다(마화텅 개인의 주식보유율은 18.2%다). 마화텅은 재무적 투자자가 최대 주주이고 창업팀이 상대적으로 많은 지분을 보유한 덕에 텐센트의 지배권을 장악할 수 있었다.

마윈을 중심으로 한 알리바바의 창업팀은 지배권을 매우 중요시한다. 알리바바 이사회의 좌석은 창업팀이 설계한 시스템에 따라 사업 파트너가 절반 이상을 차지한다. 최대 주주인 소프트뱅크(33.2%의 지분 보유)는 마윈을 대표로 한 사업 파트너들에게 투표권을 맡겼다. 미국에 상장한 뒤 마윈은 7.8%의 지분을 보유했으나(나머지 사업 파트너들은 13%의 지분을 보유했다) 차등의결권주식Dual-Class Share, 즉 이중 상장으로 지배권을 확실하게 장악했다(징동그룹의 류창둥劉強東과 페이스북의 마크 저커버그도 다중 지분구조 설계로 기업지배권을 장악했다).

화웨이는 증시에 상장하지 않는 모델을 따른다. 화웨이의 주인은 직원으로 2015년까지 약 8만 명에 가까운 직원이 종업원지주제를 통해 화웨이 주식을 100% 보유했다. 런정페이도 화웨이 직원으로서 1.4%의 지분을 보유하고 있다. 런정페이는 노조와 함께 이사회 구성원을 선출하고 한 표의 거부권을 보유하는 방식으로 화웨이의 지배권을 완전히 장악했다.

어느 모델을 따르든 창업팀은 자신들의 운명을 적극 결정했다. 돌이켜보면 완커의 지분구조와 지배권 구조는 2000년부터 크게 변하지 않았다. 사실 2003~2004년 일부 전문가는 주주와 경영진의 모순이 격화될 수 있는 잠재적인 문제를 해결하고자 완커에 경영자 매수(MBO, 회사 경영진과 임직원이 자사 전체 또는 일부 사업부를 인수하는 것-옮긴이)를 제의했다. 그러나 왕스의 신념 때문인지 아니면 다른 이유가 있는지 완커는 이 제의를 뿌리쳤다. 2010년 내부에서 미국의 투자기업 티시먼스파이어Tishman Speyer나 싱가포르의 캐피털랜드Capital Land처럼 완커의 경영진이 진정한 주주가 되는 쪽으로 경영 방향을 틀자는 논의가 있었다. 그렇지만 4조 위안의 경기부양책이 부동산업계를 뜨겁게 달군 그 무렵 고생스러운 자기혁명의 길을 걷고 싶어 하는 사람은 많지 않았다. 완커는 차일피일 미루다가 2014년 사업 파트너 제도를 실시했다. 이때 완커는 이미 시가총액 1,500억 위안의 공룡기업이었다. 완커의 자산 규모가 급격히 커지자 경영진[사업 파트너들]이 지분구조에서 중요한 비중을 차지하기 어려웠고, 경영진과 주주의 이익이 서로 일치하게 만들기도 곤란했다. 솔직히 완커 같은 지분구조와 기업지배모델이면 주주와 경영진의 모순은 꼭 2015년이 아니어도 언젠가 폭발하게 마련이다.

1988년 왕스는 완커가 주주제로 전환할 때 완커의 경영권이 소수 주주에게 휘둘리는 것을 막기 위해 지분을 포기했다. 이처럼 지배권이 제한적인 상황에서 2000년 화룬이 완커의 실력, 정치와 금융시장 환경, 왕스와 닝가오닝의 개인적 친분 등을 고려해 완커의 최대 주주가 된 것은 완커에 최고의 행운이었다. 그러나 시대가 변하는 동안 완커는 조금도 변하지 않았다. 경영진의 능력이 핵심 자산 중 하나인 완커는 지난 10여 년 동안 기업 시스템과 경영모델을 바꾸기 위해 전혀 노력하지 않았다. 그 결과 기업의 핵심요소와 지분비율을 합리적으로 조정하지 못했다. 완커의 가장 큰 문제는 지분구조에 있다.

완커의 사례에 두드러진 것은 현대기업의 영원한 화제인 지분과 지배권의 갈등이다. 현재 회사를 경영하거나 장차 경영할 사업가는 결코 이 갈등에서 자유로울 수 없다. 특히 금융자본이 시장으로 물밀듯 밀려오는 지금 같은 상황에선 더욱더 그렇다.

15. 돈은 잠들지 않는다[39]

자본이 왕인 세계에서 일개 기업의 운명은 파도 끝에 서 있는 것처럼 위태롭고, 자본은 필연적으로 잠재이익을 따라 흐르게 마련이다. 1980년대 미국에서 차입매수가 활발하게 일어난 근본적 이유는 경기 하락, 기업이익 감소, 경영진의 대리인 문제와 기업지배 문제, 기업 가치 저평가, 핫머니 이동 때문이다. 현재 중국 이야기는 1980년대의 미국 상황과 어느 정도 비슷하다.

완커, 바오닝, 화룬의 갈등은 여전히 진행 중이다. 유니버설보험으로 일어선 보험자금은 폭풍우가 몰아치는 험난한 자본시장에서 완커, 난보南玻그룹, 거리格力전기를 차례로 노리며 다이내믹한 '여행'을 하고 있다. 왕스의 투쟁, 난보그룹 경영진의 집단 사퇴, 주주와 기 싸움을 벌인 거리전기의 둥밍주董明珠 회장 등 중국 자본시장은 본격적으로 야만인과의 전쟁을 시작했다.

돈은 잠들지 않는다. 자본이 왕인 세계에서 일개 기업의 운명은 파도 끝에 서 있는 것처럼 위태롭고, 자본은 필연적으로 잠재이익을 따라 흐르게 마련이다. 중국의 금융정보 제공업체 윈드와 이제易界, DealGlobe의 통계에 따르면 2015년 중국에서 이뤄진 인수·합병 건은 6,446건이고 이들 거래에 3억 400만 위안이 투입되었다. 이는 전년 대비 55.74% 증가한 수치다. 이 중 증권시장에서 이뤄진 인수·합병 건은 총 1,083건으로 전년 대비 205.07% 증가했다.

왜 이 모든 일이 지금 중국에서 일어날까?

역사를 참고하면 세상 모든 일이 어떻게 흥하고 망하는지 알 수 있다. 역사의 강을 잠시 거슬러 올라가보자. 1970년대 미국에서 시작된 차입매수 업무는 1980년대에 광범위하게 퍼져 1989년 최고조에 달했다. 1979~1989년 미국에서는 차입매수 총 2,000여 건에 2,500억 달러의 거래가 이뤄졌다. 미디어와 정치인이 기억하는 1980년대는 탐욕과 사치가 공존한 시대다. 이 시기 월가는 자본의 야만성과 무정함으로 물들었다. 엄밀히 말해 1980년대에 미국에서 차입매수 붐이 일어난 것은 경제와 깊은 관련이 있다. 경기 하락, 기업이익 감소, 경영진의 대리인 문제와 기업지배 문제, 기업 가치 저평가, 핫머니 이동은 가장 중요한 시대적 요소다.

2차 세계대전 이후 1950~1960년대는 미국 경제가 비상한 황금기였다. 1950년 미국의 GDP는 전년 대비 8.7% 성장했다. 이후 20년 동안 미국의 GDP는 수차례 6%, 7%, 8%의 관문을 넘었다. 하지만 1970년대부터 미국 경제는 흔들리기 시작했다. 전미경제연구소NBER의 연구에 따르면 미국은 1970년 11월, 1975년 3월, 1980년 7월, 1982년 11월에 각각 경기가 바닥을 찍었다. 특히 1971년 8월 리처드 닉슨 정부가 달러의 금 태환 업무를 중단하면서 금본위제의 브레턴우즈 체제가 붕괴되자 달러는 화폐시장에서 패권적 지위를 상실했다. 전쟁의 경제성장 자극 효과가 사라진 미국은 강한 경기 하락 압박을 받았고 경상수지마저 적자로 돌아섰다. 1971년 22억 달러였던 미국의 무역수지 적자는 1972년 68억 달러로 늘어났는데, 이것은 이후에도 지속적으로 증가했다. 특히 1973년에 끝난 베트남 전쟁은 미국에 엄청난 재정 적자를 떠안겼다. 같은 해 10월 4차 중동 전쟁이 발발하자 석유수출국기구OPEC는 미국에 석유 수출금지 조치를 내렸고, 석유 값이 폭등하면서 미국은 서둘러 긴축 재정에 나섰다. 이 여파로 3대 기둥산업인 건설, 자동차, 철강업이 큰 타격을 받는 한편 실업률이 9.1%까지 치솟았다. 이 시기에 2차 세계대전 이후 최고로 많은 기업과 은행이 줄줄이 파산했다. 1974년 미국의 소비자물가는 11.4% 상승했고 심각한 인플레이션이 미국 경제를 스태그플레이션의 늪에 빠뜨렸다. 같은 기간 기업이익도 1950년 22%에서 1975년 12%로 대거 하락했다. 이러한 경기 하락과 기업이익 감소의 부추김 속에서 '적대적 인수Hostile Acquisition' 중심의 합병 붐이 일어났다.

1960년대에 미국에서 리스크 분산Risk Diversification 차원의 합병 붐이 일자 계열사를 대거 거느린 대기업이 생기기도 했다. 그 대표적인 예가 350여 개의 기업을 인수·합병한 ITT코퍼레이션ITT Corporation과 다원화 전략을 추진한 리턴인더스트리스Litton Industries다. 그러나 당시 미디어들은 경영진의 기업지배 문제, 가령 수익성 낮은 사업에 투자하기, 사업 분야 맹목적으로 확장하기(제국 건설, empire building)를 비롯해 주주의 이익을 해치는 문제를 폭로했다. 이런 상황에서 인수·합병 압박은 외부 투자자에게 영향력을 행사하는 수단으로 비춰졌다.

1970년대 이후 일부 초대형 기업이 기업 분할을 단행하고 다시 주력 산업에 집중하는 행보를 보였다. 일례로 1987년 알레지스Allegis Corp.는 앞서 인수한 허츠Hertz렌터카, 웨스틴호텔, 힐튼호텔을 매각했다.

이익 감소와 기업지배 악화는 시장에서 기업 가치를 지속적으로 떨어뜨렸다. 실제로 1969년 말과 1979년의 다우지수는 각각 800.36포인트와 838.74포인트였는데, 10년 동안 새 모이만큼 오른 시장 전체의 주가수익률은 30년 이래 최저치인 7.5%를 기록했다. 무수한 상장기업의 주가는 주가순자산비율PBR이 1에 근접할 정도로 심하게 저평가되었고 자본의 시야에 들어온 우량하지만 싼 기업은 곧 인수대상기업Target Company 목록에 올랐다. 이때부터 차입매수가 유행처럼 번졌고 레버리지를 이용해 작은 물고기가 큰 물고기를 잡아먹는 자본게임이 끝없이 펼쳐졌다.

이와 동시에 거시적 관점에서 행해지는 신용대출도 차입매수 성행에 토양을 제공했다. 1970년대의 스태그플레이션은 신용대출의 지속적인 확장을 유발하고 화폐정책을 극도로 완화하게 만들었다. 1974년부터 1981년 레이건 대통령이 취임하기 전까지 55개월 동안 실질금리는 마이너스였다. 미국 연방기금의 금리와 인플레이션율도 한때 -5%에 근접했다. 1970년대 말까지 고수익 채권시장이 급격히 팽창하자 자본은 사방에서 투자 기회를 찾았다. 1986~1988년 투자자들은 고수익 채권시장에 180억 달러를 투자했다. 차입매수의 왕 KKR이 진행한 13건의 대형 인수·합병에도 고수익 채권자금이 참여했는데, 1989년 KKR은 12배의 레버리지비율로 미국의 19대 기업인 RJR나비스코RJR Nabisco를 인수했다. 이 M&A는 1980년대 당시 가장 규모가 큰 250억 달러 거래로 그중 은행단 대출금이 145억 달러, 드렉셀과 메릴린치가 제공한 단기 브리지론(Bridge Loan, 자금이 급히 필요한데 자금을 모을 때까지 시일이 걸릴 경우 단기차입 등으로 조달하는 자금-옮긴이)이 50억 달러, 고수익 채권을 담보로 빌린 자금이 30억 달러를 차지했다. 시장이 침체를 벗어나지 못할 때 높은 수익을 안겨주는 차입매수는 핫머니가 가장 열광하는 투자 타깃이다.[40]

사람들의 입에 많이 오르내리는 '돈은 잠들지 않는다', '탐욕은 좋은 것이다' 등은 당시에 가장 경계해야 하는 말이었다. 실제로 마이클 더글러스의 연기가 돋보이는 영화 〈월스트리트〉나 스테디셀러 《문 앞의 야만인들》을 보고 시대를 비판하거나 반성하는 것이 한때 유행하기도 했다. 그 대표적인 것이 미국 증권거래위원회의 법률고문이자 M&A 전문 변호사인 마티 립턴Marty Lipton의 관점이다. 1976~1990년 미국에서 성사된 3만 5,000건의 인수·합병과 관련해 립턴은 M&A 활동은 단기 이윤을 최대로 끌어올리지만 기업의 장기적인 발전을 저해하고, 이는 세계시장에서 미국의 경쟁력과 성장력 향상에 긍정적 영향을 주지 않는다고 생각했다.

립턴의 관점은 미디어, 영화, TV 작품의 사랑을 받았다. 그런데 뒤이어 몇 년 동안 학자들이 대량의 데이터를 심층 연구한 결과 차입매수 붐에 관한 비판이 지나치게 표면적임을 발견했다. 미국 최고의 석학〔전 세계 사회과학 분야 학술논문 데이터베이스인 SSRN의 창립자, 세계적인 학술지 JFE의 창립자〕이자 하버드대학교 교수인 마이클 젠슨Michael C. Jensen은 1993년 논문에서 1980년대에 미국에서 성행한 차입매수 활동은 기업지배와 관련해 중대한 문제를 해결했을 뿐더러 기업이 상품시장에서 심각한 충격을 받기 전에 스스로 체질을 건강하게 만들고 세계적인 과잉 생산 문제에 조기 경보 시스템을 제공했다고 지적했다. 나아가 젠슨 교수는 자본시장의 힘을 얕보지 말라고 지적했다. 또 다른 학술 연구는 당시 3만 5,000건의 M&A 중 364건만 분쟁에 휩싸였고 적대적 인수·합병은 172건에 불과했다고 보고했다.

1980년대의 인수·합병은 고수익 채권시장을 활성화했다. 자본이 더 이상 M&A의 걸림돌이 아닐 때 인수대상 기업은 규모가 크든 작든 인수·합병될 가능성이 크다. 미국의 대기업이 자본시장에서 기업 내부를 자발적으로 관리감독하고 새로 시장에 진입하는 기업에 자금을 제공해 상품시장 경쟁을 강화한 것은 차입매수가 낳은 직접적인 결과다. 그런 의미에서 고수익 채권은 미국 경제에 활력을 불어넣었다.

중국에서 되살아난 미국의 불씨

1980년대 미국 경제에 드리워졌던 그림자가 2015년 중국에 흐릿하게나마 어른거리는 것을 보면 진실로 하늘 아래 새로운 일은 없는 것 같다.

2015년 중국의 GDP 성장 속도는 25년 이래 최저치인 6.9%를 기록했고, 실물경제 위축으로 여러 전통산업은 추운 겨울을 보냈다. 2015년 일정 규모 이상 기업들은 전년 대비 경상이익이 2.3% 하락해 2000년 이후 처음으로 마이너스 성장을 했다. 특히 석유·천연가스 개발회사의 이익 성장 속도가 74.5% 하락했고, 석탄 채굴 및 제련업의 이익 성장 속도는 65% 하락했다. 2014년부터 중앙정부가 부동산업에 '재고 소진' 정책을 실시하자 많은 도시가 수요 살리기에 나섰다(2015년과 2016년 부동산가격이 폭등하는 바람에 1, 2선 도시는 현재 이 임무를 초과 달성했다).

2015년 중국 전역에서 임대수입이 없거나 판매수입을 얻지 못하는 상업 부동산 면적은 역사상 최고 수준인 2억 5,000만m^2에 달했다. 증시에 상장한 부동산회사의 2015년 중간 보고서에 따르면 부동산 상장회사의 평균 부채비율은 76.8%고, 평균 순이익률은 전년 대비 3% 하락한 9%다. 일부 부동산회사는 사업 지분을 매각하는 방식으로 생명을 연장하고 있다. 경기가 나빠지고 부동산산업이 침체에 빠지자 연초부터 6월 말까지 완커 A주의 주가수익률은 10.79%에 그쳤다. 완커와 비슷한 주가수익률을 보인 상장회사로는 바오리[9.69%], 의류기업 야거얼雅戈爾[10.72%], 부동산회사 스마오구펀世茂股份[12.04%] 등이 있다. 자본은 현금흐름이 안정적인 부동산회사를 좋아한다. '우량자산+저평가된 주식+지분 분산'을 갖춘 기업은 인수 대기자들에게 꿈의 대상인데, 뜻밖에도 2015년 삼사분기에 중국 부동산업계에서 176건의 M&A[총 1,600억 위안]가 있었다.

마이너스 금리는 세계적인 현상이다. 중국의 실물경제가 부진하고 투자수익률이 떨어지자 갈 곳을 잃은 대규모 자금이 주식시장으로 몰려 투기 광풍을 일으켰다. 터리A부터 상하이푸텐(上海普天, 통신설비회사-옮긴이), 하이신식품海欣食品까지 핫머니는 연이어 요괴주를 만들었고 중앙정부가 1가구 2자녀 정책, 공급책 개혁 등의 정책을 발표하는 족족 관련 테마주가 만들어졌다. 2015년 증시 재앙 이후 핫머니는 일선 도시의 부동산시장에 흘러들었다. 2015년 상하이 부동산시장은 전년 대비 18% 상승한 1조 4,000억 위안의 거래로 전 세계에서 가장 큰 부동산시장이 되었다. 2016년 벌크상품 시장에서는 석탄가격이 폭등했다. 단기간에 자산가격이 급상승한 곳에는 늘 핫머니의 매력적인 그림자가 있다. 이처럼 거시적인 환경에서 고수익, 안정적인 자금흐름, 우량자산을 담보로 진행하는 M&A는 자본시장의 희귀자원이나 마찬가지였다.

정책 면에서는 인수·합병 자금과 관련된 규제가 풀리기 시작했다. 2008년 이전까지 중국 은행업은 인수·합병 대출을 엄격히 제한해 M&A 발전을 가로막았다. 2008년 12월 중국 은감회는 〈상업은행 인수·합병 대출 리스크 관리 지침〉을 발표하고 조건에 부합하는 상업은행이 인수·합병 대출을 해주도록 허가해 관련 수요를 법의 테두리 안으로 끌어들였다. 2015년 3월 은감회는 〈상업은행 인수·합병 대출 리스크 관리 지침〉을 다음과 같이 수정했다. ①대출기한을 연장한다. ②인수·합병 대금에서 대출금이 차지하는 비율을 높인다[50%에서 60%로]. ③인수·합병 대출 시 담보를 설정하는 강제적인 규정을 원칙적인 규정으로 바꾸고 기업의 인수·합병 대출 제한을 완화한다.

인수·합병 대출정책 완화는 레버리지 자금 운용자에게 더 많은 기회를 제공했다.[41] 또한 금융시장이 발전하자 동원하는 금융수단도 다양해졌다. 예컨대 완바오 전쟁 때 수익권 담보대출, 집합투자상품, 주주권 저당대출, 단기채권 등의 상품이 두각을 나타냈는데 이들 상품은 차입매수 발전에 탄환을 제공했다.

경기 하락, 기업이익 감소, 경영진의 대리인 문제, 기업 가치 저평가, 핫머니 이동은 미국에서 차입매수 붐을 일으킨 주요 요소이자 2015년과 2016년 중국 자본시장을 뜨겁게 달군 불씨다. 인수·합병시대는 이미 시작되었다. 분명한 사실은 이 명제에서 벗어나고 싶어 하는 기업은 앞으로 자본시장에서 살아남을 수 없다는 점이다.

3장

시장 결정자들은 무엇에 주목하는가?

1. 금융학, 독립을 꿈꾸다

미시금융학은 사람들이 불확실한 환경에서 가격관계를 이용해 자원을 어떻게 배치하는지 연구하는 학문이다. 구체적으로 리스크와 리스크 수익, 리스크가 있는 주식의 가격 결정, 기업 투자와 대출 결정 그리고 이들 요소에 영향을 주는 시장 구조 및 제도를 배운다. 상경대의 금융학과에서 주로 다루는 내용은 미시금융학이다. 그래서 미시금융학은 '상경대의 금융학'이라고도 불린다.

금융이란 무얼까? 사전을 찾아보면 '자금, 화폐, 투자, 대출, 자본운용, 금융 등 자금과 화폐의 유통에 관한 경제 활동'이라고 나온다. 사전적 의미를 참고할 경우 자금과 자본에 관한 일체의 연구, 즉 자금과 자본을 유통·사용·관리하는 학문이 금융학이다. 이를테면 주식시장, 채권시장, 선물시장, 상장·발행, 인수·합병, 화폐발행량, 금리 결정, 환율 변동은 모두 금융학의 범위에 든다.

금융학과 경제학은 어떤 관계일까? 경제학자들은 늘 자신 있게 금융학을 경제학의 세부 과목에 끼워 넣는다. 하지만 현실세계에는 경제학과도 있고 금융학과도 있다. 경제학과는 간혹 인문대에 속하기도 하지만 금융학과는 언제나 상경대에 속한다. 학문 간의 예속을 놓고 따지면 이야기가 한없이 길어진다.

경제학은 인류의 오래된 학문 중 하나다. 성숙한 인류사회가 등장한 뒤 경제 활동과 경제 현상을 연구하고 사고하는 것은 학자들에게 가장 흥미로운 의제였다. 본질적으로 금융학은 경제 현상을 다룬다. 그 점에서 금융학을 경제학의 하위 학문으로 여기는 관점은 옳지 않다.

여느 경제학 갈래들〔경제성장, 건강경제학, 노동경제학〕과 달리 미시금융학 발전은 현대 금융시장 발전과 복잡하고 긴밀하게 연결돼 있다. 독특하게도 미시금융학은 시장의 직감과 데이터 사이에서 매개를 찾는다.

물론 미시금융학이 있으면 거기에 상응하는 거시금융학도 있다. 거시금융학은 거시적인 금융 문제, 가령 화폐 공급, 은행 운영, 금리 결정, 환율 변동, 금융시장, 경제성장, 경제위기 등을 연구하는 학문이다. 때로 거시금융학은 화폐경제학이라고도 불리며 그 역사는 1936년까지 거슬러 올라간다. 1936년 케인스는 자본주의를 구한 불후의 명작《고용·이자 및 화폐의 일반이론The General Theory of Employment, Interest and Money》을 출간했고 이와 함께 현대 거시경제학이 탄생했다. 케인스의 이론 중 화폐 공급 조절, 금리 결정, 환율 결정에 관한 이론은 훗날 끊임없이 확대되어 화폐경제학 중심의 거시금융학으로 발전했다.

결국 거시금융학은 거시경제학의 일부로 거시경제학과 떼려야 뗄 수 없는 관계다. 서양의 정규교육 시스템에서 거시금융학과 거시경제학의 관계는 주로 경제학과 수업시간에 배운다. 그래서 1990년 노벨경제학상을 받은 머튼 밀러Merton Miller는 거시금융학을 '경제학과의 금융학'이라고 불렀다.

그러면 미시금융학은 뭘까? 쉽게 설명하면 개인의 금융 결정을 연구하는 학문이다. 시장에서 가장 인기 있는 주식공개, 인수·합병, 사모펀드, 주가 등락, 선물옵션, 자산 증권화, 펀드, 채권, 초단타 매매, 퀀트투자, 핀테크 등은 모두 이 영역에 속한다. 다시 말해 개인의 재테크와 관계가 있는 모든 투자 결정은 미시금융학의 연구 범위에 든다.

거시금융학이 거시경제학에서 태어난 것처럼 미시금융학은 미시경제학에서 태어났다. 미시경제학은 개인의 관점에서 사람들이 자원을 어떻게 배치하는지 연구하는 과학이다. 이에 비해 미시금융학은 사람들이 불확실한 환경에서 가격관계를 이용해 자원을 어떻게 배치하는지 연구하는 학문이다. 구체적으로 리스크와 리스크 수익, 리스크가 있는 주식의 가격 결정, 기업 투자와 대출 결정 그리고 이들 요소에 영향을 주는 시장 구조 및 제도를 연구하는 것이 미시금융학의 전형적인 상징이다.

상경대의 금융학과에서 주로 다루는 내용은 미시금융학이다. 그래서 미시금융학은 '상경대의 금융학'이라고도 불린다. 전통적인 서양 학문 시스템에서 현대 금융학이 가리키는 것은 미시금융학이다. 연구 대상에 따라 미시금융학은 크게 기업금융과 투자학으로 나뉜다.

기업금융은 기업의 관점에서 기업의 융자 계획〔증시 상장, 채권 발행, 증자, 사유화 등〕, 기업 발전과 확장〔인수·합병, 기업분할, 신사업 찾기, 이익분배, 정책 결정 등〕, 기업지배〔주주권, 이사회·경영진의 급여 인센티브 등〕를 연구한다. 반면 투자학은 투자자의 관점에서 주식의 합리적인 가격 결정〔주식·채권·선물의 리스크에 따라 현재 가격이 고평가 또는 저평가되었는지 판단한다〕, 투자관리〔자산 종류가 모두 다른 상황에서 최고의 포트폴리오를 찾는다〕, 자산관리와 관계가 있는 시장 구조 및 제도를 연구한다.

거시금융학이 거시경제학에 속하는 것과 달리 미시금융학에서 파생 발전한 현대 금융학은 자기만의 독특한 연구 방법과 사상을 갖춘 독립적인 학과다. 어떻게 현대 금융학은 반세기 만에 독보적 지위를 갖춘 학문이 되었을까? 그러면 '월가의 첫 번째 혁명'이라 불리는 포트폴리오 이론으로 이야기를 풀어보자.

2. 포트폴리오 이론이 일으킨 빅뱅

해리 마코위츠Harry M. Markowitz의 포트폴리오 이론부터 유진 파머의 효율적 시장 가설, 리처드 탈러Richard H. Thaler의 행동금융학 이론까지 금융학 연구는 늘 금융 활동과 끈끈하게 연결되어왔다.

진정한 의미에서의 현대 금융학 탄생은 1952년으로 거슬러 올라간다. 그해에 마코위츠라는 젊은이가 포트폴리오 이론Portfolio Theory을 제시했다. 블랙홀 폭발이 지구를 만들어낸 것처럼 마코위츠의 번뜩이는 포트폴리오 이론은 현대 금융학을 만들었다. 그 점에서 마코위츠의 포트폴리오 이론은 '현대 금융학의 대폭발'이라고 불린다.

1952년 월가는 이미 각종 금융·증권 거래가 활발히 이뤄지는 명실상부한 세계 금융의 중심이었다. 이곳에서는 부의 곡선이 흔하게 오르락내리락했다. 그러나 월가를 바쁘게 오가는 사람들 중 금융시장의 리스크가 뭔지, 리스크를 어떻게 측정하는지, 리스크와 수익에 어떤 관계가 있는지 명확히 아는 사람은 많지 않았다. 그때 시카고대학교의 박사 과정 중에 있던 마코위츠는 박사 논문에서 이 문제를 해결할 단순한 틀을 제시했다.

리스크란 무얼까? 직설적으로 설명하면 불확실성이다. 증권투자 리스크는 곧 증권투자 수익의 불확실성이고 수익률은 확률변수다. 결과적으로 증권의 기대수익은 확률변수의 기대평균값이므로 리스크는 확률변수 분산을 이용해 측정할 수 있다.

만약 당신이 이제부터 본격적으로 증권투자를 하려 한다면 어떤 기준으로 투자를 결정할 것인가? 사실 사람들은 단순하게 고수익, 저위험을 선호한다. 따라서 이 질문은 리스크를 최소화하고 수익을 최대화하기 위해 개별 증권의 투자비율을 어떻게 조절할 것인지 묻는 것과 같다. 마코위츠의 천재적인 대답은 "개별 증권에 관한 투자비율을 변수로 설정하세요"다.

이제 이 문제는 포트폴리오 수익을 최대화하고 리스크를 최소화할 수학 모형을 설계하는 문제로 바뀌었다. 일정 수익률로 최소한의 분산을 추구하거나 일정 분산으로 최대 수익률을 추구하는 다원화한 방정식 풀이는 하나의 곡선을 형성한다. 곡선 위의 모든 점이 최고의 포트폴리오(고수익, 저위험)를 나타내는 이 곡선을 '효율적 경계선'이라고 부른다. 투자자에게 효율적 경계선보다 더 훌륭한 포트폴리오는 없고 이것을 알면 투자자가 풀어야 하는 문제는 간단해진다. 다시 말해 모든 투자자는 자신의 리스크 선호도를 고려해 효율적 경계선에서 최고의 전략을 찾아야 한다.

이는 인류 역사상 최초로 수학을 이용해 리스크와 수익의 개념을 명확히 정의하고 해석한 것이다. 리스크와 수익은 금융학에서 기본적인 핵심 개념으로 거의 모든 금융 연구는 '리스크-수익'의 틀을 벗어나지 않는다. 흥미롭게도 포트폴리오 이론은 고전 경제학의 획일적인 틀을 벗어난 순수 기술 이론이라는 이유로 이단 취급을 받았다. 저명한 경제학자 밀턴 프리드먼Milton Friedman은 "포트폴리오 이론은 경제학이 아니다"라고 비난했다.

그러나 월가는 이단성 여부에 신경 쓰지 않았다. 설계가 간단한 마코위츠의 이론은 곧바로 월가의 환영을 받았고, 투자자와 매니저들은 역사적인 데이터를 활용해 선형 계획법을 만들고 투자를 결정했다. 사실 경제학의 오랜 역사에서 이론이 산업화가 될 정도로 현실에 적용된 사례는 많지 않다. 그런데 금융학 이론은 마코위츠 때부터 현실과 긴밀하게 결합해 발전되어왔다. 즉, 현대 증권투자업은 마코위츠 때부터 독립적인 산업이 되었다. 포트폴리오 이론의 출현과 응용은 전문적이고 세분화한 자산관리의 길을 열었다는 점에서 월가의 역사적인 혁명이자 최초의 혁명이라 할 수 있다.

1960년대에 마코위츠의 제자 윌리엄 샤프William F. Sharpe는 한 단계 더 나아가 일반균형 이론의 틀에서 증권시장 투자자의 선호도는 모두 같다는 가정 아래 '리스크-수익'의 함수관계로 투자를 결정하고자 개별증권[투자 포트폴리오]의 기대수익률과 상대 위험도 사이의 관계식을 도출했다. '상대 위험도'는 주식과 시장 포트폴리오 사이의 연동성[전문용어로 '공분산'이라고 부른다]을 가리킨다. 이론 모형에서 시장 포트폴리오는 일련의 엄격한 가정 아래 추산하지만 현실에서 투자자는 거의 시장지수[다우지수, 상하이종합지수, 니케이지수 등]를 이용해 시장 포트폴리오를 추산한다.

투자자는 샤프의 관계식에 근거한 시장 포트폴리오를 기반으로 모든 증권가격을 결정하고 개별 증권가격의 합리성 여부도 판단할 수 있다[정확히 말하면 이 관계식에 부합하는지 판단할 수 있다]. 만약 괴리가 있을 경우 '시장균형가격'을 이탈한 증권이라고 부른다. 샤프의 관계식은 금융학에서 가장 유명한 자산가격결정이론이다. 자산가격결정이론과 이 이론의 확장형 모델은 지금도 금융시장의 각 방면에서 쓰이고 있다. 가령 투자자가 균형이론가격을 이탈한 증권을 찾거나('고평가'된 증권을 팔고 '저평가'된 증권을 매입한다) 펀드매니저의 실적평가와 상장회사의 융자를 위한 증권 발행 가격 결정 등을 평가할 때 도움을 준다.

1960년대 중반에서 1970년대 사이에 유진 파머는 효율적 시장 가설을 제시했다. 시장의 효율성이란 시장 정보를 시장가격에 충분히 반영한 것을 말한다. 만약 모든 정보(정보는 예측할 수 없다)를 시장가격에 즉각 반영하면 시장가격 파동은 예측할 수 없는 확률변수로 작용한다. 날마다 많은 투자자가 효율적 시장을 말하지만 이 간단한 이론이 낳는 거대한 영향을 아는 사람은 많지 않다. 시장가격이 효율성 테스트를 통과하면 비차익 가설이 성립한다. 비차익 가설이 성립한다는 것은 기존 시장가격에 더 이상 차익 공간이 없어 초과수익을 얻을 수 없음을 의미하므로 투자자는 (효율적인) 시장의 시세를 따르는 것이 가장 좋다.

유진 파머의 효율적 시장 가설 이후 2명의 심리학자가 금융학 연구의 또 다른 문을 열었다. 1979년 대니얼 카너먼Daniel Kahneman과 아모스 트버스키Amos Tversky는 일련의 실험을 통해 오랫동안 금융경제학을 주재해온 '합리적인 사람' 가설이 매우 제한적임을 증명했다. 인류의 결정 과정은 오히려 개인의 선호, 사회규범, 관념과 관습의 영향을 받아 합리적 기대에 체계적인 오류를 일으켰다. 많은 사람이 한 달 월급 9,000위안일 때보다 10,000위안일 때 더 기뻐한다. 다음 두 가지 상황은 어떨까? 첫 번째, 동료는 한 달에 11,000위안을 받고 자신은 10,000위안을 받는다. 두 번째, 동료는 한 달에 8,000위안을 받지만 자신은 9,000위안을 받는다. 이때 월급 만족감은 첫 번째보다 두 번째일 때 더 크다. 이것이 저명한 '준거점Reference Point' 이론이다.

이 밖에도 카너먼과 트버스키는 인류가 무언가를 결정할 때 손실 회피, 프레임 효과 같은 체계적인 특징을 보인다는 것을 발견했다. 이들 특징은 다시 '기대 이론'의 기초가 되었다. 금융학자들은 기대 이론을 토대로 비이성적 기대 하에서의 자산가격 결정과 투자 및 융자 결정에 관한 행위를 연구하기 시작했다. 그 결과 1980년대 이후 행동금융학이 크게 발전했고 리처드 탈러 시카고대학교 교수와 로버트 쉴러Robert J. Shriller 예일대학교 교수 같은 행동금융학 이론의 대가가 등장했다. 행동금융학의 틀에서 시장의 효율성은 비현실적인 가설이다. 종종 차익 거래에 제한을 받고 투자자의 행위에 오류가 존재하는 탓에 시장가격에는 항상 오류가 있을 수밖에 없다. 따라서 투자자는 적극적이고 공격적인 전략을 세워 싸게 사서 비싸게 팔 기회를 찾아야 한다.

마코위츠의 포트폴리오 이론부터 유진 파머의 효율적 시장 가설, 리처드 탈러의 행동금융학 이론까지 금융학 연구는 줄곧 금융 활동과 긴밀하게 연결되어왔다. 마코위츠의 포트폴리오 이론은 실질적으로 대규모 펀드를 관리하는 수단을 제공했고, 선형 계획법은 수많은 종목 중 기대수익률이 가장 높은 조합(또는 수익률 분산이 가장 적은 조합)을 찾는 데 쓰이고 있다. 그리고 유진 파머의 시장 효율성 이론과 행동금융학 이론은 자산관리업 발전의 이론적 근거다. 시장을 서로 다른 기대감(이론적으로 '이질적 신념'이라 부른다)으로 바라보는 적극적 펀드 관리와 소극적 펀드 관리(인덱스펀드 등)는 모두 발전 가능성이 높다. 사람들은 마코위츠의 포트폴리오 이론과 유진 파머의 효율적 시장 이론이 1970년대 미국의 증권, 특히 펀드시장 번영의 기점이었다고 생각한다. 훗날 헤지

펀드 발전에 강력한 토대를 제공한 것은 행동금융학 이론이다.

이상의 이론들이 금융시장 발전에 크게 공헌한 점을 인정받아 마코위츠, 윌리엄 샤프, 머튼 밀러는 1990년 나란히 노벨경제학상을 받았다. 마코위츠가 경제학이 아닌 곳에서 출발해 노벨경제학상에 도달하기까지는 장장 40년이 걸렸다. 아직도 경제학과 금융학의 분합 및 통합에 관한 완벽한 정설은 없다.

3. 월가에서 터져 나온 환호성

마코위츠가 제시한 '리스크-수익'의 리스크 관리, 윌리엄 샤프 등이 일반 균형론에 입각해 해석한 '리스크-수익' 관계[자산가격결정이론], 스티븐 로스Stephen Ross가 제시한 '리스크-수익'의 더 일반적인 선형 모형 등 금융시장과 금융학의 영원한 양대 주제는 리스크와 수익률이다.

1950년대는 다양한 사상이 반짝인 시대였다. 마코위츠가 포트폴리오 이론을 제시하고 몇 년 뒤인 1956년 프랑코 모딜리아니Franco Modigliani와 머튼 밀러는 '자본구조 이론'이라는 또 다른 획기적인 이론을 발표했다. 모딜리아니와 밀러의 이름 앞 글자가 모두 M이라 이 이론은 'MM 정리'라고도 불린다.

현대 기업금융의 초석이자 이정표로 평가받는 이 이론에서 밀러와 모딜리아니는 처음 비차익 가설을 설명했다. 비차익 가설은 완벽한 금융시장에 저가에 매수하고 고가에 매도해 차익을 얻을 기회가 존재하지 않는 것을 가리킨다. 즉, 공짜 점심은 없는 것이다. 비차익 가설에서 밀러와 모딜리아니는 이상적인 시장 조건에서는 기업 가치와 재무 정책이 서로 무관함을 증명했다. 밀러는 이 이론으로 1990년 노벨경제학상을 받았다[당시 모딜리아니는 이미 세상을 떠났다]. 시상식에서 자본구조

이론을 설명해달라는 기자들의 요청에 밀러는 "그것은 당신이 어떤 칼로 피자를 자르든 또 여덟 조각을 내든 열 조각을 내든 피자 본연의 크기에 아무런 영향을 주지 못하는 것입니다"라고 재치 있게 설명했다. 같은 해 마코위츠와 샤프도 밀러와 함께 노벨경제학상을 받았는데 이는 그만큼 금융학이 중요성을 인정받은 셈이다.

MM 정리는 이상적인 시장이라는 간단한 틀에서 기업의 자본구조를 토론할 만큼 정교하다. 현실세계에서 이상적인 시장에 위배되는 모든 조건은 기업 투자와 대출 결정에 영향을 준다. 이때 MM 정리를 준거점으로 삼을 경우 최종적으로 이상적인 시장에 위배되는 조건이 기업 가치에 얼마나 영향을 주는지 계량할 수 있다. 모든 기업은 투자를 결정할 때 이 같은 조건의 영향력을 고려해야 한다. 자본구조 이론이 등장한 뒤 사람들은 기업 투자와 대출 결정을 체계적으로 연구하기 시작했다.

1970년대에 비차익 분석 방법은 다시 금융학의 중앙 무대에 올랐다. 그 무렵 소량의 파생상품이 금융시장에 막 등장했는데 그 가격을 정확히 결정할 줄 아는 사람이 없어 발전이 더뎠다. 한데 1972년 피셔 블랙Fischer Black과 마이런 숄스Myron Scholes가 공동 발표한 글에서 비차익 가설에 근거한 모형으로 선물옵션상품의 가격을 결정하는 방법을 제시했다.

콜옵션[풋옵션]은 일정 기한 안에 고정된 행사가격으로 특정 증권을 매수[매도]하는 권리를 가리킨다. 비차익 가설은 일정 가격을 추계한다는 가정 아래 주식과 주식옵션의 적절한 조합으로 리스크를 헤지하고 포트폴리오의 위험도를 없애면 옵션가격과 주식가격 사이의 편미분 방정식을 얻을 수 있음을 알려준다. 편미분 방정식을 얻을 경우 선물옵션 가격을 확정할 수 있다.

블랙-숄스 모형은 마코위츠의 이론처럼 경제학의 일반균형 틀을 완전히 벗어나 비차익 방법으로 주가를 직접 결정한다. 그 탓에 오랫동안 주류 경제학 학술지에 실리지 못하고 이단 취급을 받았다. 블랙과 숄스는 시장지수로 자신들의 모형을 검증한 결과 모형으로 얻은 가격과 시장가격이 놀랍도록 일치한다는 것을 발견했다. 이 간단하고 효과적인 가격결정 수단에 월가는 환호성을 질렀다. 블랙-숄스 모형 도입 이후 월가에선 선물옵션상품 거래량이 기하급수적으로 증가하고 금융시장의 빨라진 혁신에 발맞춰 복잡한 파생상품이 많이 쏟아져 나왔다. 물론 가격은 블랙-숄스 모형과 이 모형의 확장형 모델을 바탕으로 정했다.

미국의 파생·증권시장은 1973년부터 전성기를 맞았다. 짧은 현대 금융사에서 금융학이 시장발전을 이끈 예는 또 있다. 마코위츠의 포트폴리오 이론과 샤프의 자산가격결정이론은 자산관리업 발전을 이끈 이론적 근거였고, 유진 파머의 효율적 시장 이론은 자산관리업 투자 전략의 튼튼한 기초였다. 의심할 것도 없이 블랙-숄스 모형은 글로벌 파생상품시장의 전성기를 이끌었으며 파생상품시장 번영은 거꾸로 블랙-숄스 모형을 인류 역사에서 가장 많이 쓰이는 수학공식으로 만들었다. 이것이 월가의 두 번째 혁명이다.

비차익 가설은 차익거래 가격결정이론의 탄생을 앞당겼다. 스티븐 로스의 차익거래 가격 결정 이론은 모든 주식의 수익률을 기본적인 경제요소들의 선형함수로 표시하는데, 선형 모형 가설에서 주식 포트폴리오의 리스크가 낮아지면 수익률은 무위험 수익률에 근접한다.

마코위츠가 제시한 '리스크-수익'의 리스크 관리, 윌리엄 샤프 등이 일반균형론에 입각해 해석한 '리스크-수익' 관계(자산가격결정이론), 스티븐 로스가 제시한 '리스크-수익'의 더 일반적인 선형 모형 등 금융

시장과 금융학의 영원한 양대 주제는 리스크와 수익률이다. 투자자는 고수익을 추구하며 리스크가 낮기를 바라고, 금융학자는 리스크와 수익 사이의 균형 및 적합성 관계를 애타게 찾는다. 모든 금융 활동은 리스크와 수익률을 둘러싸고 일어난다. 현대 금융학은 자체 진화 과정을 마치고 정식으로 역사무대에 등장해 지난 50년 동안 가장 혁혁한 성과를 올린 학문이다.

4. “공짜 점심은 없다”

전통적인 수급 분석은 금융시장 문제를 명쾌하게 해결하지 못했다. 그러면 금융자산가격의 합리성 여부는 어떻게 판단할까? 그 대답으로 비차익 분석법이 수면 위로 떠올라 강력한 생명력을 뽐냈다.

다시 처음의 명제로 돌아가 보자. 어떤 연구 방법과 생각의 갈래가 있었기에 금융학은 미시경제학에서 벗어나 독립적인 학문이 되었을까?

비록 금융학은 경제학을 탈피했지만 기본적인 분석 방법은 경제학과 크게 다르지 않다. 저명한 경제학자 폴 새뮤얼슨Paul Samuelson은 “앵무새도 공급과 수요 단 두 단어만 배우면 경제학자가 될 수 있다”라고 재미있게 말했다.

공급과 수요의 일반균형 분석은 경제학의 기본적인 분석 틀이다. 특히 합리적 기대와 제한적 조건에 기반을 둔 공급과 수요의 일반균형 분석은 경제학의 전형적인 분석 방법이다.

제한적인 상황에서 소비자 효용 극대화[합리적인 사람은 개인 효용의 극대화를 추구한다]는 수요 곡선을 결정하고, 시장과 기술이 제한적인 상황에서 공급자 이익 최대화는 공급 곡선을 결정한다. 이때 두 곡선의 접

점은 균형 생산량을 의미하고 수요 곡선과 공급 곡선은 서로 상응하며 가장 좋은 균형가격을 형성한다. 이것이 전형적인 수량-가격 시스템이다. 수량-가격 균형이 깨지면 공급과 수요의 힘이 변해 시장가격에 변동이 생기는데, 수요와 공급 모델이 아무리 복잡해도 이 관계는 변하지 않는다.

이 분석 틀은 간단하지만 매우 실용적이고 과학적이다. 가령 부동산 가격은 수요와 공급의 힘에 따라 항상 변한다. 즉, 수요는 그대로이고 공급만 감소하면 가격이 상승한다. 과거에 상하이는 부동산가격 상승을 억제하기 위해 토지사용권 경매를 중단했다. 이 정책은 토지 공급 감소를 의미하는 동시에 앞으로 임대나 판매 목적의 주택 공급이 줄어들 것임을 의미했다. 그런데 수요가 감소하지 않으면 어떻게 될까? 수요는 변하지 않고[또는 주택 희소성을 예상해 수요가 상승하고] 공급만 감소하면 가격은 하락하는 것이 아니라 오히려 오른다. 최근 베이징은 부동산가격을 잡고자 거래세를 인상했다. 수요와 공급이 크게 변하지 않은 상황에서 거래세를 인상할 경우 나타날 결과는 뻔하다. 일단 시장 마찰이 증가하고 거래비용이 상승하며, 거래비용 상승은 고스란히 부동산가격 상승으로 이어진다. 이는 경제학과 1학년생도 아는 기본적인 경제 원리다. 아니나 다를까 거래세 인상 발표 후 하루 만에 베이징의 부동산가격은 수십만 위안이 올랐다. 물이 막 차오를 때 원인을 살피지 않고 무턱대고 댐부터 쌓는 것은 너무 단순하고 거친 대응 방법이다. 이렇게 기본적인 원리를 망각하는 사례를 볼 때마다 사회발전 과정에서 인류의 가장 큰 적은 '무지'임을 새삼 깨닫는다.

경제학이라는 분석 틀은 인류가 관찰한 무수한 경제 현상을 해결하는 데 도움을 준다. 한데 이 강력한 분석도구가 금융시장에만 가면 맥을 못 춘다. 왜 그럴까? 먼저 금융시장의 공급 곡선이 모호하다. 임의의 투자자가 공급자[매도자]가 될 수도, 수요자[매수자]가 될 수도 있기 때문이다. 그 외에 매매 시스템, 파생상품 등의 요소가 공급 곡선 확정을 어렵게 만든다. 예컨대 공매도 제한이 없으면 공급은 거의 무한대로 늘어난다. 더 중요한 것은 투자자가 추구하는 리스크-수익 특징에 따라 금융상품을 쉽게 대체할 수 있고, 그 금융상품이 본연의 상품과 다르다는 점이다. 예를 들어 애플 스마트폰을 사는 것과 애플 주식을 사는 것의 동기는 본질적으로 다르다. 애플 스마트폰을 사는 소비자는 애플 주식을 사는 투자자보다 애플 충성도가 훨씬 높다. 이와 달리 투자자는 다른 주식이 애플 주식보다 더 나은 리스크-수익률을 제공하면 미련 없이 종목을 교체한다. 이것은 금융상품 수요가 완전히 탄력적이라는 것을 의미한다.

전통적인 수급 분석은 금융시장 문제를 명쾌하게 해결하지 못했다. 그러면 금융자산가격의 합리성 여부는 어떻게 판단할까? 그 대답으로 비차익 분석법이 수면 위로 떠올라 강력한 생명력을 뽐냈다. 금융시장의 비차익은 '공짜 점심은 없다'라는 말에 딱 부합한다. 정상적인 금융시장에서는 장기적으로 차익거래가 존재할 수 없다. 이에 따라 투자자는 특정 자산가격으로 다른 자산가격을 추정하는 방식으로 비차익 조건을 충족시킨다. 이 같은 분석적 사고는 쉽게 대체되는 금융상품의 특징과 잘 들어맞는다. 리스크와 수익률이 같을 경우 투자자는 어떤 주식을 보유했든 대체 가능한 주식 사이의 '상대적인 가격'만 신경 쓰면 된다[블랙-숄스의 선물옵션 가격 결정 모형은 상대적인 가격을 가장 간단하고 정확히 설명한다].

전통 경제학과 달리 금융학의 가격결정이론은 자산가격 형성과 변화 과정에 크게 관심이 없다. 금융학은 특정 자산 사이에 합리적인 상대성이 존재하는가를 따져 시장에서 차익거래 공간을 없애는 것에 관심을 집중한다. 다시 말해 금융학은 주어진 가격을 기초로 어떻게 최고 가격을 결정하느냐에 관심이 많고 경제학 연구는 가격을 어떻게 도출하느냐에 관심을 쏟는다.

로스의 차익거래 가격결정이론 이후 경제학 연구가 신처럼 떠받든 '일반균형'은 금융학의 비차익 연구에 떠밀려 신단에서 내려왔다. 비차익은 제한적인 균형이다. 시장이 균형 상태면 차익거래 기회가 아예 없지만 비차익의 경우 시장이 반드시 균형 상태인 것은 아니다. 금융 연구는 비차익 등장 이후 일반균형의 십자가에서 벗어났다. 이제 투자자는 일반균형을 신경 쓰지 않고 기존 금융 데이터를 이용해 기타자산 가격을 상대적이고 합리적으로 도출한다. 덕분에 비차익 분석 방법에 근거한 금융자산가격결정 방법은 더욱더 일반화했다.

마코위츠의 1차 월가 혁명과 블랙-숄스의 2차 월가 혁명처럼 발전한 금융학 이론은 월가에서 널리 쓰였다. 돌파구를 마련한 모든 이론은 시장발전의 산물이고, 모든 시장 변화와 발전은 돌파구를 마련한 이론의 결과다. 많은 학문이 신기루 같은 이론을 연구하는 것과 달리 금융학은 늘 현실세계에 파고들었고, 무수한 금융 데이터를 기반으로 시장을 움직이는 법칙과 추세를 관찰하고 분석했다.

이 행성에서 부富는 여전히 사람들이 가장 열광적으로 좇는 꿈이다. 지난 반세기 동안 인류사회는 금융의 매력에 흠뻑 취해 많은 변화를 겪었다. 생산과 소비는 금융시장을 바탕으로 엄청난 속도로 팽창하며 발전했고, 돌을 황금으로 바꾸는 마법 지팡이 같은 효과는 현명하고 풍요롭고 야망이 있는 사람들을 무수히 끌어들였다. 그렇지만 학문의 역사적 관점에서 이제 막 환갑이 지난 현대 금융학은 여전히 옹알이를 하는 아이에 불과하다.

미래는 미지의 세계지만 우리가 여기에 무지하면 안 된다. 나는 여전히 금융학의 길 위에서 수많은 탐색이 이뤄지고 있다고 믿는다.

5. 투기 행위로 돈을 벌 수 있을까?

모두가 알고 있듯 주식시장에는 투기적 요소가 있다. 볼 수도 만질 수도 없는 이 요소를 어떻게 측정해야 할까? 어떻게 하면 투기적 요소를 이용해 주가를 결정할 수 있을까? 이를테면 투기가 판을 치는 중국 A증시에서 투자자는 주가에 반영된 투기적 요소를 어떻게 처리해야 할까? 어떻게 하면 투기적 요소를 이용해 훌륭한 투자 전략을 짤 수 있을까?

최근 중국 A증시는 말이 하늘을 나는 것 같은 온갖 황당한 사건이 터지면서 단순히 고통스럽다는 말로 형언할 수 없는 파란만장한 시간을 보냈다. '중국 A증시는 투기시장'이라는 말은 귀에 거슬리지만 엄연한 사실이다.

투기 행위가 자산가격에 미치는 영향은 고전 금융경제학 연구의 큰 관심사였다. 일찍이 1930년대에 케인스는 "사람들이 너도나도 주식을 살 땐 자신이 최고라고 생각하는 주식이 아니라 다른 투자자들이 최고라고 생각하는 주식을 산다"라고 말했다. 이것은 미인대회 우승자를 뽑는 것과 같다. 심사위원들은 자신이 생각하는 미인이 아니라 대중이 가장 좋아할 듯한 미인을 최고의 미인으로 뽑는다. 톡 까놓고 말해 투자자에게는 대부분 투기 마인드가 있고, 투기 마인드는 최종적으로 금융자산가격에 반영돼 버블을 형성한다.

케인스가 이 관점을 제시한 때는 1936년이다. 이 시기 프랭클린 루스벨트 대통령은 미국 역사에서 가장 혹독한 경제위기(1929~1933년)가 남긴 어려운 국면을 수습하고 케인스 이론을 바탕으로 뉴딜정책을 폈다. 쉽게 말해 단기적인 경기 파동에 대응하기 위해 정부의 시장 간섭을 중시했다. 케인스는 주식시장의 투기 행위는 인류의 동물적 정신의 산물이므로 (정부의 통제나 기타 규칙 같은) 외부의 규제가 필요하다고 생각했다.

1970년대 이후 투기와 관련된 화제가 또다시 학계의 영역에 들어왔다. 1977년 노벨상 수상자 머튼 밀러는 "투기는 장기적으로 금융자산 가격이 본질적 가치에서 멀어지게 만드는 리스크를 일으킨다. 주가에는 이미 리스크 프리미엄이 포함돼 있다"라고 주장했다. 대가가 탄생하면 무수한 추종자가 생기게 마련이다. 이후 많은 학자가 주가에 포함된 투기적 요소를 연구했는데, 2003년 중국 경제학자 슝웨이熊偉와 그의 파트너 호세 세인크먼Jose Scheinkman은 주가에 투기적 요소 또는 버블 요소가 포함돼 있음을 다시 한 번 증명했다. 따라서 주가를 정확히 평가하려면 투기적 요소 또는 버블 요소를 고려해야 한다.

모두가 알고 있듯 주식시장에는 투기적 요소가 있다. 볼 수도 만질 수도 없는 이 요소를 어떻게 측정해야 할까? 어떻게 하면 투기적 요소를 이용해 주가를 결정할 수 있을까? 투기 행위의 정도가 서로 다른 시장에서, 이를테면 투기가 판을 치는 중국 A증시에서 투자자는 주가에 반영된 투기적 요소를 어떻게 처리해야 할까?

투기는 쉽게 이해할 수 있는 개념이지만 그 실체를 실증하는 것은 쉽지 않다. 조금 늦은 감이 있으나 1990년대에 학자들은 투기의 실체를 직접 측정할 수 없다면 간접적으로 측정해보자는 생각을 했다. 투기 행위는 어떤 형태로든 반드시 거래에 영향을 준다[사지도 팔지도 않으면 어떻게 투기를 하겠는가]. 그러므로 주식거래량이나 회전율[거래량을 상장주식수로 나눈 값]을 이용하면 투기의 정도를 간접적으로 알 수 있다.

물론 이 방법으로 투기의 정도를 100% 알아내는 것은 어렵다. 회전율은 투기 외에 유동성 같은 다른 정보도 반영하기 때문이다. 그러면 어찌해야 할까? 다른 정보를 제거할 방법을 찾아야 하는데 가장 직관적인 방법은 '이상 회전율'을 계산하는 것이다. 개별 주식 회전율에서 시장 전체의 평균 회전율과 일부 비非시장적 이벤트[금리 인하, 양회 개회, 기업의 흑자 공고 등]를 제거하고 남은 부분이 대체로 개별 주식의 '투기의 정도'를 나타낸다.

의문은 이른바 이상 회전율이 주가의 투기의 정도를 대표할 수 있느냐에 있다. 이 방법으로 스무 곳의 세계적인 주식시장을 평가한 결과 모두의 예상대로 투기가 가장 심한 곳은 중국 A증시였고, 성숙한 시장은 투기의 정도가 낮았다. 더 흥미로운 현상은 공매도를 제한하는 시장일수록 투기가 심하고 주가가 높았는데, 이를 전문적인 금융용어로 '투기 프리미엄'이라 부른다. 투기 프리미엄은 강에 댐을 쌓고 물을 가뒀는데 강물이 끊임없이 밀려들어 막힌 쪽 수위가 계속 상승하는 것과 같다. 댐 근처에 서 있는 투자자들은 계속 높아지는 수위를 보며 얼마나 걱정할까?

중국시장은 줄곧 공매도를 엄격히 제한했다. 그러나 2010년 신용융자를 허가하고 처음으로 공매도 제한 조치를 풀었다. 2011년에는 규제를 더 완화해 주가지수옵션 거래를 허가했다. 규제를 완화하자 중국 A증시에서 이상 회전율이 감소하는 추세가 나타났다. 중국 주식시장이 걷는 길은 당장은 구불구불하지만 앞길은 넓고 곧을 것이다.

투기의 정도를 측정한 뒤 사람들이 궁금해 한 점은 주가에 반영된 투기의 정도가 투자자에게 의미가 있느냐 하는 점이다. 그 대답은 "그렇다"이다. 예전에 학교 연구팀에서 어느 달 말에 모든 주식의 이상 회전율을 계산한 뒤 회전율이 높은 종목에서 낮은 종목 순으로 10개를 나열한 다음(종목 수는 조정해도 된다) 회전율이 가장 높은 주식(투기성이 높은 주식)과 가장 낮은 주식(투기성이 낮은 주식)을 매수해 한동안 보유한 적이 있다. 나중에 보니 이 거래 전략의 연환산 수익률은 23.5%였다. 거래비용(거래세, 수수료 등)과 기타 비용을 제외해도 수익은 여전히 21% 이상이었다.

이제 현명한 투자자는 이렇게 물을 것이다.

"우리도 주가가 시장 요인(개별 주가는 시장가격의 영향을 받는다), 규모 요인(개별 주가는 기업 규모의 영향을 받는다), 가치 요인(개별 주가는 주가수익률의 영향을 받는다) 및 기타 여러 요인의 영향을 받는 것은 압니다. 그러면 이상 회전율에 근거한 전략도 이들 요소의 영향을 받습니까?"

이들 요소를 제거해도 결과는 같았다. 중국 A증시에서 투기적 요소에 근거한 거래 전략의 수익률은 상승장일 때나 하락장일 때나 똑같이 시장 평균보다 높았다.

학교 연구팀이 간접적으로 증명한 것처럼 세계적인 투기시장인 중국 주식시장에서 주가는 투자자의 투기 행위를 반영한다. 대형주, 소형주, 가치주, 성장주의 차이를 이용해 거래 전략을 짜듯 투기성이 높은 주식과 낮은 주식의 차이를 이용해 초과수익률을 얻는 거래 전략도 짤 수 있다(물론 중국은 여전히 공매도 제재가 심한 편이다. 이는 공매도로 리스크를 헤지하는 전략이 잘 통하지 않는 동시에 이 전략을 쓰면 수익률은 낮아지고 위험 노출도는 높아진다는 것을 의미한다].

어쨌든 금융학은 매우 현실적인 학문이다. 복잡한 금융 모형 뒤의 논리도 간단하다. '기본 원칙은 지극히 간단하다大道至簡'라는 말은 금융학에도 들어맞는다.

6. 중국 주식시장에 부는 광풍

2014년 11월 말에 이 글을 쓰고 나서 반 년 뒤 증시 재앙이 왔고, 사람들은 돈이 허공으로 사라지는 것을 보며 불안에 떨었다. 1년여 뒤 증시는 다시 2014년 말 수준을 회복했다. 노이즈 트레이더(합리적인 분석과 판단이 아니라 주관적 판단과 루머에 따라 뇌동매매를 하는 투자자-옮긴이) 리스크는 이제 해소된 듯하다.

A증시는 마치 긴 저주에서 풀려난 것처럼 7년 만에 다시 꿈틀거렸다. [2014년] 11월 21일 중앙은행이 깜짝 금리 인하 소식을 발표하고 2주 동안 A증시는 18% 상승했다. 거래량은 증시 역사상 최고 수준을 기록했고 날마다 신규 계좌가 10만 개씩 개설되면서 증권회사는 문전성시를 이뤘다. 그야말로 '미쳤다'라는 말이 절로 나올 지경이었다.

어느 날 저녁 학부생들에게 금융경제학 수업을 하러 강의실에 들어가 물었다.

"여러분은 지금과 같은 주식시장에 남겠어요, 아니면 떠나겠어요?"

"남을래요!"

많은 학생이 망설이지 않고 대답했다. 몇몇 학생은 우물쭈물하며 주변 눈치를 살피더니 남겠다고 말했다.

이야기를 본격적으로 시작하기 전에 잠시 중국의 경제 상황을 살펴보자. 2014년 중국 경제는 눈에 띄게 하락세를 보였다. 10월 소비자물가지수CPI는 전년 대비 1.6% 상승했지만 생산자물가지수PPI는 -2.2% 하락했다. 간단히 말해 디플레이션에 빠졌다. 같은 기간 공업 부가가치, 공업 이익, 소매판매와 고정자산 투자 증가 속도도 모두 하향 일로를 걸었다. 2014년 상장기업 보고서에 따르면 A증시에 상장한 기업의 평균 이익 연관상대비율(전 시기 값으로 나눈 주어진 해당 시기의 값-옮긴이)은 삼사분기에 3.5% 하락했다. 이것은 전년 대비 3.4% 하락한 수치다. 주가에 경제 펀더멘털과 기업의 영리 상태가 정확히 반영되었다고 가정할 때, 거시적인 경제지수로 보든 미시적인 기업이익으로 보든 현재 A증시가 애타게 부르짖는 '1만 포인트 시대'와 강세장이 펼쳐지기에는 펀더멘털의 힘이 약하다.

일단 주식시장 폭등은 이른바 '잘못된 가격결정' 때문이라고 해두자. 기업이익이 악화되고 경제 전반에 먹구름이 껴 단기적으로 회복될 조짐이 보이지 않는 상황에서 왜 똑똑한 베이징대학교 학생들이 주식시장에 남겠다고 말했을까?

사실 이 문제를 설명하려면 '노이즈 트레이더 리스크'라는 금융학의 유명한 이론까지 거슬러 올라가야 한다. 이 이론은 1990년대 초 하버드대학교의 더룽德隆 등이 제시했다. 간단히 설명하면 시장에는 정보력이 부족한 다수의 시끄러운 투자자(대부분 개인투자자)가 있는데 이들이 평가하는 자산가격에는 늘 오류가 존재한다는 얘기다. 전통적인 금융이론 모형은 개인투자자의 거래는 독립적인 행위이며 개인적인 손익상쇄로 시장가격에 영향을 주지 않는다고 본다. 그러나 더룽 등은 시장에서 개인투자자의 정보는 서로 고도로 연결돼 있고 전염력이 있다고 생각했다. 모든 투자자는 주식을 매수하거나 매도하면서 자산가격을 잘못 평가하고, 이 오류는 최종적으로 시장의 평균 가격에 반영된다. 이때 평가 오류가 낙관적이면 시장가격은 계속 상승하지만 비관적이면 계속 하락한다. 만약 정확한 정보력이 있는 투자자(펀드사, 보험사 등)가 가격에 오류가 있음을 알아도(또는 본질적 가치에서 많이 벗어난 것을 알아도) 일정 기간 추세가 이어져 상승장은 더 상승하고 하락장은 더 하락한다. 요약하면 본질적 가치를 벗어나 잘못 결정된 가격은 계속 시장에 존재하며 오랫동안 추세를 강화한다.

미국시장은 수차례 발생한 위기에서 노이즈 트레이더 리스크를 검증했다. 예를 들어 1990년대 말 IT 버블이 터진 뒤 많은 기관투자자가 IT회사 주가의 합리성을 의심하지 않았다고 인정했다. 시장의 모든 참여자가 흥분하고 주가에 상승 여력이 있으면 응당 추세를 따르게 마련이다. 월가는 이것을 '스마트머니 효과'라고 부른다. 주가의 소음은 투자자들의 꿈이 깨지고 버블이 터질 때까지 계속 시장을 떠돈다. 2007년 직전 미국의 펀드매니저들은 서브프라임 시장에서 위기를 인식하고 급박하게 수건돌리기를 했는데, '스마트한' 이들은 호루라기가 울리기 전에 위험천만한 이 게임에서 스스로 빠져나올 수 있을 것이라고 생각했다.

다시 중국 A증시로 돌아가자. 중국인은 크게 두 가지 요소 때문에 주식과 뜨거운 사랑에 빠졌다. 하나는 금리 인하 같은 정책 완화에 보인 기대감이고, 다른 하나는 앞서 설명한 노이즈 트레이더 리스크다. A증시에서 개인투자자가 차지하는 비중은 79.5%다(2012년 말 기준). 이들은 대개 대학 교육을 받지 않았고 투자 경험이 1년 이하이며 최대 정보원은 TV에 나오는 주식 전문가들의 '말'이다. 왜 중국 주식시장에 이토록 광기가 만연하는지 이제 이해가 가는가. 시장에 소음이 많으면 이성적인 목소리가 잘 들리지 않는다. 설령 이성적인 목소리가 들려도 뭘 어쩌겠는가? 합리적인 사람은 소음이나 잘못 결정된 가격이 한동안 시장을 지배하리라는 것을 알기에 광기에 편승해 함께 버블을 키운다.

사람들은 "바람이 부는 곳에 서 있으면 돼지도 날아간다"라고 말한다. 수년간 기다린 시장 광풍을 놓칠까 봐 걱정하는 사람들도 많다. 한데 낙하산을 챙기지 않고 날아간 돼지가 무사히 착지할 수 있을까? 기대가 수포로 돌아갈 수도 있다. 더구나 바람이 언제 어느 방향으로 불지 누가 아는가?

7. 선물옵션과 예금보험제도

최근 선물옵션이 다시 화제의 중심에 섰다. 2005년 증감회는 시험적으로 50여 곳의 상장기업에 '워런트'라는 일종의 개별주식옵션을 발행할 권한을 줬다. 사람들은 벌떼처럼 몰려들어 이 신비로운 '장난감'을 샀고, 1차 버블 붕괴 사건이 터지자 증감회는 이 파생상품 발행을 중단했다. 이후 10년이 지났다.

도대체 선물옵션期權이란 무얼까? 한자 그대로 풀이하면 기한期과 권리權다. 선물옵션을 보유한 사람은 계약 규정에 따라 특정 기간에 특정 가격으로 특정 상품을 사거나 팔 권리를 얻는다. 물론 권리가 있으면 의무도 있게 마련이다. 이 권리를 누리려면 반드시 일정한 대가를 치러야 하는데 그것이 선물옵션가격이다. 선물옵션 계약에서 특정 기간, 특정 가격, 특정 상품을 각각 만기일·행사가격·기초자산이라 부른다.

금융상품인 선물옵션은 당연히 특정 기간에 특정 가격으로 특정 금융상품을 사거나 팔 권리를 말한다. 예를 들어 주식 A의 1년 만기 선물옵션을 매수〔매도〕했고 행사가격이 90위안이라고 해보자. 이는 1년 뒤 오늘 주식 A를 주당 90위안에 매수〔매도〕할 수 있음을 의미한다. 기억할 점은 이 권리는 선택할 수 있고 강제성이 없다는 것이다. 따라서 1년 뒤 주식 A의 가격이 90위안보다 높으면 기쁘게 매수하고, 90위안보다 낮으면 권리 행사를 포기하면 된다〔1년 만기 선물옵션을 매도했을 경우 같은 원리로 1년 뒤에 주식 A의 가격이 90위안보다 낮으면 기쁘게 매도하고, 90위안보다 높으면 권리 행사를 포기한다〕. 이 점에서 주식옵션은 투자자에게 좋은 리스크 헤지 수단이다.

선물옵션 거래의 기원은 네덜란드다〔네덜란드 또는 미국에 이주한 네덜란드 이민자들이 많은 금융상품을 만들었다〕. 17세기에 네덜란드 전역은 튤립 광풍에 빠졌다. 일부에서는 튤립가격 파동에 따른 리스크를 회피하기 위해 거래계약서를 작성했고 이것이 시장에서 유행처럼 퍼졌다. 튤립 재배자는 미래의 특정 기간에 특정 가격으로 튤립을 팔 권리가 적힌 매도계약서를 구입해 튤립가격이 떨어질 때를 대비했다. 튤립 거래자는 미래의 특정 기간에 특정 가격으로 튤립을 살 권리가 적힌 매수계약서를 구입해 튤립가격 상승에 따른 리스크를 방지했다. 이것이 유명한 '튤립 선물옵션'이다. 훗날 튤립 매매계약서 거래량이 증가하자 증권시장이 생겨났다. 증권시장이 생긴 뒤 많은 사람이 가격 리스크를 경계하느라 그동안 놓쳤던 점을 발견했다. 그것은 곧 계약서가 완벽한 금융상품이라는 것인데 합리적인 사람들은 가격 파동을 이용해 이익을 얻었다. 이 점에서 선물옵션은 차익을 얻는 도구이기도 하다.

2009년 중국은 주가지수선물을 시험적으로 개방했고, 2013년 17년간 이어져온 국채선물 '봉쇄' 조치도 풀렸다. 2015년 증시 재앙이 일어나지 않았다면 중국은 진즉에 개별주식옵션을 출시했을 것이다. 완벽하고 현대적인 금융시장에서 파생상품이 발전하는 것은 필연적인 추세다. 앞으로 10년 동안 중국 금융시장의 성장은 파생상품시장과 채권시장에서 일어나고 다양한 상품 출시로 시장의 재미도 더 커질 전망이다.

예금보험제도의 기대효과

마침내 중국에도 예금보험제도가 생겼다. 언론은 각종 미사여구를 동원해 새 제도에 대한 기대감을 표했고 대중은 뭔지는 잘 모르지만 일단 언론을 따라 덩달아 환호했다.

현대 예금보험제도는 1929년 미국에서 탄생했다. 당시 미국에서는 주식시장이 붕괴되고 기업이 줄지어 파산했다. 기업의 상환 능력이 떨어지면서 은행에는 악성부채가 쌓였고 급기야 뱅크런 사태까지 일어나 수백 곳의 은행이 파산하는 바람에 무수한 가정의 예금이 하룻밤 사이에 연기처럼 사라졌다. 대공황 이후 금융질서 안정과 예금자 자산의 안전을 보장하기 위해 미국 의회는 1933년 연방예금보험공사FDIC를 설립했다. FDIC는 규정에 따라 모든 예금기관에 일정 비율의 보험료를 부과하는 동시에 회원 은행에 문제가 생기면 예금보험준비금에서 지원금을 제공하고 예금자에게 배상금을 지급한다.

이 제도의 좋은 점은 예금의 안전을 보장해주는 일이다. 설령 은행의 지불 능력에 문제가 생겨도 예금자는 예금을 안전하게 보장받으므로 서둘러 예금을 찾고 싶은 마음이 크지 않고, 그러면 은행 시스템이 도미노처럼 무너지는 것을 막을 수 있다. 2008년 글로벌 금융위기 때 연방예금보험공사는 수천억 달러를 풀어 신용위기 확산을 막고 금융시장 안정을 꾀했다.

많은 중국인에게 은행은 여전히 안전성 면에서 신뢰할 만한 곳이다. 은행에 맡긴 돈에 문제가 생길까 걱정하는 사람은 많지 않다. 수준 높은 관리감독을 받는 금융 환경에서 은행은 기본적으로 국가 신용의 보호를 받는다. 그러나 경제가 고도로 발전한 지금은 더 이상 금융 자유화를 외면하기 어렵다. 가령 경제성장 동력을 높이려면 반드시 대출 문제를 해결해 기업에 활력을 불어넣어야 하는데, 대출 문제는 금리의 시장화 문제와 연결된다. 중국의 은행 시스템은 3% 이상의 예대 마진으로 오랫동안 높은 이익을 유지해왔다. 최근 금리의 시장화 영향으로 금리가 많이 떨어졌지만 여전히 2% 수준을 유지하고 있다. 예대 마진이 하락하자 일부 은행은 수익이 크게 나빠졌다. 특히 경기 하락 여파로 많은 기업이 어려움을 겪자 일부 은행은 악성부채가 쌓여 파산 직전으로 내몰렸다. 이런 까닭에 많은 사람이 예금보험제도를 금리 시장화의 안전을 보장하는 기초적인 제도라고 생각한다. 이는 데이터로도 확인할 수 있는데 1980년부터 예금보험제도는 금융 자유화 바람을 타고 전 세계적으로 유행했다.

하지만 예금보험제도가 은행의 모럴 해저드를 부추긴다고 생각하는 경제학자도 많다. 보험기관을 담보로 고위험, 고수익 상품에 투자해 은행 스스로 리스크를 키우면 자칫 금융위기가 일어날 수 있기 때문이다. 세계 금융사가 그리 길지 않은 점을 고려할 때 예금보험제도의 옳고 그름을 쉽게 단언하기는 어렵다. 여하튼 지금 같은 시기에 중국에서 예금보험제도를 실시하는 것은 정책적으로 깊은 의미가 있다. 요컨대 〔명목상〕 금리 시장화를 완성하고 금융시장 규제를 한층 더 완화하며 앞으로 많은 민영은행이 경쟁 대열에 들어설 것임을 의미한다. 개인적으로든 장기적인 중국사회를 위해서든 중국인과 기업에겐 독점체제보다 경쟁체제가 더 좋다.

8. 코앞으로 다가온 자산 증권화

화산의 산마루턱에서 길게 수염을 늘어뜨린 백발노인이 물었다.

"여러 영웅에게 묻겠습니다. 당신들은 누구에게 한쪽 팔을 잃었습니까?"

무송이 칼을 어루만지며 말했다.

"섭주 땅의 방랍(方臘, 북송의 농민봉기 지도자 - 옮긴이)에게 잃었습니다."

신니가 눈물을 흘리며 말했다.

"명나라의 숭정제에게 잃었습니다."

양과는 잠시 옛일을 회상하더니 말했다.

"의녀 곽부에게 잃었습니다."

노인은 길게 탄식했다.

"누구는 나라가 원망스러울 테고 또 누구는 가문이 원망스럽겠네요. 모두 마음이 아프겠군요."

이때 한쪽 팔이 없는 2명의 여자가 호기심이 동해 영웅들 옆에 섰다.

첫 번째 여자가 손으로 얼굴을 가리고 말했다.

"저는 항저우에 있는 마윈에게 한쪽 팔을 잃었습니다."

두 번째 여자는 한숨을 쉬더니 말했다.

"저는 쑤첸에 있는 류창둥에게 잃었습니다."

노인은 두 여자의 말을 듣고 이상하다고 생각했다.

'마윈과 류창둥이라면 뉴스에 나오는 똑똑한 사람들이 아닌가. 특히 류창둥은 마음이 따뜻한 사람으로 유명한데 뒤에선 이토록 악랄한 짓을 하고 다녔구나.'

노인은 어떤 무기에 팔을 잃었느냐고 물었다. 첫 번째 여자는 "마이화베이螞蟻花唄"라고 대답했고 두 번째 여자는 "징둥바이탸오京東白條"라고 대답했다. 노인은 두 여자의 상처 단면이 깨끗한 것을 보고 감탄을 금치 못했다.

"늙은 것이 이렇게 한탄스러울 수가! 이런 신비한 무기가 진즉에 나왔으면 얼마나 좋았을까!"

2015년 광군제(11월 11일, 중국판 블랙프라이데이 – 옮긴이)에 마윈과 류창둥이 수장으로 있는 알리바바와 징둥닷컴은 각각 마이화베이와 징둥바이탸오라는 신형 금융 무기를 세상에 공개했다. 같은 날 타오바오왕에서 이뤄진 4억 6,700만 건의 거래 중 마이화베이를 통한 결제는 6,048건으로 전체 거래량의 13%를 차지했다. 징둥닷컴의 경우 3,200만 건의 거래 중 40%인 1,280만 건이 징둥바이탸오에서 결제가 이뤄졌다.

도대체 두 무기가 무엇이기에 소비자의 충동구매를 부추긴 것일까? 마이화베이는 소비자의 선先구매를 위한 앤트파이낸셜 산하의 소액대출 서비스다. 다시 말해 마윈이 매달 일정 금액을 소비자에게 빌려주고 기한 내에 갚게 하는 서비스다. 기한 내에 갚지 않는 소비자는 0.03%의 이자를 물어야 한다.

이쯤 되면 현명한 소비자는 이렇게 물을 것이다.

"신용카드와 다를 게 없네요?"

그렇다! 하늘 아래 새로운 것이 어디 있는가. 사실 모든 금융 혁신은 기존 제도의 부족함을 보완하거나 기존 제도끼리 서로 충돌하고 게임을 벌이던 중에 자연스럽게 생긴다. 마이화베이와 징둥바이탸오는 사실상 전통적인 금융 시스템의 신용카드와 같다. 소비자만큼 똑똑한 두 IT 거물은 방대한 전자상거래 데이터의 우세를 이용해 그 어려운 신용평가를 쉽게 돌파하고 인터넷 금융 혁신이라는 기치 아래 대출 서비스를 시작했다.

금융 시스템의 기능을 단순히 표현하면 대출 활동이다. 알리바바와 징둥닷컴은 소비자에게 돈을 빌려준다. 그러면 두 곳은 어디에서 돈을 구할까? 다시 말해 마윈과 류창둥이 소비자에게 빌려주는 돈은 어디에서 날까? 고객의 예금을 예치할 수 없는 기업에는 크게 두 가지 자금원이 있는데 자기자본(자본금, 기업이익 등)과 융자가 그것이다. 융자는 다시 (은행에서 빌리는) 간접융자와 (주식이나 채권을 발행해 투자금을 모으는) 직접융자로 나뉜다. 알리바바와 징둥닷컴의 소비자 금융 서비스는 자기자본으로 운영하기엔 규모가 너무 크고 은행에서 돈을 빌려 운영하기엔 금융비용이 너무 많이 든다.

그러면 '지름족'의 천사 마윈과 류창둥의 궁극의 무기는 무얼까? 정답은 최근 금융권에서 가장 '핫'한 단어인 자산 증권화다. 바이두에서 자산 증권화를 검색하면 특정 자산풀이나 특정 현금흐름이 있는 상황에서 발기인이 특수목적기구SPV, Special Purpose Vehicle를 통해 거래 가능한 증권을 발행하는 융자 형식의 일종이라고 나온다.

심오해 보이는가? 사실 자산 증권화 개념은 그리 복잡하지 않다. 예를 들어 마이화베이를 개통한 소비자는 대부분 500~5,000위안 한도에서 소비할 수 있다. 이 자금은 모두 알리바바의 자회사 알리샤오다이阿里小貸에서 나온다. 기초 회계를 아는 사람은 쉽게 이해하겠지만 지름족의 모든 소비는 알리샤오다이의 재무상태표 왼쪽의 신용대출(자산)에 기록한다. 지름족을 위한 대출금은 신용대출을 지원하기 위해(재무상태표의 좌우 균형을 맞추기 위해) 끊임없이 융자해 재무상태표의 오른쪽(부채)에 기입한다.

지름족(채무자)에게 소액 소비대출을 해주면 알리샤오다이(발기인)에는 미래에 안정적인 현금흐름 수입이 생기므로(구매를 확정한 소비자는 다음 달 10일까지 돈을 갚아야 한다) 그 수입만큼 대출 자산을 SPV의 전용 계좌에 옮길 수 있다. 마윈은 중국 국제금융유한공사(중금)를 SPV로 정했는데 SPV는 소비대출 자산을 일괄적으로 하나의 자산풀에 담고 자산풀의 현금흐름 개편, 분할, 신용 보강으로 수익과 리스크가 모두 다른 유가증권을 발행한다.

이렇게 해서 소액 소비대출 자산은 유동성이 있는 증권이 된다. 이 증권을 시장에서 판매하면 알리샤오다이는 새로운 자금을 얻어 계속해서 소비자에게 대출해줄 수 있다. 즉, 알리샤오다이는 자산 증권화로 직접융자를 완성한다. 마윈은 한쪽에서 자금을 만들고 다른 한쪽에서 소비자에게 자금을 빌려주므로 그의 대출 능력을 걱정할 필요는 없다[2](징둥바이탸오의 원리도 마이화베이와 같다. 징둥바이탸오는 6억 위안 한도로 금리 5.1% 상품을 발행해 높은 판매율을 보였는데, 이는 그야말로 자산 증권화의 대작이라 할 수 있다[3]].

결국 알리바바와 징둥닷컴은 소액대출 프로그램을 자산풀로 삼고 표준화 과정을 거쳐 증권을 만든 뒤 투자자에게 파는 것에 불과하다. 따라서 자산 증권화는 기업의 직접융자에 속한다. 이제 또 다른 궁금증이 생긴다.

"자산 증권화는 채권금융, 자기자본조달과 어떻게 다르죠?"

먼저 자산 증권화는 자산에 근거한 융자방식으로 자산 가치를 상대적으로 쉽게 확정할 수 있다. 이에 따라 자산에 근거한 현금흐름은 비교적 안정적이다. 반면 전통적인 채권금융과 자기자본조달은 금융회사의 신용과 발전 능력에 따라 제한적이고 재무상태표를 확장하며 자금회전율과 자산수익률을 떨어뜨린다.

다음으로 자산 증권화로 발행한 증권은 구조화된 채권이다. 증권 발행 과정은 리스크 차단 및 신용 보강과 관계가 있다. 리스크 차단은 자산을 파는 사람과 팔리는 자산 사이의 권리관계를 차단하고 발행인이 발기인의 신용과 융자조건의 제한을 넘어 보다 높은 신용등급으로 저비용 융자를 얻기 위한 것이다. 신용 보강은 증권의 신용도와 현금흐름의 안정성을 높여 투자자의 수요를 높인다.

궁금한 점이 또 생겼다. 마윈이 발행한 자산 증권화 상품은 채권이고, 많은 사람이 알고 있듯 채권은 중·장기증권이다. 그런데 지름족의 신용대출은 상환기한이 짧다. 예컨대 마이화베이는 구매 확정 후 다음 달 10일까지 돈을 갚아야 하고, 징둥바이탸오의 사용자는 구매한 뒤 30일 안에 돈을 갚아야 한다[3, 6, 12, 24개월로 나눠 갚아도 되지만 그러면 0.5%의 서비스 비용이 붙는다]. 문제는 단기 자산대출로 어떻게 중·장기채권 발행을 지원하느냐에 있다. 소액대출로 단기채권을 발행하면 거래가 빈번해지고 거래비용이 높아져 증권화의 의미가 사라진다. 그러면 마윈은 만기불일치 문제를 어떻게 해결할까?

마윈의 대답은 이렇다.

"걱정하지 마세요! 순환매를 이용하면 단기대출 자산풀의 기한을 늘릴 수 있습니다."

먼저 발기인[알리샤오다이]이 순환적으로 소액대출 자산을 제공하고 SPV가 구매하면 순환매가 형성된다. 즉, 기존 대출 자산의 현금흐름을 이용해 새로운 대출 자산을 사는 것이다. 이는 기초 자산풀이 폐쇄적이지 않고 맑은 물이 쉴 새 없이 흐르는 것과 같다.

알리샤오다이는 순환매 방식에 걸맞게 채권 발행[자산 증권화]에 이중 설계를 이용했다. 첫 번째 단계는 회수기간이다. 이 단계에는 원금을 상환하지 않고 자산풀 자금을 새로운 자산 대출을 순환매하는 데 사용한다. 일단 기초 자산풀이 풍족해지고 대출기한이 충분히 길어지면 두 번째 단계인 분배기에 들어가 순환매를 멈추고 이자와 원금을 상환한다.

자산, 부채, 단기대출 자산은 기한 연장으로 중·장기채권 발행을 지원한다. 알리샤오다이는 2013년과 2015년에 각각 자산풀 순환매로 10회에 걸쳐 50억 위안 규모의 소액대출 자산 증권화 채권을 발행했는데, 모두 [1개월 만기 같은] 단기 소액대출로 1~2년 만기의 채권 발행을 지원했다.

사실 소액대출 자산 증권화는 자산 증권화의 극히 일부분에 불과하다. 자산 증권화는 20세기 금융업 발전에 중요한 이정표였고 금융시장 구조를 완전히 바꿔놓았다.

중국은 뒤늦게 자산 증권화를 시작했다. 2005년 중국 젠셔은행建設銀行은 부동산 대출로 첫 번째 증권화 상품을 발행했고 2013년 말까지 총 1,509억 위안어치의 상품을 발행했다. 이때만 해도 방대한 채권시장에 비해 자산 증권화 규모는 초라한 수준이었다. 하지만 2014년에는 자산 증권화 파도가 온 금융시장을 뒤덮었다. 2014년 1월부터 2015년 8월까지 금융시장은 총 5,750억 위안어치의 증권화 상품을 발행했다. 더구나 발행 속도가 빨라지는 것은 물론 규모가 확대되고 상품도 다양해졌다. 이를테면 은행대출, 신용카드대출, 자동차대출금, 주택대출금, 학자금대출, 기업의 매출채권을 비롯해 미래의 고속도로 요금·수도세·전기세·난방비 등 모든 것이 자산 증권화 상품이다. 이제 지구인은 아무도 중국의 자산 증권화 발걸음을 막을 수 없다.

9. 자산 증권화와 관리감독의 중요성[4]

마천루가 숲을 이루는 휘황찬란한 꿈의 도시 뉴욕에선 모든 것이 가능하다. 뉴욕에는 월스트리트라고 불리는 좁은 길이 있다. 이곳의 뜨거운 돈은 영원히 잠들지 않고 금융 혁신의 발걸음은 한 번도 멈춘 적이 없다. 한때 월가에선 "당신에게 안정적인 현금흐름이 있으면 그것을 증권화하라"라는 말이 유행했다. 자산 증권화라는 금융상품의 융성과 쇠퇴는 지난 반세기 동안의 월가를 응축해놓은 그림과 같다.

자산 증권화는 20세기의 영향력 있는 금융 혁신 중 하나다. 쉽게 말해 자산 증권화는 유동성은 떨어지지만 안정적인 현금흐름을 만들어내는 자산구조 재배치, 즉 리스크와 수익을 분할하거나 재편해 유동성 및 신용등급이 높은 금융상품으로 바꾸는 과정이다.

인류사회의 여느 혁신이 그렇듯 자산 증권화는 현실세계의 문제해결 방안을 찾는 과정에서 등장했다. 1929~1933년 미국은 역사상 가장 심각한 경제위기를 겪었다. 이 기간에 8만 개 이상의 기업과 5,000여 개의 은행이 파산했고 실업률은 25%가 넘었으며 경제는 1913년 수준으로 후퇴했다. 위기 속에서 대통령에 당선된 루스벨트에게는 두 가지 급선무가 있었는데 하나는 하루 빨리 대공황에서 탈출해 경제를 살리는 것이고, 다른 하나는 모두가 자기 집을 소유하는 아메리칸드림을 보장하는 것이었다.

두 가지 난제를 해결하는 길은 부동산시장 활성화에 있었다. 그러나 실업의 위협을 받은 미국인은 돈이 부족해 주택 구매 계획을 계속 미뤘다. 위기에서 완전히 회복되지 않은 은행 시스템도 주택담보대출을 제공할 의지와 능력이 부족했다. 그 결과 부동산시장은 수요와 공급이 모두 부진한 상태에 빠졌다.

아메리칸드림과 주택담보대출

미국 정부는 부동산시장을 활성화하기 위해 1930년대부터 부동산 관련 정책을 대거 발표하는 동시에 패니메이 같은 부동산대출기관[5]을 여러 개 만들었다. 정부의 정책 발표와 금융기관 설립으로 주택담보대출이 보장되자 주택 구매 수요가 살아났다. 또한 모기지보험이라는 정부의 안전망이 생기면서 프라임모기지(신용등급이 높은 사람에게 제공하는 주택담보대출상품 – 옮긴이)가 발전하기 시작했다.

1960년대에 베이비부머가 성인이 되자 주택담보대출 수요가 급증했다.[6] 미 의회는 금융기관의 자금 관련 규제를 완화하기 위해 1968년 '주택발전 법안'을 통과시키고 주택담보대출 담보증권 발행을 허가했다. 또한 지니메이Ginnie Mae, 프레디맥 등의 정부기관을 잇달아 설립해 연방주택관리국과 재향군인관리국이 제공하는 저당권을 전문적으로 사들였다. 이들 회사가 여러 곳에서 저당권을 사들이고 주택대출담보증권을 발행해 투자자에게 판매하자 서브프라임 모기지(신용등급이 중간 단계인 사람에게 제공하는 주택담보대출상품 – 옮긴이)도 활성화되었다.

이상의 정책으로 미국의 프라임모기지 시장과 서브프라임모기지 시장은 발전했다. 주택담보대출시장 발전과 저금리 정책은 부동산시장 활황으로 이어져 1970년대에 25였던 주택가격지수가 2007년 180까지 상승했고 1950년대에 1,000ft²〔약 93m²〕 이하였던 단독주택 건축 면적이 2004년 약 2,300ft²〔약 214m²〕까지 상승했다.[7]

담보대출이 빠르게 늘어나자 새로운 문제가 불거졌다. 담보대출은 일단 한 번 제공하면 금융기관의 장기자산에 속하는데 금융기관 부채는 대부분 단기라서 재무상태표의 만기불일치 문제가 생긴다. 여기에다 증권시장에서 거래하는 담보대출도 장기자산이라 서로 다른 리스크 선호도와 요구가 있는 투자자들을 만족시키지 못했다. 또한 담보대출의 비표준화, 대출자의 신용도에 관한 들쭉날쭉한 기준은 담보대출시장의 유동성을 떨어뜨리고 담보대출의 자본 원천을 제한했다.

금융기관의 재무상태표 불일치와 담보대출시장의 유동성 문제를 해결하기 위해 현명한 투자 은행가는 정부의 지원을 받는 금융기관에 맞춰 '저당대출지분이전 증권'이라는 파생상품을 만들었다.

저당대출지분이전 증권의 기본적인 운용 과정은 다음과 같다. 우선 발행인은 일정한 요구를 충족하는 담보대출을 모아 자산풀을 형성하고 이를 담보로 증권을 발행한다. 자산풀 중 매달 원리금을 상환하는 담보대출은 달마다 현금흐름이 발생해 원리금을 지급하는 자산유동화증권이 되는데, 담보대출이 증권화한 것이므로 자산 증권화라고 불린다. 저당대출지분이전 증권은 자산 증권화 상품의 초기 형태라고 할 수 있다.

1970년 지니메이는 정부 보증의 주택담보대출을 자산 포트폴리오로 삼고 투자자에게 배당 형식으로 판매하기 위해 자사 신용을 담보로 첫 번째 원리금 자동이체증권MPT, Mortgage Pass Through을 발행했다.[8]

자동이체증권의 특징은 두 가지다. 첫째, 담보대출저당권을 증권 투자자에게 직접 이전한다. 이때 투자자가 보유한 증권에 대한 배당은 저당권 배당을 나타낸다. 둘째, 주택 구입자가 상환한 원금과 이자는 관리비 등의 지출을 제한 뒤 중간 투자나 재분배 없이 증권 투자자에게 직접 이체한다.[9] 두 가지 특징은 많은 채권자와 투자자의 리스크를 차단하는 동시에 다양한 담보대출을 하나의 자산풀에 담아 단일 대출에 따른 리스크를 분산한다. 자동이체증권은 정부 보증 등의 신용 보장 조치를 취하면 대출 자산풀의 신용등급이 올라가고, 비표준 자산(담보대출)을 표준화 증권으로 전환할 경우 더 많은 투자자를 모집할 수 있다. 또한 유동성이 낮은 금융기관의 장기자산을 재무상태표에서 끌어내고 융자 경로를 확장해 담보대출시장의 여러 문제를 해결하는 것이 가능하다. 이에 따라 자동이체증권은 발행하자마자 크게 인기를 끌었다. 담보대출시장이 빠르게 발전하고 부동산대출시장의 유동성과 금융기관의 융자 능력이 크게 개선되면서 부동산시장과 채권시장 모두 번영했다. 또한 자산 증권화도 정식으로 역사의 무대에 등장했다.

월가의 혁신적인 스텝

자동이체증권은 거대한 성공을 거뒀지만 여전히 부족한 점이 많았다. 이를테면 기초 자산이 만들어낸 현금흐름을 처리하지 않아 증권의 현금흐름을 불안정하게 만들고 투자자에게 조기 대출 상환 리스크 부담을 안겼다. 이 밖에도 투자자에게는 리스크와 수익률 등 각 방면에서 서로 다른 요구사항이 있었는데, 단일한 현금흐름으로는 이들을 만족시키기 어려웠다.

그러자 똑똑한 투자 은행가들은 증권화 기술을 개선하기 시작했다. 개선한 기술 중 가장 중요한 것은 '등급 나누기'다. 구체적으로 기초 자산풀(담보대출풀)의 현금흐름을 우등그룹과 열등그룹으로 나눈 뒤 계약 위반 문제가 생기면 우등그룹 증권 보유자의 수익을 먼저 지불하고 열등그룹 증권 보유자의 수익을 나중에 지불한다. 리스크 부담도 서로 다른데 일반적으로 우등그룹 채권수익률이 열등그룹보다 낮다. 등급 나누기 기술은 리스크 선호도가 서로 다른 투자자들의 요구사항을 충족해 더 많은 투자자를 끌어 모았다. 그 외에 투자자와 함께 리스크를 분담하기 위해 많은 발행인이 열등그룹 채권의 일부 또는 전체를 보유하기 시작했다. 이 같은 조치는 채권 발행 과정에서 정보 불균형 문제와 도덕적 해이 문제를 어느 정도 해소했다. 기술 발전으로 기초 자산 처리가 단순한 이체에서 구조화된 설계로 바뀌자 자동이체증권은 대출담보지원증권, 즉 많은 사람이 알고 있는 주택저당증권으로 발전했다.

발행기관에 따라 담보대출증권은 기관 저당증권과 비기관 저당증권으로 나뉜다. 담보대출증권의 90% 정도를 차지하는 기관 저당증권은 세 개의 연방정부기관(프레디맥, 패니메이, 지니메이)이 발행한다. 기타 기관에서 발행하는 담보대출증권은 비기관 저당증권이라 불리며 점유율이 매우 낮다. 담보대출증권은 저당 잡힌 부동산의 성격에 따라 다시 주택담보대출저당증권RMBS, Residential Mortgage-Backed Securities과 상업용부동산저당증권CMBS, Commercial Mortgage-Backed Securities으로 나뉜다. 주택담보대출저당증권은 저당증권시장의 90% 이상을 차지하는 인기 상품이다.

주택저당증권의 성공은 기초 자산 운용 증권화 기술을 갖춘 더 많은 은행을 끌어 모았다. 1980년대에 미국이 금리 규제(1980~1986년 Q조례[10]를 서서히 폐지했다)를 완화하자 상업은행은 자산 유동성을 높이고 자기자본비율을 충족해야 하는 이중 압박을 받았다. 자산 증권화 요구도 거세져 증권화한 기초 자산 종류는 부동산담보대출에서 기업대출, 자동차대출, 신용카드대출, 학자금대출 등 다른 신용대출 자산으로 확대되었다. 학계에서는 신용대출 자산이 지원하는 증권을 통틀어 자산유동화증권ABS, Asset-Backed Security[11]이라고 부른다. 신용대출 자산이 지원하는 증권은 융자 경로를 확장해 장기자산(대출)과 단기부채(예금이나 단기금융)의 만기불일치 문제를 해결하고 자산의 유동성을 높인다. 이후 몇십 년 동안 무수한 상업기관을 비롯해 온갖 투자자와 투자 은행가가 전에 없던 열정을 증권화 붐에 쏟아 부었다.[12]

1990년대 이후 파생상품시장이 발전하고 금융자산 결정 이론이 성숙하자 부채담보부증권CDO, Collateralized Debt Obligation이라는 혁신적인 증권화 형식이 탄생했다. 전통적인 증권화 상품과 달리 부채담보부증권의 기초 자산은 고수익 채권, 신흥시장의 회사채와 국채, 전통적인 자산유동화증권과 주택저당증권 등의 신용대출 상품이다. 어떤 의미에서 부채담보부증권은 자산유동화증권을 재증권화한 것이라고 할 수 있다. 부채담보부증권의 높은 레버리지가 풍부한 이윤을 안겨주자 부채담보부증권 발행, 저당, 거래 대열에 여러 대형 기관이 앞 다퉈 합류했다. 2000년쯤 전 세계 부채담보부증권 발행량은 1,000억 달러에 미치지 못했으나 2006년에는 5,200억 달러로 훌쩍 뛰었다. 연평균 성장률도 31%에 달했다.

부동산시장은 부채담보부증권과 함께 빠르게 발전했다. 2001년 9·11 사건이 미국 경제에 심각한 타격을 주자 부시 정부는 경제에 깊이 개입해 세금제도를 손질하는 한편 금리를 대폭 인하하고 주택보유율을 높이는 정책을 폈다. 2004년 명목금리는 2001년의 3.5%에서 인플레이션 수준보다 낮은 1%로 떨어졌다. 역사적으로 보기 드문 '마이너스 금리 시대'는 투자 욕망을 부추겼다. 또한 같은 시기에 '아메리칸드림 첫 지불 법안American Dream Down Payment Assistance Act'이 발표되자 중하위 소득 가정도 주택담보에 눈길을 돌렸다. 여러 요소의 영향을 받은 미국 기업과 가정이 대규모 대출을 받아 부동산에 투자하면서 부동산가격은 꾸준히 상승했다. 상환 능력이 부족한 가정과 개인도 돈을 빌려 집을 샀는데 이것이 그 유명한 서브프라임모기지다. 대규모 서브프라임모기지가 지원하는 증권은 발행한 뒤 한 번 더 증권화해 시장에 나갔고, 그 중에서도 부채담보부증권 상품과 신용부도스와프CDS, Credit Default Swap 같은 리스크 헤지 상품이 가장 급진적이었다.

21세기 들어 자산 증권화의 구조와 기술은 기초 자산 가격을 판단하기 어려울 정도로 매우 복잡해졌다. 등급이 낮은 자산은 여러 단계의 자산화로 신용등급을 올리고 한껏 '미화'되어 비싸게 팔렸다. 낮은 신용등급 자금, 특히 서브프라임모기지는 기초 자산 형태로 자산풀에 대규모로 흘러들어 갔는데, 증권화 단계를 많이 거치고 레버리지비율을 높일수록 수익률도 높아졌다. 많은 금융기관이 풍부한 이익과 미화된 상품 리스크 앞에서 스스로 눈이 멀었고, 심사를 거치지 않은 많은 담보대출이 빠르게 증권화해 시장에 나왔다. 2007년 자산 증권화 상품은 이미 미국 채권시장의 38.93%를 차지했다. 이 중 부채담보부증권과 그 관련 상품이 차지하는 비중은 3.27%였다.[13] 국채가 차지하는 비중이 14.24%인 점을 고려할 때 자산 증권화 상품이 신용채권제국을 점거한 것이나 마찬가지였다. 그런데 무수한 금융기관이 서브프라임모기지 때문에 거대한 리스크에 노출되고 말았다.

세상의 모든 일은 시작이 있으면 끝도 있게 마련이다. 사실 광란의 무도회가 곧 끝나리라는 신호는 곳곳에서 포착할 수 있었다. 2004년 상반기 전 세계적으로 원유가격과 벌크상품 가격이 크게 오르고 미국 내 인플레이션 압박이 갑자기 커졌다. 연준위가 17회 연속 금리를 인상하는 동안 금리는 1%에서 5.25%까지 서서히 올랐다. 잇단 금리 인상으로 주택 구매자의 대출금 상환액은 늘어났고 이는 시장 수요를 강하게 짓눌렀다. 역사적으로 한 번도 떨어진 적 없던 부동산가격이 2006년 여름 돌연 하락했는데 곧바로 많은 지역에서 부동산가격이 절반으로 뚝 떨어지는 일이 벌어졌다. 특히 서브프라임모기지 이용자는 자산보다 빚이 더 많아 돈을 상환하지 못하는 일이 속출했다. 뒤이어 서브프라임모기지에 근거한 대규모 신용상품과 파생상품이 갑자기 유동성을 잃고 말았다. 이때 서브프라임모기지를 운용한 400여 개 금융기관이 파산하고, 신용기관이 채권의 신용등급을 대폭 하향 조정하는 등 도미노 붕괴가 일어났다. 대표적으로 베어스턴스와 리먼브러더스는 파산했고 메릴린치증권은 뱅크오브아메리카가 인수했으며 골드만삭스와 모건스탠리는 은행지주회사로 전환했다. 5대 독립 투자은행을 역사 속으로 밀어넣은 서브프라임 위기는 세계적인 금융 재난으로 번졌다.

고위험 부채담보부증권과 신용부도스와프 상품이 위기의 도화선으로 알려지자 시장과 관리감독 당국은 자산 증권화 상품을 연일 비판했다. 이 영향으로 자산 증권화 규모는 급속히 감소했고 2009년 전 세계 부채담보부증권 발행량은 역사상 최저 수준이자 전성기 때의 1% 수준인 43억 달러까지 줄어들었다. 자산유동화증권과 주택저당증권 발행량도 전성기에 비해 거의 반 토막이 났다.

위기의식이 깊어지고 자산 매각에 대비한 실사가 이뤄지면서 사람들은 자산 증권화의 기능과 리스크를 다시 생각하고 반성했다. 애초에 금융상품인 자산 증권화는 중립적이었다. 다만 자산 증권화 기술을 지나치게 남용하고 신용등급이 낮은 기초 자산을 아름답게 포장해 투자자가 리스크와 수익을 잘못 예측하게 만들었을 뿐이다. 또한 낙후된 관리감독, 신용등급 평가기관의 이익 충돌, 금융기관의 맹목적인 이익 추종도 신용위기를 일으킨 근본 원인이다.

흥분이 가신 뒤 시장과 관리감독 당국은 시대에 뒤처진 관리감독 시스템이 빚어낸 참사를 깊이 반성했다. 2010년 오바마 대통령은 '도드-프랭크 법안Dodd-Frank Act'에 서명했다. 이 법안은 금융안정감시위원회와 소비자보호기구를 설립하고 장외 파생상품을 관리감독의 테두리에 포함하며 상업은행의 자기거래를 제한하는 내용을 담고 있다. 또한 새로운 파산·청산 시스템을 만들고 연준위에 더 큰 관리감독 책임을 묻는 내용도 들어 있다. 이것은 대공황 이후 가장 강력한 금융 개혁 법안이라는 평가를 받는다.

새로운 감시체계를 마련하자 2009년부터 전 세계 자산 증권화 시장에 다시 온기가 돌기 시작했다. 2014년 말 채권시장에서 미국 자산 증권화 상품 비중은 2009년의 12%에서 27.8%로 상승했다. 자산 증권화 상품 중에서도 주택저당증권은 82%의 점유율로 여전히 절대적인 우위를 차지하고 있다.

지난 반세기 동안 월가의 금융가가 한 일은 무얼까? 채권, 주식부터 자산유동화증권까지 각양각색의 현금흐름을 증권화한 것이다. 돈은 잠들지 않는다. 그리고 금융 혁신도 멈추지 않는다.

중국어판 추천사

중국 경제와 함께 고동친 금융 전문가의 통찰

류빈제柳斌杰
칭화대학교 신문방송 학원장

현대경제에서 금융은 사람의 혈맥과 같다. 경제의 금융화는 이미 세계적인 추세로 금융은 시장경제의 모든 세포와 모공에 스며들어 시시때때로 사회경제에 영향을 준다. 시진핑 주석의 지적처럼 "금융은 현대경제의 핵심으로 건강한 경제발전에 영향을 주고 크게는 경제발전을 좌우한다."(국민경제와 사회발전에 관한 중국공산당 중앙위원회 제13차 5개년 계획 건의.)

괴테는 희곡 《파우스트》에서 "이론은 회색이고 삶의 나무는 늘 푸르다"라는 말로 이론과 현실의 관계를 설명했다. 실제로 심오하고 난해한 이론은 아무도 들여다보지 않는 책 속에 갇혀 일부 전문가만 서로 공유하고 즐긴다. 단언컨대 이론이 가장 반짝이는 순간은 현실에서 자양분을 만나 광합성 작용을 할 때다. 그 순간 생생하게 살아난 이론 덕분에 현실이 빛을 발하면서 합리적 기대에 부응한다.

이 책은 어려운 금융 이론과 복잡한 현실세계를 혁신적이면서도 흥미진진한 언어로 풀어내 이론의 전당과 현실세계의 통로를 긴밀하게 연결해주고 있다. 쉽게 풀어낸 그의 이야기는 예전에 겪고 목격한 경제 이벤트와 사회 현상을 재현한 듯하고, 실감나게 적어 내려간 글은 마치 현장에 있는 느낌이 들게 한다. 책에 심오한 공식과 모형은 없지만 생동적인 현실경제 묘사에 냉정한 지혜와 섬세한 관찰이 번뜩여 책을 읽는 사이 자신도 모르게 많은 금융 이론과 지식을 쌓게 된다.

탕야는 어려운 이론을 툭 까놓고 설명하기 위해 현실에 맞는 것을 끝까지 파헤쳤고 현실세계의 사소한 일도 탐색했다. 이것이 이 책의 매력 포인트이자 내가 모두에게 이 책을 추천하는 이유다. 그는 우여곡절을 겪으며 발전한 중국 경제를 선전 토지제도의 변화 과정에 비유해보고 만질 수 있는 중국의 기적으로 정리했다. 또한 경제성장 속도가 고속에서 중속으로 바뀌고 지속적인 성장에 어려움을 겪을 때, 한국을 예로 들어 개혁과 산업 업그레이드의 필요성을 강조해 위기를 기회로 삼도록 도왔다. 안타까운 아시아 금융위기, 급등락이 심한 중국 A주식시장, 심장을 철렁하게 만드는 인민폐 환율 변동, 하늘 높은 줄 모르고 치솟는 부동산가격 등 탕야는 투사처럼 구름을 걷어내고 모두가 해를 볼 수 있게 날카로운 필체로 사건의 본질을 밝혔다.

G2로 부상한 중국 경제는 그 자체로 금융 이론을 갈고닦을 소재 창고이자 영양 창고다. 중국에서 흔히 일어나는 일을 생동감 넘치게 묘사한 이 책은 그 자체로 경제와 금융 수업이나 다름없다. 중국 이야기는 국제 금융시장이 몇 백 년 동안 겪은 변화와 비슷하면서도 다르다. 이를 간파한 탕야는 주택가격, 환율, 주식부터 중국사회가 아파하고 집중하고 흥분하는 점까지 중국 경제와 함께 고동친 일편단심을 비롯해 진

지한 학자의 독특한 견해를 행간마다 담아놓았다. 시장의 미시적 시스템, 기업의 개인적인 행위, 거시적인 관리감독 등 중국의 병폐를 지적하는 글에선 중국 금융이 더 나은 내일을 맞기를 바라는 마음이 느껴져 뭉클하다.

금융이 일상생활의 일부로 자리 잡고 금융 지식이 대중에게 널리 보급되면 그것이 실질적인 생산력으로 작용해 경제활동을 포함한 모든 금융 시스템이 보다 효율적으로 변한다. 중국은 여러 방식으로 포괄적인 금융발전을 위해 노력하고 있다. 중국 땅은 넓고 중국의 꿈은 높다. 중국의 기적은 감동적이지만 중국 내에서 일어나는 일은 여전히 어렵고 복잡하다. 탕야 같은 젊은 저자가 최전선에서 그런 일을 하고 있어 참으로 다행이다.

금융에 관한
대중의 인식을 바꿔줄 책

량원건梁穩根
싼이그룹 창립자·이사장, 2011년《포브스》선정 '중국 최고의 부호'

2012년부터 중국의 경제성장은 빠르게 둔화되었고 두 자릿수 고속성장시대는 막을 내렸다. 도시화 비율과 인프라 건설 수준은 아직 목표를 달성하지 못했지만 주먹구구식으로 투자하던 시대는 이미 지났다.

지금은 경제정보화시대이자 금융화시대다. 그만큼 산업과 금융의 결합이 긴밀해지고 각각의 산업과 시장 사이의 의존도가 매우 높다. 최근 몇 년 동안 중국 산업계는 경제모델을 바꾸고 혁신적인 과학기술을 개발하느라 바빴다. 나 역시 어떻게 싼이를 새롭게 만들까, 어떻게 중국을 다시 '제조'할까, 어떻게 산업과 금융을 결합해 스마트 제조 고지에 오를까를 고민했다. 그 과정에서 나는 기업가가 시대의 큰 흐름을 읽으려면 현대사회 정치·경제 사건의 전후 관계를 비롯해 산업과 시장 발전의 역사적 기원을 이해하는 것이 매우 중요하다는 사실을 깨달았다.

2015년부터 몇몇 경영진이 내게 탕야의 웨이보 칼럼을 보내주기 시작했다. A증시의 재난 원인부터 완커와 바오넝의 기업지배·지분구조·

시장규칙 문제, 인터넷 금융 논리까지 미시세계를 자세히 들여다본 그의 분석은 깊이 있고 날카로웠다. 그는 상업금융 역사에 관한 글도 썼다. 가령 상인의 역사적 지위, 현대 동서양 금융시장의 제도적 어려움, 개혁개방 시기의 '세속적 이성' 등 현상을 보고 본질을 파악했고 거시경제 환경과 역사 변화의 관점에서 이야기의 결론을 도출했다. 더 대단한 것은 그가 해외파 금융학자이면서도 상아탑의 무거운 학문에 자신을 가두지 않았다는 점이다. 그는 금융과 경제를 모르는 독자도 전문적이고 중요한 내용을 쉽게 이해하도록 각종 금융·경제 현상을 흥미로운 소재로 삼아 쉽게 설명했다.

탕야의 글에 등장하는 금융시장과 경제 현상에선 온기가 느껴진다. 돈, 다정함, 친구, 열정이 뒤섞인 비즈니스 세계의 왁자지껄한 소리가 들리는 듯하다. 그의 글에서는 언제나 뛰어난 인재의 따스함이 묻어난다.

그는 지금도 학생들을 가르치고 글로 이상을 전파하며, 금융학을 진지하게 연구해 논리적으로 정리하는 한편 흥미진진한 금융학 이야기를 쓴다. 이 책이 금융에 관한 대중의 인식에 좋은 영향을 주기를 바란다.

모든 사람의 운명은 금융의 영향을 받는다

천룽陳龍
앤트파이낸셜Ant Financial 전략 책임자

2015년 여름 나는 이스탄불에서 열린 G20 관련 포괄적 금융회의에 참석했다. 낮 동안 각국에서 포괄적 금융이 어떻게 진전을 이루고 있는지 토론한 뒤, 저녁에 해변의 멋진 테이블에서 식사를 기다리며 슈테판 츠바이크Stefan Zweig의 저서《광기와 우연의 역사》를 읽었다. 공교롭게도 이스탄불이 함락당하는 이야기가 나왔다. 1452년 술탄 마호메트는 오스만제국의 함대를 이끌고 이스탄불을 공략해 동로마제국을 무너뜨렸다. 넘실대는 파도를 보며 나는 술탄이 함대를 지휘하는 모습, 고성을 향해 이제 막 발명한 대포를 밤낮 없이 쏘아 올리는 모습, 해가 질 때까지 시민들이 성소피아성당에서 끊임없이 기도하는 모습을 상상했다. 그러자 터키와 포탄 흔적이 남은 성벽, 포괄적 금융에 관한 감상을 더 이상 분리해서 생각할 수 없었다.

금융의 바탕은 진실한 삶이다. 금융학자나 금융업 종사자에게 금융은 직업이자 여정이다. 내가 보기에 탕야는 금융세계가 무협소설 속의 강호처럼 늘 활기 넘치는 속세임을 간파하고 있다. 금융용어로 말하면 자본은 생산요소이고 금융은 자원을 효과적으로 배치하는 수단이다. 자원 배치는 다시 살아 있는 사람, 기업, 도시, 국가에 영향을 준다. 탕야는 말했다. "현대인 중에서 자신이 금융이나 금융시장에 단단히 발목이 잡혀 있고 서로 떼려야 뗄 수 없는 관계에 있음을 아는 사람은 몇 명이나 될까? 스스로 원하든 원치 않든 말이다. 우리의 일상은 거의 다 금융과 밀접하게 연결되어 있다." 다시 말해 알든 모르든 사람의 운명은 금융의 영향을 받고 변한다.

이제 왜 탕야가 금융 역사, 기업 역사, 도시의 흥망성쇠, 역사적인 인물 등 역사를 즐겨 논하는지 이해가 갈 것이다. 그에게 금융은 무미건조한 숫자가 아니고, 역사는 빛바랜 누런 종이가 아니다. 금융은 사람들의 일상생활에 널리 퍼진 혈맥이다. 그래서 존재하는 곳마다 먹고사는 일, 국가의 흥망, 선하고 악한 인성과 연관된다. 이 책은 자본시장, 기업의 흥망성쇠, 인물의 전기, 금융사상사 등을 광범위하게 아우른다. 사실 그는 돈 버는 법, 돈이 빛내주는 배경에 관심이 없다. 단지 독자와 금융 논리를 소통하고 싶어 할 뿐이다. 금융학자로서 선의를 베풀고 때 묻지 않은 양심을 표현하고 싶었으리라. 금융은 모든 개개인과 인성 함양에 영향을 준다.

탕야는 천부적으로 학문에 재능이 있고 대중적 감각도 훌륭하다. 금융의 꿈은 돈을 많이 버는 것이 아니라 모든 개인과 단체가 꿈을 이루도록 돕는 데 있다. 금융, 역사, 인생을 아우르는 이 책을 읽으며 견문을 새롭게 하고 기대감을 한껏 충전할 수 있을 것이다.

주

1장 축의 대이동, '차이나 드림'을 열다

1 조지프 니덤(Joseph Needham, 1900~1995)은 중국 과학기술사를 연구한 영국의 권위 있는 학자다. 그는 자신이 저술한 15권의 《중국의 과학과 문명》에서 역사학자와 경제학자에게 "고대 중국은 인류의 과학기술 발전에 중요한 공헌을 했다. 그런데 왜 근대 들어 중국에서 과학과 공업 혁명이 일어나지 않은 걸까?"라는 유명한 문제를 제기한다. 이것을 두고 '조지프의 미스터리'라고 부른다.

2 1865년 말 창립된 HSBC은행 상하이 지점은 풍부한 자본, 외국자본의 특권, 선진적인 은행 시스템을 바탕으로 상하이 금융시장의 단기대출과 외환시장 업무를 빠르게 독점했는데 그 규모와 실력이 홍콩 본점을 크게 앞섰다.

3 1843년 개항한 상하이는 양쯔강 삼각주의 강한 경제력을 바탕으로 빠르게 발전했다. 1860년대에 이미 윤선초상국(중국 최초의 해운회사-옮긴이), 송신국, 강남제조국(함선, 총포, 탄약 등 무기 근대화를 위해 설립한 중국의 관영 군기 공장-옮긴이) 등 저명한 서양식 기업이 등장했고 해외 무역으로 양쯔강 유역의 경제가 발전했다. 1865년 홍콩에 처음 문을 연 HSBC은행이 같은 해 말 상하이에 첫 지점을 냈다. 19세기 중·후기에 서구 열강과의 전쟁에서 잇달아 패한 청나라 조정은 전쟁 배상금을 물어주느라 거액의 외채를 떠안았다. 그 결과 정식 거래소가 생기기도 전에 상하이에서 자금의 대량 유통이 일어나 금융시장이 신속하게 발전했다.

4 본명은 니이슈倪亦舒. 홍콩의 저명한 소설가이자 당대 중화권에서 매우 영향력 있는 여성 작가 중 한 명이다. – 편집자 주

5 현재 홍콩 주식시장에서 활약하는 중국기업의 주식은 레드칩과 H주로 나뉜다. 레드칩은 중국 내륙에서 영업하지만 모기업 등록지는 홍콩인 자본이고, H주는 홍콩 증시에 상장했지만 모기업 등록지는 중국 내륙이다. 1980년대 말에서 1990년대 초에 시장을 분할할 때 관리감독을 우회적으로 피하기 위해 투자은행과 중국기업은 홍콩에 모기업 법인을 등록한 뒤 홍콩 증시에 상장하는 방법을 설계했다. 중신타이푸中信泰富, CITIC가 홍콩 증시 상장에 성공한 뒤 많은 우량 중국기업이 레드칩 형식으로 홍콩 증시에 상장했고, 1992년 중국 최초로 칭다오맥주가 H주 형식으로 홍콩 증시에 상장했다. 2000년 이후 중국 국유기업의 홍콩 증시행은 하나의 유행이 되었다.

6 주인공이 〈객도추한〉을 부르는 부분은 '홍콩 3부작' 중 1부작인 《그녀의 이름은 나비她名叫蝴蝶》에 나온다.

7 《덩샤오핑 문선》(제1권)에 따르면 1962년 7월 7일 공산주의 청년단 3기 7중전회 〈어떻게 하면 농업 생산을 회복할까〉라는 강화에서 말했다. 원문 내용은 이렇다. "류보청 동지가 자주 하는 쓰촨 말이 있습니다. '노란 고양이든 검은 고양이든 쥐를 잘 잡는 고양이가 좋은 고양이다.' 전투는 이렇게 해야 합니다." – 편집자 주

8 마 빠바馬爸爸는 중국 네티즌이 마윈을 부르는 애칭이다. – 편집자 주

9 춘추시대 때 제나라 관중이 국가가 소금과 철을 전매하자고 제시한 정책 – 편집자 주

10 단사 두 올을 꼬아 한 올로 만들어 짠 비단을 가리킨다. 이 비단은 고대에 하례품으로 많이 쓰였고 화폐나 종이로도 쓰였다.

11 간단히 비교하면 1963년 한국과 북한의 1인당 평균 수입은 각각 82달러와 253달러였다. 2015년 중국의 1인당 평균 수입은 8,016달러다. 데이터 출처는 중국 국가통계국 및 세계은행이다.

12 김영삼 정부 전에 전두환, 노태우 정부는 군사정변으로 정권을 잡았다.

13 한국의 국가금융 모델에 관한 의견은 분분하다. 초기에 한국이 높은 경제성장을 이룬 점 때문에 이 의견을 지지하는 사람도 많다.

14 출처: 2001년 제3호 《궈와이차이징國外財經》에 실린 양샹楊翔과 리웨이화李衛華의 글 〈위기 후 한국의 금융 개혁〉 중 일부

15 기업 개혁은 상대적으로 덜 철저히 이뤄졌다는 게 사람들의 보편적인 생각이다. 한국

정부는 재벌의 독점적 지위를 억제하기 위해 노력했으나 전 세계 경제가 한 몸처럼 발전하는 상황에서 한국 재벌의 독점적 지위는 외려 더 강화되었다. 2013년 한국 GDP에서 삼성그룹의 경상이익이 차지하는 비율이 20%를 넘었다. 말 그대로 세계적인 기업이 한국에서 탄생한 셈이다. 이것이 기뻐할 일인지 걱정할 일인지는 여전히 의견이 분분하다. 부인할 수 없는 것은 정부의 지원을 받은 기업이 낮은 금리로 돈을 빌려 한국의 부채비율을 끌어올리던 환경이 개혁으로 개선되었다는 점이다. 지금의 독점은 시장에서 자유경쟁을 할 기회를 독점하는 것에 더 가깝다.

16 세계 3대 신용평가사 중 하나인 피치 레이팅스Fitch Ratings Ltd.의 데이터 적용. – 편집자 주

17 이 시기 데이터는 사실과 일치하지 않는 내용이 많아 대체로 연구할 때 배제한다.

18 1995년 3월 2일은 327국채의 만기일이었다. 이날 다수의 시장 참여자가 시장의 상승 마감을 예측했다. 그런데 만약 그런 상황이 올 경우 거액의 자금손실을 입는 완궈萬國증권이 상황 반전을 위해 당시 [보증금제도가 없는] 증시제도의 허점을 이용해 장 마감 8분 전에 대규모 공매도에 나서서 지수를 끌어내렸다. 일순간 시장이 참혹한 전쟁터로 변하자 결국 관리감독기관이 나섰다. 그날 저녁 상하이증권거래소는 당일 장 마감 8분 전 거래는 모두 무효라고 발표했다. 지금도 사람들은 이때의 8분을 중국 주식시장에서 가장 어두웠던 8분이라고 말한다. 이 싸움에서 승자는 없었다. 중국 증권의 아버지라 불리는 관진성管金生은 쇠사슬에 묶여 교도소에 들어갔고, 상하이증권거래소의 창립자 웨이원위안은 소장 자리에서 내려왔다. 이후 국채선물시장은 17년 동안 굳게 문이 닫혔다가 2013년 8월 다시 열렸다.

19 같은 기간 선전종합지수는 1,000포인트에서 3,000포인트까지 300% 상승했다.

20 2009년 12월 14일 원자바오溫家寶 당시 중국 국무원 총리는 국무원 상무회의에서 부동산시장의 건강한 발전을 위해 공급 확대, 투기 억제, 관리감독 강화, 보장주택 건설의 4대 조치를 제시했다. – 편집자 주

2장 중국 자본시장을 꿰는 15가지 프레임

1 폰지사기는 '폰지법칙'으로도 불린다. 1919년 이탈리아인 찰스 폰지Charles Ponzi는 당시 사람들이 금융에 무지한 점과 심각한 정보 불균형을 이용해 90일에 40%의 수익을 보장하는 투자상품을 설계했다. 그는 미국 보스턴에서 이 상품을 팔 때 투자자에게 믿을 만

한 증거를 보여주기 위해 신규 투자자의 돈을 초기투자자의 수익금으로 지불했고, 이 수법으로 다수의 투자자를 모았다. 그러나 이 수법은 신규 투자자가 줄어들거나 끊기면 돈줄도 같이 끊긴다. 이후 폰지사기는 나중에 투자하는 사람에게 돈을 받아 먼저 투자한 사람에게 수익금을 지불하는 것을 의미하는 전문용어가 되었다.

2 상장개방형펀드 또는 상장지수펀드Exchange Traded Funds. 증권거래소에서 거래하고 펀드 배정액이 가변적인 개방형 펀드의 일종이다. – 편집자 주

3 팻 핑거Fat Finger는 일반적으로 주식거래자, 트레이더, 개인투자자 등이 주가·수량·매매 방향 등을 잘못 선택해서 일어난 주문사고 사건을 가리킨다. – 편집자 주

4 주식시장에서 포지션은 투자자가 보유하거나 빌린 자금의 양을 의미한다. – 편집자 주

5 지금의 산시성 쉰이현, 빈현 일대다.

6 중국 증권금융주식유한공사의 약칭인 '증금공사'는 재미있게 '증금왕'이라고도 불린다. – 편집자 주

7 서킷브레이커의 영향으로 시장 분위기에 편승해 매매하는 자석 효과를 말한다. – 편집자 주

8 미국의 금융지수 정보제공회사다. 전 세계 많은 투자자가 이곳에서 제공하는 MSCI지수를 참고해 투자한다.

9 일부 내용은 두 개의 실증 연구를 바탕으로 했다. 하나는 2015년 7월 베이징대학교 증시재앙연구모임이 작성한 '2015년 중국 증시 재앙의 전도 메커니즘과 체계적 위험에 관한 긴급 연구'다(이 모임의 구성원인 천다이시·천징陳靖·왕정·리장위엔·청탄·장위룽·쉬젠궈를 비롯해 연구에 참여하고 도움을 준 왕펑페이 홍콩과학기술대학 교수, 양리엔 토론토대학교 교수, 화상華商증권의 판리, 광다증권의 린넨에게 감사한다). 다른 하나는 탕야, 쉬젠궈, 천징, 천다이시의 학술논문 〈Liquidity Spiral Crisis: Evidence from China Stock Market〉(《유동성 나선형 위기》)이다. 다함께 밤낮없이 연구하던 그 시간이 무척 그리운데, 열심히 논문을 쓴 학생들에게 감사한다.

10 신용매수는 돈을 빌려 증권, 즉 주식을 사는 것이다. 고객은 증권사에서 돈을 빌려 주식을 매수한 뒤 만기에 원금과 이자를 상환해야 한다. 신용매수는 공매수라고도 불린다. 대주거래는 먼저 증권을 빌려 판 뒤 나중에 증권으로 갚는 것을 말한다. 고객은 증권사에서 주식을 빌려 매도한 뒤 만기에 먼저 매도한 종목의 매도 수량만큼 매수하고 이자를 지불한다. 대주거래는 공매도라고도 불린다.

11 P2P는 'peer-to-peer'의 약자로 개인 대 개인을 의미한다. -편집자 주

12 중국 증권업협회 통계에 따르면 헝성 HOMS, 밍창銘創 소프트웨어, 퉁화순同花順을 통해 증시에 유입된 장외 신용융자 자금은 총 5,000억 위안이다. 이 중 헝성 HOMS는 4,400억 위안으로 비율이 가장 높고, 밍창 소프트웨어와 퉁화순은 각각 360억 위안과 60억 위안 정도다. 아직까지 사모펀드, P2P 등 기타 경로를 이용하는 장외 신용융자 자금의 정부 측 통계와 설명은 없다.

13 우산신탁은 한 개의 신탁상품이 두 개 혹은 그 이상의 서로 다른 종류의 하위 신탁을 보유한 우산형 구조 신탁을 가리킨다.

14 유동성 나선형 위기 이론은 2009년 등장했으나 그 비슷한 일은 이미 1987년 10월 블랙먼데이 때 발생했다. 1980년대 초 미국 증시가 강세였을 때 신용융자 잔고는 한때 440억 달러에 달했다. 그런데 블랙먼데이 때 주가가 갑자기 폭락하자 신용융자 규모는 급감했고 증거금 부족 통지를 받은 신용 매매자가 최고치를 기록했다.

15 중국 증권업협회는 〈증권사 외부 접속 정보 시스템 평가 인증 규범〉을 발표했는데, 여기서 증권사는 HOMS 시스템과 모든 전자거래 시스템에 접속을 차단할 것을 명확히 규정했다.

16 많은 융자회사의 매매 시스템이 시장가[설령 하한가일지라도]에도 강제 매도 주문을 넣는다.

17 중기유동성지원창구Medium-tern Lending Facility는 중앙은행이 중기로 대출을 제공하는 화폐정책 수단이다. -편집자 주

18 본문의 일부 내용은 탕야, 쉬젠궈, 천징의 학술 논문인 〈The China Security King Redemption〉['증금왕의 구제 2015']을 바탕으로 했다. 집필 과정에서 연구를 도와준 천징에게 감사한다.

19 고사의 출처는 《진서·호귀빈전晉書·胡貴嬪傳》이다.

"원래부터 서진에는 후궁이 많았는데 오나라를 정복한 뒤 수천 명의 오나라 후궁을 더 받아들여 사마염의 후궁은 순식간에 만 명이 되었다. 동시에 총애하는 후궁이 너무 많아 무제는 어찌할 바를 모르다가 양이 이끄는 대로 수레를 타고 가다가 멈추는 곳에서 밤을 지냈다. 그러자 후궁들은 대나무 잎을 문에 꽂고 소금물을 땅에 뿌려 양을 유인했다."

20 3대 거래소가 공동 발표한 서킷브레이커제도는 이렇다. 상하이·선전300지수가 전 거래일 종가 대비 5% 이상 상승 및 하락하면 15분 동안 거래를 일시 중단한 뒤 다시 개

시한다. 만약 서킷브레이커에 걸린 채 11시 30분에 점심 휴장시간을 맞으면 13시 이후 남은 시간만큼 서킷브레이커를 이어서 진행한다. 14시 45분에서 15시 사이에 상하이·선전300지수가 전 거래일 대비 5% 이상 상승 및 하락하면 서킷브레이커는 당일 15시까지만 진행한다. 이 밖에 상하이·선전300지수가 전 거래일 종가 대비 7% 이상 상승 및 하락하면 그날의 모든 거래를 중지한다. 개장 전 동시호가 때 이런 상황이 발생할 경우 9시 30분부터 서킷브레이커를 발동하며, 발동 횟수는 단계별로 최대 1회에 한한다. 서킷브레이커가 발동하면 상하이증권거래소와 선전증권거래소에서 거래하는 주식, 펀드, 전환사채, 신주인수권부사채, 스톡옵션 등 주식과 관련된 모든 거래를 일시 중지하는데 구체적인 증권 종류는 공고한 내용을 기준으로 한다. 선물의 경우 국채선물은 정상적으로 거래할 수 있지만 주가지수선물과 관련된 모든 상품[상하이·선전300지수, 중증500지수, 상증50지수 등의 주가지수선물]은 거래를 일시 중지한다.

21 두 개의 관련 지식이 있다. (1) 2010년 주문 실수 사건으로 다우지수가 급락하자 몇몇 종목이 한때 100% 하락하는 일이 발생했다. 그러자 미국은 2013년 개별주식가격이 직전 5분 평균가의 5~20%를 초과하면 5분간 거래를 중지하는 개별주식 거래제한 규칙을 도입했다. 이는 상·하한가제도와 전혀 다른 개념이다. 이 조치에 관한 구체적인 정보는 미국 증권거래위원회 홈페이지에서 찾을 수 있다(http://www.sec.gov/investor/alerts/circuitbreakers.htm). (2) 뉴욕증권거래소는 장 초반에 높은 변동성이 나타나면 'Rule 48'에 따라 시장을 한시적으로 중단한다. 2008년 1월 22일 글로벌 경기후퇴 우려로 증시가 요동쳤을 때, 2010년 5월 20일 유럽 채무위기로 '묻지마 매수'와 투매가 일어났을 때, 2011년 8~9월 유럽 채무위기 우려로 시장이 혼란에 빠졌을 때, 2015년 1월 미국 전역에 대규모 폭설이 내렸을 때, 2015년 8월 24일 전 세계 증시가 블랙먼데이로 멍들었을 때 'Rule 48'을 적용했다.

22 사실 금융학의 범주에서 볼 때 서킷브레이커제도와 상·하한가제도는 시장이 비정상적·비이성적일 때 맹목적인 추종 매매로 시장 변동성이 커지는 것을 막는다. 그 점에서 상·하한가제도는 개별주식에 적용되는 특수한 서킷브레이커라고 볼 수 있다.

23 베이징대학교 광화관리학원[경영대학원] 박사 과정.

24 1964년부터 1980년까지 16년 동안 세 개의 '5개년 계획'을 진행한 중국은 3선 지역에 속하는 중서부지역의 13개 성과 자치구에 전국 인프라 투자총액의 40%가 넘는 2,058억 6,800만 위안을 투자했다. '인민을 위해 전쟁과 자연 재해에 대비하자', '좋은 사람과

말은 3선 지역에 보내자'라는 구호 아래 400만 명의 노동자, 간부, 지식인 그리고 해방군과 농민 출신의 무수한 노동자가 배낭을 메고 산 넘고 물 건너 서남·서북 지역의 깊은 산골과 황무지로 모여들었다. 이들은 고생을 마다하지 않고 피땀을 흘려 1,100여 개의 중대형 광공업기업, 연구기관, 대학교, 전문대학을 건설했다.

25 MySpic지수: My Steel price indices of China, 즉 철강재가격지수다. 이 지수는 중국에서 소비하는 철강재 중 철근과 판재가 차지하는 중요도 그리고 화동, 화남, 중남, 화북, 서남, 동북, 서북 7개 지역의 철강재 소비가중치를 고려해 만든 품종 및 지역을 혼합한 가격가중지수다.

26 1톤=1,000kg

27 〈1990년대와 비교할 때 감산 속도를 더 늦춰야 할까〉[리우이 외]. 1990년대와 현재의 과잉 생산 상황 대비 분석[J]궈타이쥔안國泰君安증권 연구, 2016년 2월 21일

28 디트로이트의 교훈[N], 리화, 중국칭녠바오中國青年報 2013년 6월 3일 제2판

29 TMT는 과학Technology, 미디어Media, 통신Telecom의 첫 영문자를 딴 줄임말로 인터넷 기반의 첨단기술회사와 통신산업을 연결한 신흥산업을 가리킨다.

30 언론보도에 따르면 2015년 제17회 중국 플라스틱 박람회에 2만 4,000명의 바이어가 참가해 35억 위안에 달하는 거래가 이뤄졌다. 또 현장에서 13개의 프로젝트성 계약 체결로 총 33억 9,800만 위안의 투자를 유치했다.

31 본문 연구에 도움을 준 리위엔위엔李遠遠과 탕치우윈唐秋韻에게 감사드린다.

32 바이두百度, Baidu, 알리바바阿里巴巴, Alibaba, 텅쉰騰訊, Tencent을 가리킨다.

33 O2O, 즉 'Online to Offline'은 온라인에서 구매한 것을 오프라인에서 소비하는 것 또는 온라인에서 마케팅하고 오프라인에서 경영하는 것을 가리킨다.

34 선순위 자본과 상대적인 개념이다. 집합투자상품에서 후순위 자본은 상대적으로 안전판 역할을 하며 모든 리스크를 감당한다. 요컨대 리스크가 생겼을 땐 리스크 보상에 우선적으로 쓰이고, 수익이 생기면 선순위 자본 다음으로 수익을 얻는다. –편집자 주

35 2016년 1월 30일 왕스는 신장 톈산 톈츠에서 열린 톈산 정상회담 개막식 연설에서 "아직 지분 전쟁이 끝나지 않았지만 결과는 명확하다. (…) 내가 그 회사를 좋아하든 아니든 상관없이 민영기업이 완커의 최대 주주가 되는 것을 환영하지 않는다"라고 말했다. 그 이유에 대해서는 "중국은 사회주의 국가다. 순수한 외국기업 또는 순수한 민영기업이 완커에 막대한 영향력을 행사하는 것은 위험하다. 내 계획은 혼합소유제이며 (…) 국

영기업이 최대 주주가 되어야 한다"라고 밝혔다. 이 말은 커다란 파장을 불러일으켰다. 장쑤성 비즈니스계의 대부이자 태평양건설그룹의 창립자인 옌제허嚴介和는 웨이보를 통해 왕스의 말은 민영기업 차별이자 멸시이며 전통 관념 및 관습에 젖은 오만과 편견이라고 공개 비난했다. 줄곧 왕스를 지지한 친숴(秦朔, 상하이 동방미디어그룹 부회장-옮긴이)도 〈왕스에게 보내는 글: 사회주의와 국영기업을 말할 때 무얼 표현하고 싶었는가?〉를 발표하고 왕스의 부적절한 발언을 비판했다.

36 1984년 왕스는 선전 최초의 국유대형종합기업[선전특구발전공사, 약칭은 '선특발'이다] 자회사로 선전 과학교육기구판매센터를 창립했다. 선전시는 1986년부터 국영기업을 주식회사로 전환하기 시작했는데, 서른다섯 살의 왕스는 그 기회에 자신이 창업한 회사를 주식회사로 전환하는 한편 회사명을 완커로 바꾸고 이사장 겸 회장이 되었다.

37 첫 번째 힘겨루기는 1993년 쥔안증권을 포함한 대주주들이 왕스에게 이사회를 개편하자고 건의하며 일어났다. 왕스는 이들의 주장에 조직적으로 반격했고 결국 힘겨루기에서 이겼다.

38 닝가오닝은 1987년부터 화룬그룹 경영에 참여해 화룬창업華潤創業과 화룬그룹 회장을 역임했다. 쑹린은 2001년 화룬그룹 회장에 발탁되었고 2004년 화룬창업과 화룬그룹의 회장이 되었다.

39 이 글은 베이징대학교 광화관리학원 박사 과정에 있는 천징의 도움을 받아 작성했다.

40 차입매수의 융자구조는 일반적으로 매수자의 주식자금 5~20%, 고수익 채권 10~40%, 은행대출금 40~80%로 구성된다.

41 M&A에서 자금은 매우 중요한 부분이다. 레노버의 IBM 인수, 지리吉利자동차의 볼보 인수, 싼이중공업의 푸츠마이스터(Putzmeister, 독일 콘크리트 건설기계회사-옮긴이) 인수 등 각 회사는 모두 은행에서 인수·합병 대출을 받았다. 이때 공상은행은 레노버에, 중국은행과 중국수출입은행은 지리에, 중신은행은 싼이중공업에 대출을 제공했다.

3장 시장 결정자들은 무엇에 주목하는가?

1 이 글을 쓰는 데 도움을 준 천징, 천다이시, 주페이페이朱菲菲에게 고마움을 전한다.

2 이론상 자산을 순환적으로 증권화할 경우 마윈은 상한선 없이 자금을 융통할 수 있다. 하지만 〈증권회사 자산 증권화 업무 관리 규정〉은 증권화 신청주기를 최장 2개월로 제한해 대출 규모의 성장 속도를 제한한다.

3 징둥바이탸오의 자산 증권화 발행 총액은 8억 위안이다. 이 중 6억 위안은 금리 5.1%의 1급 상품으로 발행했고, 1억 4,000만 위안과 9,600만 위안은 각각 2급과 3급 상품으로 발행했다.

4 이 글을 쓰는 데 도움을 준 주페이페이, 천다이시, 천징에게 고마운 마음을 전한다.

5 연방주택대출은행FHLB은 재무부에서 예산을 받아 주택 실수요자를 지원해주는 금융기관이다. 주택담보대출을 제공하기 위해 1932년 설립했다. 1933년 의회에서 '정부 담보대출법'이 통과하자 미국은 주택담보대출회사를 설립했다. 이로써 연방정부가 장기적으로 담보를 제공하고 분기상환 방식으로 운영하는 담보대출시장이 생겼다. 1937년에는 '공공주택법안'을 발표했고 중앙정부 보조금을 안정적으로 받도록 연방주택청USHA도 설립했다. 1934년과 1944년에는 각각 연방주택관리국FHA과 재향군인관리국VA을 설립해 실수요자가 대출을 받아 주택을 구입하게 장려했으며, 중하위 소득층과 퇴역군인이 주택담보대출을 신청하도록 저가 보험을 제공했다. 1934년 의회에서는 또다시 '국민주택법안NHA'이 통과했는데 이때 연방주택관리국과 연방저축대부보험공사FSLIC를 설립했다. 두 기관은 상호담보대출 보험기금으로 개인 주택담보대출을 보장하는 대출보증제도를 만들었다.

6 베이비부머는 2차 세계대전 이후 미국에서 태어난 세대를 가리킨다.

7 데이터 출처: 미국 NAHB 부동산시장지수 공식 웹사이트

8 프레디맥과 패니메이의 주택담보증권은 각각 주택저당증권MBS, Mortgage-Backed Security과 대출참가증서PC, Participation Certificate라고 부른다. 서로 명칭은 다르지만 상품 내용은 비슷하다.

9 수치상 자동이체증권의 표면적인 이율은 기초 자산인 담보대출 자산풀의 이율보다 낮아야 하고, 증권의 월별 현금흐름도 자산풀의 현금흐름보다 낮아야 한다. 차액은 증권화에 따른 수수료, 담보비용 등 각종 비용 지불에 쓰인다. 시간상 이체로 받은 현금흐름은 투자비율에 따라 자동이체증권 투자자에게 분배해야 하므로 자동이체증권의 현금흐름은 담보대출 현금흐름보다 늦어야 한다.

10 조례에 따라 미국 연방준비제도이사회는 회원 은행이 보통예금 예금주에게 이자를 지불하는 것을 금지하고 정기예금에 최고 한도 이자를 지불할 것을 규정했다. 1957년 이전의 이자 상한선은 2.5%였다. - 편집자 주

11 프랭크 파보치Frank J. Fabozzi와 비노드 코타리Vinod Kothari는 부동산담보대출을 제외한

직접 대출을 기초 자산으로 하는 증권을 자산유동화증권으로 분류했다.

12 서서히 비금융 기업도 증권화 행렬에 동참해 매출채권, (수도·전기·난방·경비 등) 비용 자산, 인세수입, 입장권 수입 등 모든 것을 증권화하고 융자를 받았다. 미래의 현금흐름으로 지원하는 증권화는 인프라 건설, 공공사업, 호텔 등 장기적으로 안정적인 현금흐름을 제공하는 업종에 적용해야 한다. 이러한 유형의 증권화를 '전 업무 증권화WBS'라고 부른다. 하지만 미국에서 전 업무 증권화는 주류 증권화 상품은커녕 공모시장에도 진입하지 못했다.

13 2007년 말까지 미국 채권시장 잔액은 31조 7,242억 달러였다. 이 중 국채 잔액은 14.24%인 4조 5,167억 달러, 주택저당증권은 29.54%인 3조 9,726억 달러, 자산유동화증권은 6.11%인 1조 9,388억 달러, 부채담보부증권은 3.27%인 1조 385억 달러였다. 자산 증권화 채권이 채권시장에서 차지하는 비중(주택저당증권+자산유동화증권+부채담보부증권)은 38.93%에 달했다.

돈은 잠들지 않는다

2018년 4월 16일 초판 1쇄 발행

지은이 · 탕야 | 옮긴이 · 김락준 | 감수 · 안유화

펴낸이 · 김상현, 최세현
책임편집 · 정상태 | 디자인 · 임동렬

마케팅 · 김명래, 권금숙, 양봉호, 최의범, 임지윤, 조히라
경영지원 · 김현우, 강신우 | 해외기획 · 우정민

펴낸곳 · (주)쌤앤파커스 | 출판신고 · 2006년 9월 25일 제406-2006-000210호
주소 · 경기도 파주시 회동길 174 파주출판도시
전화 · 031-960-4800 | 팩스 · 031-960-4806 | 이메일 · info@smpk.kr

ISBN 978-89-6570-607-6 (03320)

• 이 책의 국립중앙도서관 출판시도서목록은 서지정보유통지원시스템 홈페이지(http://seoji.nl.go.kr)와 국가자료공동목록시스템(http://www.nl.go.kr/kolisnet)에서 이용하실 수 있습니다.
(CIP제어번호: CIP2018007622)